Hans Flick/Frank Hannes/Christian von Oertzen

Erben ohne Streit und Steuern

Hans Flick/Frank Hannes/Christian von Oertzen

Erben ohne Streit und Steuern

Sichere Erbfolgeplanung für
Sie und Ihre Familie

Frankfurter Allgemeine Buch
IM F.A.Z.-INSTITUT

Bibliografische Information Der Deutschen Bibliothek –
Die Deutsche Bibliothek verzeichnet diese Publikation in der Deutschen Nationalbibliografie; detaillierte bibliografische Daten sind im Internet über http://dnb.ddb.de abrufbar.

Hans Flick/Frank Hannes/Christian von Oertzen

Erben ohne Streit und Steuern

Sichere Erbfolgeplanung für Sie und Ihre Familie

Die in diesem Band zusammengestellten Beiträge sind – in leicht abgewandelter Form – erstmals in der „Frankfurter Allgemeinen Zeitung“ als Artikelserie mit dem Obertitel „Erbfolgeplanung“ erschienen.

F.A.Z.-Institut für Management-,
Markt- und Medieninformationen GmbH,
3., aktualisierte Auflage
Frankfurt am Main: 2004
ISBN 3-89981-008-2

Frankfurter Allgemeine Buch
IM F.A.Z.-INSTITUT

Umschlaggestaltung Rodolfo Fischer Lückert
Satz Umschlag F.A.Z.-Marketing/Grafik
DTP Gaudenz Bock, F.A.Z.-Institut für Management-, Markt- und Medieninformationen GmbH
Cartoons Kai Felmy
Druck Druckerei Steinmeier, Nördlingen
Bindung Oldenbourg Buchmanufaktur, Monheim

Inhalt

Wegweiser

Hans Flick

Mit Testament lebt man länger –
ohne Testament stirbt man länger!

Wer dieses Buch in die Hand nimmt, um in ihm zu blättern, hat schon einen wichtigen Schritt getan: Er hat eine Hemmschwelle aller Menschen, nämlich die Urangst vor dem eigenen Tod, überwunden. Sie kommt auch bei Woody Allan zum Vorschein, der zunächst kühn behauptet, er habe keine Angst vor seinem Tode, dann aber hintersinnig hinzufügt, er wolle nur nicht dabei sein, wenn es geschehe. Überwindet man diese Angst, wird man erstaunt feststellen, dass sich die Erbfolge ganz rational planen lässt. Am Ende wird man sogar erkennen, dass die beruhigende Wirkung eines vollendeten Testaments lebensverlängernd wirken kann.

Fehlt eine derartige Erbregelung, stellt sich früher oder später das ungute Gefühl ein, nicht alles getan zu haben, was hätte getan werden müssen. Dieses unangenehme Gefühl nimmt mit der Zeit nicht ab, es verstärkt sich sogar und treibt einen noch bis in die letzten Stunden um.

Dort, wo die Versachlichung des Todesfalls allein nicht ausreicht, die Abneigung gegen Testamente (Testamentsphobie) zu überwinden, wirkt erfahrungsgemäß positiv die Erkenntnis, dass hierbei Steuern in großem Umfang gespart werden können – und dies auf sichere und ungefährdete Weise. Außerdem kann nur mit einer individuell auf die persönlichen Bedürfnisse abgestimmten Erbfolgeregelung der überlebende Lebenspartner in ausreichendem Maße abgesichert werden. Schließlich hängt der familiäre und allgemeine Nachruhm wesentlich vom Ergebnis dieser unvermeidbaren Regelung ab.

Um Ihnen das Lesen zu erleichtern, dabei aber auch abzusichern, dass Sie keines Ihrer spezifischen Probleme, die oft gar nicht so leicht zu erkennen sind, übersehen, durchwandern wir im folgenden Grundkapitel den gesamten Regelungsbereich der Erbfolgeplanung zunächst nur skizzenhaft. Dabei tippen wir alle relevanten Probleme an, um dann beim jeweiligen Stichwort im Klammerzusatz auf die einschlägigen Spezialbeiträge zu verweisen.

Wenn Sie eine Frage persönlich betrifft, lesen Sie dann später dort weiter, wenn nicht, können Sie diesen Beitrag überschlagen: Wer geschieden (II/2) ist, sollte also auf Grund des Hinweises im Grundkapitel den Beitrag II/2 nachlesen. Wer noch glücklich mit seiner ersten Ehefrau zusammenlebt, kann ihn überspringen (oder seinen geschiedenen Kindern zum Weiterlesen geben und überlegen, wie er ihnen durch seine eigene Erbfolgeplanung helfen kann).

Dieses Buch ist bewusst allgemeinverständlich gehalten; wer es genauer wissen möchte, wird in den einzelnen Beiträgen durch Pfeilhinweise auf das rechtliche, alphabetisch geordnete Glossar am Ende des Buches verwiesen. Wer beispielsweise erfahren möchte, welcher →*Pflichtteil* ihm oder den anderen Familienmitgliedern in seinem konkreten Fall zusteht, wird unter diesem Stichwort weiterführende Hinweise erhalten.

Problembewusstsein schärfen

Die psychologische Verdrängung des Erbfolgeproblems aus Angst vor dem eigenen Tod ist gleichzeitig die Ursache für das mangelhafte Problembewusstsein in der Sache selbst. Weil man nicht hinsieht, blickt man auch nicht durch. Dieses mangelhafte Problembewusstsein ist die Ursache vieler typischer Fehler; manche Gestaltungsmöglichkeit wird einfach ausgelassen. Wer mit der Sache nichts zu tun haben will, die Probleme und Gestaltungschancen deshalb auch nicht erkennt, unterschätzt gleichzeitig seinen individuellen Beratungsbedarf.

Nachruhm sichern

Zum Schluss dieser kurzen Einführung möchten wir Sie ermutigen, weiterzulesen und weiterzumachen. In Ihrer Hand liegt es, wie die Nachwelt einmal über Sie denken wird. Sie haben es in der Hand, die Weichen …

so …

oder *so* zu stellen.

1 Warum eine vernünftige Erbfolgeplanung erforderlich ist

Eine überhaupt nicht oder fehlerhaft geplante Erbfolge hat – besonders bei größeren Vermögen – regelmäßig erhebliche Auswirkungen:

- Die Familie ist auf Dauer zerstritten, weil die Erben den Wegfall der einstigen Autoritätsperson ausnutzen, um den bisher unterdrückten Streit – teilweise bis zur Neige – auszukosten.
- Das Familienvermögen erleidet Substanzverluste durch vermeidbare Steuern; die Liquidität wird durch ungebremste familienrechtliche Ansprüche gefährdet; letztlich droht die Zerschlagung des Vermögens.
- Das Unternehmen ist schwer angeschlagen, weil ein rechtzeitig kanalisierter Generationsübergang versäumt wurde.
- Der Nachruhm des Erblassers wird von seiner mangelhaften Erbregelung überschattet.

Im Gegensatz hierzu führt eine gut beratene langfristige Erbfolgeplanung zu folgenden Ergebnissen:

- Der Familienfrieden bleibt auf Dauer erhalten, auch wenn – fast unvermeidbare – vorübergehenden Störungen während der →Erbauseinandersetzung eintreten sollten (I/8).
- Die Gesamtsteuerlast des →Erbgangs wird erheblich gesenkt (I/1).
- Liquide Ansprüche wie →Zugewinnausgleich und →Pflichtteil werden wesentlich reduziert oder gänzlich vermieden (III/2).
- Das Unternehmen hat einen glatten Generationsübergang (I/4, IV/5, IV/6).
- Der Erblasser wird wegen seiner klugen Weitsicht noch lange gepriesen.

2 Aspekte einer erfolgreichen Erbfolgeplanung

Eine erfolgreiche Erbfolgeplanung kann nicht auf formularmäßigen Einheitslösungen aufbauen. Sie setzt vielmehr voraus, dass viele unterschiedliche Aspekte (I/3) ausreichend berücksichtigt werden:

- Der *menschlich-psychologische* Aspekt darf nicht nur die Verfassung des Erblassers, sondern muss auch seine Beziehung zu Ehegatten oder Lebensgefährten und Kindern berücksichtigen. Auch das Verhältnis dieser Personen untereinander spielt für die Planung der Erbfolge eine nicht zu unterschätzende Rolle. Machen Sie aus der Gestaltung Ihrer letztwilligen Verfügung keine geheime Kommandosache, sondern besprechen Sie die ins Auge gefassten Regelungen mit den Betroffenen

– dies erhöht die Akzeptanz der getroffenen Anordnungen und hilft Streit vermeiden (IV/4). Wer seinen Schwiegerkindern mit allzu großem Misstrauen begegnet, kann großen Schaden anrichten – Kooperation ist besser (VII/1).

- Das *Erbrecht* selbst bietet keine Patentlösungen an. Es gewährt vielmehr ein umfangreiches Instrumentarium individueller Gestaltungsmöglichkeiten (VIII/5), die erkannt und genutzt werden wollen. Eine pauschale Erbeinsetzung der Kinder zu gleichen →Erbquoten allein ist meistens keine gute Lösung (IV/2).
- Auch *erbverfahrensrechtliche* Vorgaben sind zu berücksichtigen, etwa die nicht zu unterschätzenden Schwierigkeiten, die sich bei einer →Erbauseinandersetzung ergeben können (V/4). Der Erblasser kann demgegenüber auch Regelungen treffen, mit denen das weitere Schicksal seines Nachlasses auch noch nach seinem Tode in seinem Sinne beeinflusst wird (IV/7).
- Wer Klarheit über den Inhalt seiner letztwilligen Verfügung gewonnen hat, muss überlegen, in welcher äußeren *Form* er diesen zu Papier bringen will. Genügt ein handschriftliches Testament (VIII/1) oder sollte doch der Notar eingeschaltet werden (VIII/2)? Planungssicherheit erreicht man mit einem →Erbvertrag, allerdings auf Kosten der eigenen →Testierfreiheit (VIII/4).
- Ein oft vernachlässigter Aspekt der Erbfolgeplanung ist das *Familienrecht*. Hier spielen insbesondere Fragen des →Güterstandes (zum Beispiel des →Zugewinnausgleichs) eine Rolle (VI/1). Dass der länger lebende Ehegatte später nochmals heiratet, kann man nicht verhindern. Man kann aber verhindern, dass dann das eigene Vermögen einem fremden Familienstamm zufällt (VII/2).
- Das *Steuerrecht* ist für alle an der Erbfolge Beteiligten von größter Bedeutung. Dabei geht es nicht nur um die Erbschaftsteuer, die den langfristig planenden Erblasser reichlich belohnt und außerdem relativ missbrauchsunverdächtig ist. Zu spät erkennen viele die oftmals verdeckten Auswirkungen bei anderen Steuerarten, insbesondere bei der Einkommensteuer; hier gilt es vor allem, unfreiwillige →Gewinnrealisierungen zu vermeiden (V/1). Wer die Regeln des Steuerrechts beachtet, kann aber auch dann profitieren, wenn es nicht um die Übertragung eines werthaltigen Unternehmens geht (I/2).
- Schließlich müssen natürlich auch *wirtschaftliche Gesichtspunkte* beachtet werden, die besonders dann von Bedeutung sind, wenn Unternehmen in den →Nachlass fallen (II/6).

3 Konkurrenz der verschiedenen Aspekte

Die Schwierigkeit für eine erfolgreiche Erbfolgeplanung besteht unter anderem in den vielseitigen Wechselwirkungen der einzelnen zu berücksichtigenden Gesichtspunkte. Dabei kann sich die unter einem Aspekt getroffene Regelung in anderen Bereichen positiv wie negativ auswirken. Letztlich kann nur eine Gesamtschau aller Folgewirkungen zum Ziel führen. Dabei müssen zur Gesamtoptimierung meistens mehrseitige Modifikationen einer zunächst ins Auge gefassten Regelung vorgenommen werden. Der Laie ist hierzu nicht in der Lage. Er bedarf qualifizierter Unterstützung durch Anwälte, Notare, Steuerberater oder Wirtschaftsprüfer. Wer hier am falschen Ende spart, ist meistens schlecht beraten (I/6). Nur wer – gut beraten – die verschiedenen Aspekte der Erbfolgeplanung koordiniert unter Kontrolle bekommt, hat letztlich den optimalen Erfolg.

Zwei Beispiele: Häufig ist bei Wohlhabenden der „falsche" familienrechtliche Güterstand der →Gütertrennung anzutreffen. Der Wechsel zum „richtigen" Güterstand der modifizierten →Zugewinngemeinschaft (Ausschluss des Scheidungsrisikos) wirkt sich dann nicht nur dadurch aus, dass die spätere Erbschaftsteuerbelastung für den länger lebenden Ehegatten verringert und damit seine Versorgung verbessert wird. Zugleich werden – mit sofortiger Wirkung – etwaige Pflichtteilsansprüche der Kinder verringert (III/2).

Das erbverfahrensrechtlich scheinbar so einfache →Berliner Testament der Ehegatten kann materiell zu einer Verdoppelung der Erbschaftsteuer führen und gleichzeitig die Pflichtteilsansprüche der Kinder erhöhen (II/1).

4 Typische Fehler

In der Praxis der Erbfolgeberatung tauchen einige grobe Fehler immer wieder auf; sie lassen sich anscheinend nicht ausrotten. Auch hierzu einige Beispiele:

Fehlendes →Testament:
70 Prozent aller Deutschen sterben, ohne eine →letztwillige Verfügung zu hinterlassen, möglicherweise mit dem trügerischen Trost, der Gesetzgeber halte für diesen Fall schon ein akzeptables Auffangnetz bereit. Wer so denkt, begibt sich – ohne Not – jeder Gestaltungsmöglichkeit; Entscheidungsspielräume werden nicht ausgelotet. Überwinden Sie die Testamentsphobie! (IV/1, IV/3)

Selbst bei scheinbar einfachen Familien- und überschaubaren Vermögensverhältnissen können sich gravierende Probleme ergeben, auch beim allein stehenden Single (II/3). So fallen etwa mehrere gesetzliche Erben – ohne gegensteuernde letztwillige Regelungen – in eine →Erbengemeinschaft. Diese ist praktisch handlungsunfähig – eine nicht bedachte unheilvolle Situation. Abhilfe könnte hier beispielsweise die Einsetzung eines →Testamentsvollstreckers schaffen (VII/5).

Überholte Testamente:
50 Prozent aller letztwilligen Verfügungen sind bei →Testamentseröffnung bereits überholt; die meisten Schenkungsverträge decken alternative Geschehensabläufe nicht ab. Möglicherweise haben sich Rechtsnormen zum Nachteil der Erben geändert. Typischer Fall ist das Vorversterben des vorgesehenen Haupterben. Testamente müssen daher regelmäßig – mindestens alle drei Jahre – zum TÜV, sind also auf ihre Aktualität zu prüfen und gegebenenfalls an die veränderten Verhältnisse anzupassen (III/6). Schenkungsverträge müssen zumindest die typischen alternativen Geschehensabläufe berücksichtigen und hierfür entsprechende Regelungen vorsehen (VIII/6).

Falscher Güterstand:
Die meisten Besserverdienenden leben im „falschen“ Güterstand der →Gütertrennung, um das Scheidungsrisiko auszuschalten und den Vorteil einer Haftungsbeschränkung zu sichern. Sie nehmen damit – meist unbewusst – einen erheblichen erbschaftsteuerlichen Nachteil in Kauf. Die Beträge, auf die der andere Ehegatte zu seiner Versorgung womöglich angewiesen ist, werden unnötigerweise erbschaftsteuerlich erfasst. Abhilfe schafft hier die Vereinbarung einer modifizierten Zugewinngemeinschaft. Weiterer Zusatznutzen: Die Pflichtteilsansprüche der Kinder werden sofort gemindert (III/2).

Falsches Berliner Testament:
Das scheinbar so einfache →Ehegattentestament entwickelt meist ungeahnte Bindungswirkungen für den überlebenden Ehegatten (VIII/3). Der Generationsübergang des Familienvermögens unterliegt der Erbschaftsteuer gleich zweimal. Um dies zu vermeiden, könnte dem längerlebenden Ehegatten in der letztwillige Verfügung der →Nießbrauch an bestimmten Vermögensgegenständen oder sogar am gesamten Nachlass – vielleicht ergänzt durch die Anordnung einer Testamentsvollstreckung – eingeräumt werden (II/1).

Pflichtteilsgefahren werden unterschätzt:
Jede Erbfolgeplanung ist bedroht durch mögliche Pflichtteilsansprüche. Um unangenehme liquide Ansprüche gegen den Nachlass auszuschließen und die volle Dispositionsfreiheit des Erblassers zu sichern, sollten faire →Pflichtteilsverzichte aller Berechtigten angestrebt werden. Noch weitergehende →Erbverzichte sind dagegen meistens kontraproduktiv (I/9).

Altersversorgung wird vernachlässigt:
Oft verstellt das Bemühen um Steuerersparnis den Blick für eine ausreichende Altersversorgung des Schenkers (bei lebzeitigen Maßnahmen →vorweggenommener Erbfolge) oder des längerlebenden Ehegatten (bei letztwilligen Verfügungen). Wer nicht eines Tages als Bittsteller bei seinen eigenen Kindern vorstellig werden möchte, sollte rechtzeitig Vorsorge treffen. Eine ausreichende Altersversorgung geht jeder Steuerersparnis vor! (IV/8)

5 Gestaltungsmöglichkeiten bei der Erbschaftsteuer

Die meisten Erben müssen spürbar mehr Erbschaftsteuer zahlen, als der Gesetzgeber ihnen bei sachgerechter Gestaltung eigentlich zumutet. Ein kluger Erblasser nutzt nämlich zum Beispiel die Zehn-Jahres-Frist aus, die das Gesetz für die wiederholte Inanspruchnahme der persönlichen →Freibeträge und seit einiger Zeit auch des →Betriebsvermögensfreibetrags gewährt – wenn möglich, sogar mehrfach (I/5).

Je größer die Anzahl der Erben, desto niedriger die Erbschaftsteuer (Vermehrung der Freibeträge und Kappung der →Steuerprogression). Diese Erkenntnis legt das Überspringen einer Generation bei der Erbfolge nahe (III/7). Enkel, die seit einiger Zeit in die günstige →Steuerklasse I fallen, können dabei über einen so genannten Enkelfonds am Nachlass beteiligt werden – auch wenn sie noch minderjährig sind (VII/3).

Durch den lebzeitigen Übergang von Vermögen unter gleichzeitigem Vorbehalt des →Nießbrauchs für den Übergebenden (Nießbrauchsvorbehalt) lassen sich heute niedrige Unternehmenswerte einfrieren (III/4). Beim späteren Vermögensübergang im Erbfall würde demgegenüber die Erbschaftsteuer auf Grundlage des dann geltenden – möglicherweise deutlich höheren – Wertes berechnet.

Wer Immobilien überträgt, sichert sich eine zumeist günstigere Bemessungsgrundlage für die Erbschaft- und Schenkungsteuer. Dies kann man sich bei einer so genannten →mittelbaren Grundstücksschenkung zu Nutze machen und Steuern sparen. Wer derartiges plant, sollte sich jedoch sputen – der Gesetzgeber diskutiert bereits eine Steuerverschärfung (III/3). Aber: die eigene Altersversorgung nicht vergessen! (IV/8)

Manchmal ist die Übernahme der Schenkungsteuer durch den Schenker vorteilhaft (III/2). Das gilt aber nicht, wenn der →Bewertungsabschlag für Betriebsvermögen bei der Steuerberechnung zur Anwendung gelangt.

Häufig ist die „Flucht in die Gewerblichkeit", also das bewusste Schaffen von Betriebsvermögen, empfehlenswert. Die dann nämlich eingreifenden →Betriebsvermögensprivilegien vermindern die Steuerbelastung insbesondere beim Vermögensübergang auf nicht verheiratete Lebensgefährten, entfernte Verwandte oder fremde Dritte, beispielsweise Arbeitnehmer, deutlich (III/1).

Mitübertragene Schulden können grundsätzlich die Erbschaftsteuerbelastung vermindern. In welcher Höhe dies aber geschieht, hängt ab von der betroffenen Vermögensart und von dem Umstand, ob das Vermögen bereits lebzeitig oder erst im Erbfall übertragen wird. Geht zum Beispiel belasteter Immobilienbesitz durch eine – dann so genannte gemischte – Schenkung auf den Sohn über, so finden die Schulden nicht in vollem Umfang Beachtung – der Schuldabzug wird gekürzt. Will man also mit dem Übergang nicht bis zum Tode warten, muss zu Lebzeiten umdisponiert werden.

In vielen Fällen ist auch nach dem Tode noch eine erbschaft- und einkommensteuerminimierende Gestaltung möglich. Probates Mittel kann in diesem Zusammenhang – für den Laien oft überraschend – eine →Erbausschlagung sein (I/7).

6 Was man besser nicht vererben sollte

Mancherlei Vermögensgegenstände, die sich im Laufe eines langen Lebens angesammelt haben, sollte man aus verschiedenen Gründen nicht einfach so vererben: Ihr vergangenheitsbezogener Zustand ist für die Erben schwer zu handhaben, sei es, weil sie geeignet sind, den Erbstreit zu schüren, sei es, weil sie Erpresser anlocken oder latente Steuerlasten drohen. Der Erblasser muss in diesen Fällen die Situation rechtzeitig bereinigen; oft kennt nur er die Hintergründe und hat Zugriff auf die handelnden Personen.

Schwarze Konten etwa sind deshalb nicht vererbbar, ebenso wenig Beteiligungen an →Abschreibungsgesellschaften und andere Steuersparmodelle

(V/2). Oasengesellschaften und andere steuerliche Kunstfiguren wie →Betriebsaufspaltungen und →Wiesbadener Modelle bedürfen in der Erbfolgeplanung besonderer Vorsicht (V/1). Das gilt zumal dann, wenn schwierige Familienverhältnisse herrschen, also etwa der Erblasser bereits ein- oder gar mehrfach geschieden ist oder Vaterschaftsstreitigkeiten ausgetragen werden.

7 Problemfelder mit besonderem Beratungsbedarf

Neben den bisher erwähnten eher grundsätzlichen Erwägungen zu einer erfolgreichen Erbfolgeplanung gibt es Konstellationen, die weiter gehende Überlegungen und Maßnahmen erforderlich machen können. Hierbei handelt es sich aber keineswegs um „exotische" Fallgestaltungen, vielmehr um Konstellationen, die erfahrungsgemäß sehr häufig vorkommen und deshalb auch sehr häufig zu unliebsamen Überraschungen bei allen Beteiligten führen.

Nemax-Falle:
Erbschaftsteuer, aber auch andere Forderungen, die mit dem Erbfall zusammenhängen, sind zumeist stichtagsbezogen (Todestag). Ändert sich danach der Wert des Nachlasses, bei Wertpapiervermögen etwa durch sinkende Börsenkurse, so hat dies auf die Höhe von Pflichtteils-, Barvermächtnis- und Zugewinnausgleichsansprüche grundsätzlich keine Auswirkung. Die Erfüllung dieser Ansprüche kann den Erben zur Veräußerung der Wertpapiere „zur Unzeit" zwingen und im Extremfall sogar größer sein, als der gesamte zur Erfüllung dieser Ansprüche zur Verfügung stehende Nachlass. Man kann sich die →Baisse aber auch zu Nutze machen und damit sogar Steuern sparen (III/5).

Geschiedene:
Bei geschiedenen Erblassern droht ein ungewollter Vermögensübergang auf den „Scheidungsgegner" oder dessen Kinder. Betroffen sind Geschiedene mit Kindern aus erster Ehe oder mit einer Rentenverpflichtung gegenüber dem Scheidungsgegner (II/2). Ähnliche Probleme können sich bei unverheirateten Lebensgefährten und ihren nichtehelichen Kindern ergeben (VI/2).

Pflichtteilsrisiken:
Eine große Gefahr für jede Erbfolgeplanung sind mögliche Pflichtteilsansprüche. Wer deshalb bereits zu seinen Lebzeiten einen Erbverzicht der Beteiligten eingeholt hat (natürlich gegen Übertragung entsprechender

Vermögenswerte), hat oft das Kind mit dem Bade ausgeschüttet. Außerdem wird oft übersehen, dass Pflichtteilsverzichte – so wie auch andere →Erbverträge – später unter Umständen angefochten werden und dadurch beseitigt werden können. Besondere Vorsicht muss daher derjenige walten lassen, der beabsichtigt, pflichtteilsberechtigte Personen, also etwa eines seiner Kinder, zu enterben oder aus anderen Gründen mit der Geltendmachung von Pflichtteilsansprüchen rechnen muss (I/9). In Ausnahmefällen kann der Pflichtteil sogar ganz entzogen werden (VII/7).

Divergenzen zwischen Gesellschaftsvertrag und Testament:
Größte Vorsicht ist geboten, wenn Unternehmen in den Nachlass fallen (II/6). Eine fehlende Abstimmung zwischen den Regelungen im Gesellschaftsvertrag, insbesondere zur Nachfolgeberechtigung, und den Anordnungen in einer letztwilligen Verfügung kann desaströse Folgen haben. Es drohen hohe Abfindungszahlungen.

Auslandsbezug:
Achtung bei Auslandsberührung! Es drohen Doppelbesteuerung und grenzenloser Streit wegen divergierenden Erb- und Erbverfahrensrechten. Das gilt, wenn Erblasser oder Erben mehrere Staatsbürgerschaften aufweisen oder Auslandsvermögen, insbesondere Immobilien, Personengesellschaften und Betriebsstätten, betroffen sind (II/5). Besonders komplex sind die Probleme, wenn der Erblasser seinen Ruhestand im Ausland verbracht hat oder sogar beabsichtigt, dorthin auszuwandern (V/3).

Atypische Verläufe:
Oft bedenken Schenker oder Erblasser nicht, dass sich die Dinge anders entwickeln können, als von ihnen zunächst „geplant“ (Scheidung, vorzeitiger Tod des Beschenkten oder Bedachten etc.). Diese Fälle bleiben dann ungeregelt – mit schlimmen Folgen.

Persönliche Besonderheiten:
Manchmal ist der besondere Beratungsbedarf in der Person eines Beteiligten oder seinen näheren Lebensumständen begründet. So hat ein behindertes Kind oder Enkelkind erhöhten Pflegebedarf; gleichzeitig soll der Zugriff des Staates vermieden werden (II/4). Auch wenn ein potentieller Erbe einer Sekte verfallen oder in Insolvenz geraten ist oder wenn Derartiges droht, sind besondere Vorkehrungen zu treffen (VII/7).

Wer neben dem Ehegatten und seinen Kindern auch noch familienfremde Personen (VII/4) oder sogar eine Geliebte oder einen Geliebten (VI/3) bedenken möchte, kann dies heutzutage tun – er sollte aber bestimmte Grundsätze beachten. Mit lebzeitigen Maßnahmen kann dabei eine unmittelbare Konfrontation mit den späteren Erben verhindert werden (VIII/7).

Gleichgeschlechtliche Lebensgemeinschaften sind Ehepaaren noch immer nicht gleichgestellt – hier lauern erbrechtliche und steuerrechtliche Gefahren, die entschärft werden müssen (VI/6).

Außergewöhnliche Unternehmensstrukturen:
Wer – oft aus steuerlichen Beweggründen – sein Unternehmen in besonderer Weise strukturiert, muss die Auswirkungen berücksichtigen, die dann im Erbfall eintreten können. So können Betriebsaufspaltungen ungewollt beendet werden – dann sind →stille Reserven in gegebenenfalls beträchtlichem Ausmaß zu versteuern. Umgekehrt können bei einem →Wiesbadener Modell die bisher im steuerlichen Privatvermögen gehaltenen Betriebsgrundstücke plötzlich steuerverhaftetes Betriebsvermögen werden. →Sonderbetriebsvermögen nimmt einen anderen Weg als das Betriebsvermögen – die stillen Reserven sind steuerpflichtig aufzulösen (V/1).

Wer eine →Stiftung bereits gegründet hat oder dies beabsichtigt, hat vieles zu bedenken (VII/6). Eine derartige Stiftung kann nämlich ein interessantes Gestaltungsmittel in der Erbfolgeplanung sein, bedarf aber einer gründlichen Konzeption. Dabei ist es gleichgültig, ob es sich um eine gemeinnützige Stiftung oder eine Familienstiftung (VI/5) handelt.

Generationenkonflikt:
Insbesondere wer ein Unternehmen zu übertragen hat, kann gar nicht früh genug anfangen, seinen Nachfolger auf die Aufgabe, die ihn erwartet, vorzubereiten. Hier ist langer Atem (I/4) und viel Fingerspitzengefühl (von beiden Seiten) erforderlich, um die zwischen den Generationen häufig sehr schwierige Übergabe streitfrei zu meistern (IV/6). Bereiten Sie die Beteiligten frühzeitig auf ihre Aufgaben im Unternehmen vor (VI/4) und erläutern Sie bereits zu Ihren Lebzeiten die geplanten Erbfolgeregelungen (IV/4).

8 Ein Stein fällt mir vom Herzen!

Wenn Sie alle unsere Ratschläge befolgen, wird es Ihnen gehen wie Ismael in Moby Dick. Als er sein Testament unterzeichnet hat, ruft er aus:

„Ein Stein fällt mir vom Herzen! Ich fühle mich wie neu geboren!"

Sollten Sie diesen Weg aber zu beschwerlich finden, raten wir zum Bonner Testament. Im Gegensatz zum Berliner Testament löst es keine Erbschaftsteuerprobleme aus, ist streitvermeidend und – da es jeder selber errichten kann – auch honorarfrei. Es lautet:

Mein letzter Wille

Ich, Dr. Hans Feicke,
im Vollbesitz meiner kör-
perlichen und geistigen Kräfte
erkläre hiermit, daß ich mein
gesamtes Vermögen zu meinen
Lebzeiten aufgegessen, leer-
getrunken und ausgegeben
habe. Meinen Erben wünsche
ich frohes Schaffen.

Bonn, den 11.11.90

I

Tipps zur Steuerplanung

1 Der Erfolg eines Vermögensübergangs wird netto – nach Streit und Steuern – gemessen

Hans Flick / Frank Hannes

Wer das Familienvermögen in die nächste Generation überzuleiten hat, wird als Erblasser später daran gemessen, was netto – nach Streit und Steuern – bei den Erben ankommt, nachdem er seine Altersversorgung und die seines Partners (IV/8) gesichert hat. Diese Gesichtspunkte werden meist sträflich vernachlässigt, oft ganz vergessen. Eine Ursache ist die Angst vor dem Tod (IV/3), die den Gedanken an eine notwendige Erbfolgeregelung verdrängt. Jeder weiß, dass alle Menschen sterben müssen, jeder glaubt jedoch, für ihn selbst gelte eine Sonderregelung. Pablo Picasso beispielsweise verweigerte die Unterschrift unter das für ihn vorbereitete Testament, weil er glaubte, dies sei sein Todesurteil. Diese Angst wird oft verdrängt durch mehr oder minder intelligente Ausreden: Woody Allen meinte, er habe keine Angst vor seinem Tode, er wolle nur nicht dabei sein, wenn es dann geschehe.

Das Ergebnis dieser Angst ist erschreckend: Nur knapp 30 Prozent der Bevölkerung haben eine →letztwillige Verfügung getroffen. 70 Prozent verzichten damit darauf, ihre Erbfolge bewusst zu gestalten, Steuersparmechanismen zu nutzen oder Streit zu vermeiden. Außerdem sieht der Laie nicht die vielfachen Gefahren und vielfältigen Gestaltungsmöglichkeiten der Erbfolge, die eine umfassende Beratung nötig machen, um schwere Vermögensverluste und unheilbaren Familienstreit zu vermeiden. Erforderlich ist dabei die Berücksichtigung von menschlich-psychologischen Gesichtspunkten, von unternehmerischen Zielsetzungen, von rechtlichen und steuerlichen Aspekten, eine Quadratur des Kreises. Als Hindernis kommt die bekannte Honorarscheu des Mittelstandes hinzu, der allein von dieser Problematik der Erbfolge betroffen ist; →Publikumsgesellschaften trifft sie im Allgemeinen nicht.

Ein anscheinend einfaches Beispiel mag diese Problematik verdeutlichen und Lösungsmöglichkeiten aufzeigen: Ein fleißiges Handwerkerehepaar (er 65 Jahre, sie 58 Jahre alt; die beiden haben →Gütertrennung vereinbart) hat im Laufe seines Lebens aus dem Nichts heraus ein Unternehmen aufgebaut (→Verkehrswert 3,5 Mio. Euro; →Erbschaftsteuerwert 1,5 Mio. Euro; →Buchwert 500.000 Euro). Das Unternehmen gehört allerdings dem Ehemann alleine, er betreibt es in Rechtsform der GmbH & Co. KG. Die beiden Kinder (Sohn, 35 Jahre alt, geschieden, 2 Kinder) und eine Tochter (32 Jahre, verheiratet, 3 Kinder) haben kein Interesse am Unternehmen, das deshalb irgendwann verkauft werden soll. Daneben besitzt das Ehepaar ein gemeinsames Wertpapierdepot von 1 Mio. Euro und er ein Einfamilienhaus (Steuerwert 300.000 Euro), Schulden bestehen nicht. Erste Zielsetzung des Ehepaares für die Regelung der Erbfolge ist die Absicherung ihrer beider Lebensabend, auch für den Pflegefall.

Die Eheleute haben bisher kein Testament gemacht. Bei diesem einfachen Sachverhalt mit geordneten Familienverhältnissen und einfacher Vermögensstruktur sollte eigentlich im Erbfall nicht viel passieren dürfen. Die erbrechtliche Folge dieses ungeregelten Zustandes ist, dass beim Tode des Vaters die Mutter und die Kinder zu je einem Drittel Erbe werden. Sie sind nach Abzug der →Freibeträge (Ehefrau 307.000 Euro, Kinder je 205.000 Euro) und nach Abzug des →Betriebsvermögensfreibetrages von insgesamt 225.000 Euro und einem →Bewertungsabschlag auf das Unternehmen von insgesamt 35 Prozent mit insgesamt rund 125.000 Euro Erbschaftsteuer belastet, ein tragbares Ergebnis.

Doch diese Simplizität täuscht: Ist z.B. der Sohn vorverstorben, so werden dessen minderjährige Kinder – wie er – insgesamt zu einem Drittel Erben, sie werden von der geschiedenen Schwiegertochter in der Gesellschafterversammlung vertreten. Weil alle Erben in eine →Erbengemeinschaft fallen, die den Nachlass, was wesentliche Punkte betrifft, nur einstimmig vertreten und teilen kann, droht aus dieser Ecke Ungemach. Bei wichtigen Fragen schaltet sich das →Vormundschaftsgericht ein.

Wird das Unternehmen entsprechend der Planung der Familie alsbald verkauft, werden bei der Erbschaftsteuer der gewerbliche Freibetrag und der Bewertungsabschlag rückgängig gemacht. Die Erbschaftsteuer erhöht sich dann auf knapp über 200.000 Euro. Gleichzeitig werden bei der Einkommensteuer die Veräußerungsgewinne versteuert, bei der Mutter zwar zum halben Einkommensteuersatz (1 Mio. Euro zu rund 25 Prozent), bei den Kindern aber zum vollen Steuersatz (2 Mio. Euro zu rund 50 Prozent). Hätte der Vater noch zu Lebzeiten das Unternehmen verkauft, wäre der ganze Veräußerungsgewinn zum halben Steuersatz zu versteuern gewesen, was der Familie ca. 500.000 Euro Ertragsteuern erspart hätte. Die Gesamtersparnis wäre ohne weitere Gestaltungsmaßnahmen freilich geringer ausgefallen, da der Kaufpreis (3,5 Mio. Euro) teurer vererbt wird als das Unternehmen (1,5 Mio. Euro). Statt 200.000 Euro würde die Erbschaftsteuerbelastung rund 640.000 Euro betragen. Zur Gestaltung hätte es also gehört, den Kaufpreis wieder in erbschaftsteuerlich günstiger bewertetes Vermögen zu investieren und dieses gegebenenfalls betrieblich zu qualifizieren.

Hätten die Eheleute ein gemeinschaftliches Testament (II/1) errichtet, sich also gegenseitig zu Erben eingesetzt und nach dem Tode des Letztversterbenden von ihnen die beiden Kinder als Erben bestimmt, so wäre Folgendes passiert:

Erbschaftsteuerlich entfallen die Freibeträge der Kinder beim ersten Erbfall (je 205.000 Euro definitiv). Insoweit wäre wenigstens ein →Vermächtnis in Höhe von 205.000 Euro je Kind empfehlenswert.

Für die Kinder (wenn diese bereits zuvor verstorben sind: die Enkel) entstehen beim ersten Erbfall Pflichtteilsansprüche gegen den →Nachlass des Vaters, berechnet nach den Verkehrswerten, die dann oft strittig werden: Ansprüche, die von der Mutter sofort in bar zu entrichten wären. Mangels ausreichender Liquidität führte dies zum Verkauf der Unternehmensanteile mit Einkommensteuerbelastung und Verlust der Begünstigung des Betriebsvermögens bei der Erbschaftsteuer.

Deshalb sind beim gemeinschaftlichen Testament faire →Pflichtteilsverzichte (I/9) nach dem Erstversterbenden erforderlich. Angemessen erscheint eine erbvertragliche Garantie, die den Nachkommen ein Erbteil nach dem zweiten Erbfall zusichert, der dem Pflichtteil am Gesamtvermögen entspricht.

Ein anderer Nachteil des gemeinschaftlichen Testaments ist, dass der überlebende Ehegatte nicht mehr abweichend testieren kann (VIII/3). Zumindest eine abweichende Verteilung unter den gemeinsamen Abkömmlingen bis zur Grenze des Pflichtteils sollte daher vorbehalten werden. Weiterhin ist im Ehegattentestament klarzustellen, dass bei der Nachfolge der Kinder nicht eine →Vor- und Nacherbschaft, sondern eine Voll- und →Schlusserbschaft gemeint sind. Im ersteren Falle wäre der überlebende Ehegatte an unentgeltlichen Verfügungen gehindert und den Kindern gegenüber zu jährlicher Rechenschaft verpflichtet.

Weil es sich hier vorwiegend um geordnete familiäre Verhältnisse handelt und die Vermögensstruktur übersichtlich ist, würde in solchen Erbfolgeangelegenheiten die Beauftragung eines örtlichen Erbrechtsjuristen genügen. Ihn sollte man aus einer anerkannten Ratingliste entnehmen und in der näheren Bekanntschaft gegenchecken. Dabei sollte sichergestellt sein, dass der Jurist über eine ausreichende praktische Erfahrung verfügt. Obligatorisch ist auch ein Steuerfachmann hinzuzuziehen, der die erbschaftsteuerlichen Gestaltungsmöglichkeiten und auch die einkommensteuerlichen Risiken (V/1) der Erbfolge kennt.

Die Kosten der Erbfolgeplanung dürften in solch einfachen Fällen bei ca. 5.000 bis 10.000 Euro, je nach Aufwand und Schwierigkeit aber auch ein Mehrfaches davon betragen; darin enthalten sollten zwei bis drei ausführliche Gespräche mit den Beratern sein, um den Sachverhalt aufzuklären. Eventuelle Notarkosten kämen hinzu.

2 Wie man auch zu Weihnachten dem Fiskus ein Schnippchen schlagen kann

Freibeträge, Gelegenheitsgeschenke und Zugewinngemeinschaft

Hans Flick / Frank Hannes

Weihnachten ist die Zeit des Schenkens. Schenkungsteuerliche Folgen ergeben sich dabei im Allgemeinen nicht, denn übliche Gelegenheitsgeschenke sind steuerfrei. Streit mit dem Finanzamt kann es nur geben, wenn bestimmte Wertgrenzen überschritten werden. Wo diese Grenzen liegen, ist allerdings nirgendwo festgelegt. Die Üblichkeit spricht für eine relative Grenze. Maßgeblich sind die Vermögensverhältnisse des Schenkers und Beschenkten, das Verwandtschaftsverhältnis und die soziale Schicht der Beteiligten. Nach Übung der Finanzverwaltung werden 1.500 Euro toleriert, bei Geschenken über 10.000 Euro ist regelmäßig die Toleranzgrenze überschritten.

Wenn der Schenker mehr schenkt als üblicherweise von ihm erwartet wird, um in →vorweggenommener Erbfolge Vermögen auf die nächste Generation zu verschieben, tritt aber in jedem Falle Erbschaftsteuerpflicht für den Gesamtbetrag ein. In der Praxis spielt diese Grenzfrage allerdings nur eine geringe Rolle, solange die Werte im Rahmen der erbschaftsteuerlichen →Freibeträge liegen (Ehegatte 307.000 Euro, Kinder je 205.000 Euro, Enkelkinder je 51.200 Euro, Lebensgefährten und -gefährtinnen 5.200 Euro), und diese Freibeträge in einem Zehn-Jahres-Zeitraum durch Schenkung oder Erbfall nicht sonst ausgeschöpft werden. Unabhängig von diesen Grenzen wird diese Frage allerdings in der Verwaltungspraxis nicht auffällig, solange der Vorgang nicht anderweitig ins Auge springt. Ungeachtet dessen sind auch Gelegenheitsgeschenke eigentlich anzeigepflichtig.

Ein wesentlich größeres Geschenk erlaubt das Erbschaftsteuergesetz uneingeschränkt, nämlich die Übertragung des eigengenutzten Familienheims an den anderen Ehegatten. Weil eine solche Übertragung im Todesfall inkonsequenterweise erbschaftsteuerpflichtig wird, drängt sich dem steuerbewussten Bürger diese Schenkung des Familienheimes förmlich auf. Dafür in Frage kommen Einfamilienhäuser und Eigentumswohnungen, die ausschließlich zu eigenen Wohnzwecken genutzt werden. Eine teilweise Vermietung ist schädlich, eine berufliche Mitbenutzung hingegen regelmäßig nicht.

Allerdings sollte man dabei wie bei allen Schenkungsalternativen zukünftige Entwicklungen im notariellen Schenkungsvertrag berücksichtigen (III/6). Zur Erhaltung des lebenslänglichen →Wohnrechts für den Schenker muss ein Rückforderungsrecht für folgende Fälle vorgesehen werden: Die Eheleute trennen sich oder werden geschieden oder der Beschenkte stirbt vor dem Schenker. Letzterer Rückfallgrund ist auch erbschaftsteuerlich angezeigt: Ein Rückfall kraft Erbfolge löst Erbschaftsteuer aus, ein Rückfall kraft entsprechender vertraglicher Klausel nicht.

Der Verkauf und die Belastung des Familienhauses sollte von der Zustimmung des Schenkers abhängig gemacht werden. Richtig ist es auch, die Anrechnung dieser Schenkung auf →Pflichtteils- oder →Zugewinnausgleichsansprüche vorzusehen. Zur erbschaftsteuerlichen Optimierung ist es zweckmäßig, eventuelle Belastungen vom Haus vorher wegzunehmen. Schließlich kann man auch überlegen, anlässlich der Schenkung des Hauses die spätere Weitergabe an die gemeinsamen Kinder erbvertraglich abzusichern.

Ein noch größeres Geschenk zwischen Ehegatten kann der Wechsel vom falschen →Güterstand (VI/1) – der →Gütertrennung – in den der modifizierten →Zugewinngemeinschaft sein. Mentalitätsmäßig ist das aus der Sicht des schwächeren Partners der Übergang von der Unterdrückung zur Gleichberechtigung. In diesem →gesetzlichen Güterstand sind die Ehegatten am während der Ehe gemeinsam erwirtschafteten Vermögen quasi hälftig beteiligt. Nur „quasi" deshalb, weil tatsächlich auch bei der Zugewinngemeinschaft die Vermögen der Eheleute getrennt bleiben. Der →Zugewinnausgleich erfolgt erst bei Beendigung der Ehe, beispielsweise durch Tod eines Ehegatten. Zivilrechtliche Differenzen im Vermögensbestand, etwa wenn alle Vermögensgegenstände auf den Namen des Ehemannes eingetragen sind, sind bei der →Zugewinngemeinschaft im Erbfall erbschaftsteuerfrei auszugleichen, während die Versorgung des schwächeren Partners bei Gütertrennung bis auf den persönlichen →Freibetrag, der für beide Güterstände gilt, erbschaftsteuerpflichtig ist.

Ein Beispiel: Das Ehepaar Meyer hatte damals kurz vor der zivilrechtlichen Trauung auf Druck des Vaters von Herrn Meyer einen →Ehevertrag abgeschlossen, der Gütertrennung und gegenseitigen →Erbverzicht vorsieht. Durch diesen Vertrag sollte das Scheidungsrisiko im Hinblick auf das künftige Erbe für Meyer jun. und eine Haftung der Ehefrau für das unternehmerische Risiko des Sohnes ausgeschlossen werden. Das Vermögen der beiden Eheleute bei Eheschließung betrug jeweils null Euro. Als Herr Meyer 70-jährig verstirbt, hat er nach Verkauf seiner Unternehmensanteile ein Geldvermögen von 6,5 Mio. Euro, seine Ehefrau ein Wertpapierdepot von 500.000 Euro. Auf Grund des →Berliner Testaments der Eheleute erbt die Ehefrau die 6,5 Mio. Euro von ihrem Ehemann, die Kinder erhalten (noch) nichts. Nur in Höhe des Ehegattenfreibetrages von 307.000 Euro ist das Erbe erbschaftsteuerfrei, die restlichen rund 6,2 Mio. Euro sind in →Steuerklasse I mit 23 Prozent zu versteuern (rund 1,4 Mio. Euro).

Hätten die Eheleute im Güterstand der Zugewinngemeinschaft gelebt, wäre ihr Zugewinn in Höhe von (6,5 Mio. Euro ./. 0,5 Mio. Euro = 6 Mio. Euro : 2 =) 3 Mio. Euro erbschaftsteuerfrei geblieben. Die restlichen 3,5 Mio. Euro wären nach Abzug des persönlichen Freibetrages von 307.000 Euro nach dem im progressiven Tarif niedrigeren →Steuersatz von 19 Prozent zu versteuern. Die Erbschaftsteuerbelastung hätte also lediglich (3,2 Mio. x 19 Prozent =) rund 600.000 Euro betragen. Der güterstandsbedingte Nachteil in der Steuerbelastung macht also ca. 800.000 Euro netto aus.

Dabei war die bei Vereinbarung der Gütertrennung gedachte Haftungsbeschränkung gar kein Vorteil, weil auch bei der Zugewinngemeinschaft das Vermögen der Eheleute während des Bestehens der Ehe haftungsmäßig getrennt bleibt. Und das Scheidungsrisiko hätte man auch bei der Zugewinngemeinschaft durch Modifizierung ausschließen oder auf eine Unterhaltsverpflichtung begrenzen können.

Will man den Fehler der Gütertrennung später korrigieren, ist dies schwierig. Die Finanzverwaltung erkennt nämlich eine rückwirkende Änderung des Güterstandes, die zivilrechtlich durchaus möglich ist, erbschaftsteuerlich nicht an. Erbschaftsteuerfrei soll nur der Zugewinn ab notarieller Änderung des Güterstandes sein. Sicher kann sich die Verwaltung jedoch nur für den Fall des pauschalen erbrechtlichen Ausgleichs des Zugewinns (Erhöhung der →Erbquote um ein Viertel) sein. Mit Recht sehen hervorragende Kenner des Erbschaftsteuerrechts diese einschränkende Auffassung der Finanzverwaltung als unhaltbar an, wenn der Ausgleich familienrechtlich – nach den effektiven Verhältnissen berechnet – vollzogen wird.

Allerdings müsste dies gerichtlich gegen die Verwaltung mit guten Aussichten durchgesetzt werden.

Auch bei der Vereinbarung des Zugewinns wird man jedoch Vorsorge für unerwartete Entwicklungen treffen. Man wird deshalb nicht nur das Scheidungsrisiko ausschließen oder begrenzen, sondern auch für den Erbfall Regelungen treffen, wie z.B. den Zugewinnausgleich in Höhe der standesgemäßen Versorgung des überlebenden Ehegatten (einschließlich Pflegefall) deckeln. Will man allerdings den erbschaftsteuerfreien Übergang des Zugewinns auf den Ehegatten zur Minimierung der Erbschaftsteuerbelastung auf den Generationenübergang des gesamten Familienvermögens nutzen, so kann man dies durch Brechung der →Steuerprogression.

So erhalten die Kinder Vermögen von zwei Erblassern, wenn man Nachlassvermögen in Höhe des Zugewinns steuerfrei auf den Ehegatten übergehen lässt und den späteren Übergang auf die gemeinsamen Kinder erbvertraglich absichert. Neben der Brechung der Progression durch die Verteilung des →Nachlasses auf mehrere Erwerber können weitere Vorteile dadurch erreicht werden, dass der Vermögensübergang von dem Längerlebenden auf die Kinder auf zwei Zeitpunkte, nämlich den einer lebzeitigen (Weiter-)Schenkung bereits kurz nach dem Tode des Erstversterbenden und den des zweiten Erbfalls verteilt werden kann. Dies eröffnet zusätzlich die Chance der doppelten Ausnutzung der persönlichen Freibeträge und der Besteuerung mit einem günstigeren Steuersatz (I/5).

Auch für Ehepaare, die bereits im günstigeren Güterstand der Zugewinngemeinschaft leben, kann Weihnachten willkommener Anlass sein, durch Geschenke die Erbfolge in den Griff zu bekommen. Haben sich beispielsweise die Eheleute Meyer in einem Ehegattentestament gegenseitig zu alleinigen Erben eingesetzt, so begründet dies neben den erbschaftsteuerlichen Nachteilen erhebliche Pfichtteilsgefahren. Der →Pflichtteil besteht in der Hälfte des Wertes des gesetzlichen Erbteils. Es ist ein sofort fälliger, in Geld zu leistender Anspruch. Ohne vorsorgende Maßnahmen wird daher Meyer jun., einziges Kind seiner Eltern und immer in Geldnöten, im Erstversterbensfall seines Vaters von seiner Mutter immerhin einen Geldbetrag von rund 1,6 Mio. Euro sofort und in bar verlangen können, das entspricht einem Viertel des Nachlasswertes. Zur Reduzierung der Pflichtteilsgefahr könnte es sich anbieten, den Nachlass durch lebzeitige Schenkungen an die Ehefrau zu reduzieren. Überträgt Herr Meyer seiner Ehefrau beispielsweise Vermögen im Wert von 3 Mio. Euro, so beträgt der

Wert seines Nachlasses im Erbfall nur noch 3,5 Mio. Euro und der Pflichtteil des Sohnes fällt 750.000 Euro geringer aus.

Allein mit einer solchen Schenkung wäre hingegen nichts gewonnen. Der habgierige Sohn könnte die 750.000 Euro vielmehr als so genannten →Pflichtteilsergänzungsanspruch geltend machen. Das Gesetz ordnet nämlich an, dass lebzeitige Schenkungen des Erblassers an seine Ehefrau dem Nachlass wieder hinzuzurechnen sind. Anderes gilt aber, wenn die Übertragung des Vermögens nicht schenkweise, sondern in Erfüllung eines Anspruchs erfolgt. Ein solcher Anspruch ist der Zugewinnausgleichsanspruch. Dieser kann durchaus auch vorzeitig, also zu Lebzeiten und unter Fortbestand der Ehe, erfüllt werden, indem die Eheleute in den Güterstand der Gütertrennung wechseln. Wer in Gütertrennung lebt, hat einen solchen Gestaltungsspielraum nicht. Allerdings sollte bei der Begründung solch entgeltlicher Geschäfte die ertragsteuerliche Seite (V/1) im Blick behalten werden, insbesondere wenn Betriebsvermögen zum zukünftigen Nachlass gehört.

3 Wie man die Klippen bei der Erbfolgeplanung sicher umschifft

Widerrufsrecht, Pflichtteilsverzicht und Nacherbschaft

Hans Flick / Frank Hannes

Wer seine Erbfolge erfolgreich regeln will, muss zahlreiche Klippen umschiffen. Weil man aber den eigenen Tod gern verdrängt, wird es häufig versäumt, rechtzeitig einen Lotsen mit an Bord zu nehmen. Vergegenwärtigt man sich jedoch in einer beispielhaften Aufzählung die wichtigsten Klippen, so wird schnell klar, wie nötig es ist, die Erbfolge rechtzeitig zu regeln.

1. Bei den →Testamenten geschiedener Eheleute (II/2) ist es zur Vermeidung des ungewollten mittelbaren Vermögensübergangs auf den geschiedenen Ehegatten nötig, für bestimmte Fälle eine →Nacherbschaft anzuordnen.

Beispiel: Die Erbin einer Gewürzfabrik war verheiratet mit deren Geschäftsführer. Im Zuge der Ehescheidung verlor der Mann seinen Posten. Die Ehefrau setzte die gemeinsame Tochter, die noch kein eigenes Testament gemacht hatte, zu ihrer Alleinerbin ein. Mutter und Tochter verunglückten beide tötlich, die Tochter verstarb nach ihrer Mutter. Deren Erbe wurde kraft →gesetzlicher Erbfolge ihr Vater, also der geschiedene Ehemann. Die Einsetzung eines →Nacherben (fehlt ein naher Angehöriger, kann dies beispielsweise auch eine gemeinnützige Einrichtung sein) im Testament der Mutter hätte dieses unerwünschte Ergebnis verhindert.

2. Bei der Erbschaftsteuer gibt es unterschiedliche →Steuerklassen, die vor allem bei unverheirateten Paaren im Erbfall zu hohen Belastungen führen können: In der höchsten Klasse liegt die Steuerlast zwischen 17 und 50 Prozent, der Freibetrag beträgt nur 5.200 Euro. Vermeiden kann man das durch eine Heirat (VI/1). In der Steuerklasse für Verheiratete beträgt die Steuerlast zwischen 7 und 30 Prozent bei einem Freibetrag

von 307.000 Euro. Will man nicht heiraten, bietet sich als Kunstgriff die Versorgung mit Betriebsvermögen (III/1) an, dessen Erwerb günstiger besteuert wird, fast so, als sei man verheiratet. Zwar bleibt es bei dem nur mäßigen persönlichen Freibetrag von 5.200 Euro. Hinzu kommt aber als Sahnehäubchen ein →Betriebsvermögensfreibetrag von 225.000 Euro und derzeit noch ein →Bewertungsabschlag von 35 Prozent. Während der unverheiratete Partner beispielweise für eine im Privatvermögen gehaltene Immobilie mit einem →Steuerwert von 1 Mio. Euro fast 350.000 Euro Erbschaftsteuer zu zahlen hat, beträgt die Belastung bei Übertragung der Immobilie im Betriebsvermögen nur rund 79.000 Euro.

3. →Gütertrennung ist zwar der allgemein übliche →Güterstand der Wohlhabenden, bringt jedoch mehrere Nachteile. Bei einer modifizierten →Zugewinngemeinschaft (VI/1) von Beginn der Ehe an ist die Versorgung des schwächeren Partners durch den Zugewinn anders als bei Gütertrennung erbschaftsteuerfrei. Durch diese Steuerfreiheit lässt sich bei geschickter Gestaltung über die Versorgung hinaus noch die →Steuerprogression der Erbschaftsteuer brechen.

4. →Testamente, die inhaltlich oder hinsichtlich der bedachten Personen überholt sind, stiften Verwirrung und Streit. Alternative Geschehensabläufe zu berücksichtigen (III/6) ist für jede Erbfolgeplanung erforderlich, sei es bei →vorweggenommener Erbfolge durch Schenkung oder beim Testament.

Beispiel: Ein Unternehmer überträgt schenkweise seinem zur Nachfolge ausersehenen Sohn 50 Prozent seiner Anteile, sichert sich aber über einen →Nießbrauch die Erträge und das Stimmrecht. Wirtschaftlich ist so scheinbar nicht viel geschehen. Aber wenn der Nachfolger das Unternehmen im Streit verlässt, kann der Vater einem anderen Sohn, der stattdessen die Nachfolge übernehmen will, die Mehrheit nicht mehr verschaffen. Richtig wäre es deshalb gewesen, in den Schenkungsvertrag ein Widerrufsrecht einzubauen.

Solche ungewollten Folgen können sich nicht nur ergeben, wenn der designierte Nachfolger das Unternehmen im Streit verlässt, sondern auch dann, wenn er stirbt. Dann werden seine Erben – beispielsweise die Ehefrau und seine minderjährigen Kinder – Unternehmensinhaber. Kein Schenkungsvertrag kann daher ohne individuell konzipierte Widerrufsmöglichkeiten auskommen. Außerdem sollte man die eigene Erbfolgeplanung im Abstand von drei Jahren überprüfen.

5. Zur Erbfolgeplanung gehört immer der →Pflichtteilsverzicht aller Berechtigten, also des Ehegatten, der Kinder und Eltern. Der Verzicht sollte aber fair gestaltet (I/9) werden. Ein voller →Erbverzicht geht zu weit. Er ist sogar oft schädlich, weil der Verzichtende bei den Pflichtteilsansprüchen anderer Berechtigter nicht mehr mitzählt und diese Ansprüche daher mittelbar erhöht werden. Faire Pflichtteilsverzichte sichern ein wertmäßiges Äquivalent zu, allerdings nicht in Liquidität und auch nicht mit sofortiger Fälligkeit.

6. Bei allen Schenkungsverträgen sollte man zur Sicherheit eine Anrechnung der Schenkung auf →Pflichtteil und gegebenenfalls →Zugewinnausgleich vorsehen.

7. Gemeinschaftliche →Ehegattentestamente (II/1) mit gegenseitiger Einsetzung als Alleinerbe haben etliche Nachteile. Sie führen in der Regel zum endgültigen Verlust der erbschaftsteuerlichen →Freibeträge der Kinder, „verdoppeln" aber deren Pflichtteilsansprüche. Die Bindungswirkung (VIII/3) solcher meist →wechselbezüglicher Verfügungen hindert zudem den Längerlebenden, den Wechselfällen des Lebens Rechnung zu tragen. Die Verfügungsbeschränkungen des letztversterbenden Ehegatten sollten daher gelockert werden. Auch ein Pflichtteilsverzicht der Kinder nach dem erstversterbenden Ehegatten ist beim gemeinschaftlichen Ehegattentestament dringend geboten, um die Altersversorgung des Längerlebenden zu sichern. →Vermächtnisse zu Gunsten der Kinder können erbschaftsteuerliche Vorteile bringen.

8. Bei persönlichem oder sachlichem Bezug zum Ausland (II/5) – etwa einem Doppelwohnsitz, einer fremden Staatsangehörigkeit oder ausländischem Grundvermögen – sind besondere Vorkehrungen nötig.

Beispiel: Wird das französische Ferienhaus der zweiten Ehefrau vermacht, wohingegen die Kinder aus erster Ehe mit Inlandsvermögen ausreichend bedacht werden, so können diese trotzdem ihr französisches Noterbrecht, das sie zu Miterben des Ferienhauses macht, vor einem französischen Gericht geltend machen. Eventuelle deutsche Pflichtteilsverzichte sind in Frankreich unwirksam. Deutschland, Österreich, Frankreich und einige andere Staaten erfassen erbschaftsteuerlich inländische Erben und Beschenkte. Wegzug (V/3) ist regelmäßig ein untaugliches Mittel zur Erbschaftsteuerplanung.

9. Das Überspringen einer Generation (III/7) erspart bei gleicher Steuerklasse den Enkeln wie den Kindern eine ganze Runde Erbschaftsteuer.

10. Ein Rechtsformwechsel kann dabei helfen, Erbschaftsteuern zu sparen. Einzelfirmen und Personengesellschaften werden grundsätzlich – Ausnahmen gelten für Immobilien und Beteiligungen – mit dem Bilanzwert des Eigenkapitals bewertet. Bei nicht börsennotierten Aktien und GmbHs wird auch der →Ertragswert mit berücksichtigt; das führt bei hoch rentablen Unternehmen zu höheren, bei ertragslosen zu niedrigeren Erbschaftsteuern. Meist ist also die erbschaftsteuerliche Bewertung der Personengesellschaft vorteilhafter. Börsennotierte Anteile sind erbschaftsteuerlich zumeist teuer. Sie sind mit dem Kurswert am Todestag zu versteuern. Dieses →Stichtagsprinzip bringt gerade bei sehr volatilen Wertpapieren erhebliche Risiken, wenn nach dem Todestag der Kurswert absackt. Dann kann die Erbschaftsteuer zuweilen sogar über dem neuen Kurswert liegen. Das Finanzamt ist mit Billigkeitsmaßnahmen sehr zurückhaltend.

11. Besonderen persönlichen Verhältnissen, wie der Behinderung eines Kindes (II/4) oder der Sektenabhängigkeit eines potenziellen Erben (VII/7), sind in der Erbregelung durch gestaltende Vorkehrungen besondere Beachtung zu schenken.

12. Die Erbfolgeplanung muss man menschlich und psychologisch absichern. Die Kinder sind über die Absichten rechtzeitig zu informieren (IV/4). Die Ehefrau ist auf den Ernstfall vorzubereiten (VI/4), die weichenden Erben zu vorsichtigen Kapitalanlegern zu erziehen. Für unmündige Kinder muss man in Schenkungsverträgen und im Testament Vermögenspfleger für das geerbte oder geschenkte Vermögen vorsehen.

4 Kluge Erbfolgeplanung erfordert einen langen Atem

Nachfolgeauswahl bei Familienunternehmen wichtig

Hans Flick

Während sonst oft nur über misslungene Erbfolgen berichtet wird, bei denen Streitanwälte und der Fiskus lachende Erben sind, die Familie aber auf ewig zerstritten ist und das Familienunternehmen zerschlagen wird, soll hier über die Erbfolgeplanung der Familie Braun, der die pharmazeutische Firma B. Braun Melsungen AG gehört, berichtet werden.

Die Hauptversammlung der AG, die den Jahresabschluss 1983/84 zu verabschieden hatte, war von historischer Bedeutung für das Unternehmen. An ihr nahmen erstmalig sieben Jung-Aktionäre teil, die gemeinsam 10 Prozent des Kapitals repräsentierten. Um sie bei Laune zu halten, mussten besondere Vorkehrungen getroffen werden: Als besonderes Erfrischungsgetränk wurden handwarme Milupaflaschen bereitgestellt, der Konferenztisch wurde zur Wickelkommode umfunktioniert, eine Spielecke wurde eingerichtet. Die damaligen Jungaktionäre waren die Enkel der Brüder Otto und Dr. Bernd Braun, in vierter Generation die damaligen Inhaber und Leiter des Unternehmens. Die Enkel waren damals noch keine sechs Jahre alt. Sie hatten die Aktien von ihren Großvätern geschenkt bekommen.

Diese Schenkungsaktion des Jahres 1983 war aber nur Teil einer langfristig angelegten Erbfolgeplanung. Die Brüder hatten nämlich schon Mitte der sechziger Jahre beschlossen, den Generationenwechsel im Familienunternehmen geplant, kontrolliert und unstreitig ablaufen zu lassen. Ihre Ziele dabei waren, eine gut eingearbeitete jüngere Führungsmannschaft zu bestellen, jedwede finanzielle Belastungen durch Erbfälle, die auf das Unternehmen durchschlagen konnten, zu vermeiden und Familienstreit zu unterdrücken (I/8). Sie bestimmten deshalb gemeinsam den jüngsten Sohn eines Stammes, nach Bewährung bei Fremdunternehmen in Amerika und in der brasilianischen Tochtergesellschaft, zu Führern des Unternehmens in der nächsten Generation und strafften den Aufbau der Unternehmensstruktur. Die einheitliche Entscheidungsgewalt im Unternehmen sicherten sie für den Nachfolger durch Familienschutzrechtsverträge ab. Zur Vermeidung von Liquiditätsbelastungen im Erbfall hatten die alten Herren schon 1968 mutig 90 Prozent ihres Firmenvermögens unter Vorbehalt des →Nießbrauchs an ihre Kinder übertragen.

Sie verlangten gleichzeitig von allen ihren Kindern zum Schutz gegen liquide Ansprüche im Todesfall faire →Pflichtteilsverzichte (I/9) und erhielten diese auch. Alle Familienmitglieder wurden Mitglieder der Familienschutzrechtsverträge, die das Zusammenwirken aller Aktionäre auf Dauer regelten und einen verpflichtenden Verhaltenskodex aufstellten, und zwar auch für die Rechtsnachfolger, u.a. die Verpflichtung güterrechtlich das Firmenvermögen aus dem Zugewinn herauszuhalten (modifizierte →Zugewinngemeinschaft, III/2); so waren im Todesfall und bei Scheidung liquide Ansprüche, die auf das Unternehmen durchschlagen würden, ausgeschlossen.

In einem zweiten Schritt wurden nach Ablauf von zehn Jahren 1983 die restlichen 10 Prozent ihrer Unternehmensanteile übertragen, jetzt jedoch generationenüberspringend (III/7) an die Enkelkinder mit Nießbrauchvorbehalt für deren Eltern. Infolge der Wertsteigerung des Unternehmens zwischen der ersten und der zweiten Schenkung kosteten die 10 Prozent zu diesem Zeitpunkt doppelt so viel Erbschaftsteuer wie die früheren 90 Prozent. Anders heißt das, die frühzeitige großzügige Schenkung hatte insoweit schon zu einer Erbschaftsteuerersparnis von mehr als 90 Prozent geführt. Um die Dimension zu verdeutlichen: Ende der 60er-Jahre, bei der ersten Schenkung, betrug der Weltumsatz der Firma 120 Mio. DM, heute beträgt er 2,4 Mrd. Euro.

Die Brüder lehnten sich zufrieden zurück in dem Bewusstsein, alles richtig geregelt zu haben. Damit war für sie der Nachweis erbracht, dass die Befassung mit der Erbfolge und eine sorgfältige Nachfolgeplanung nicht zwangsläufig zum frühen Tod führen. Im Gegenteil: Sie verlängern das Leben (IV/3) und erhöhen seine Qualität.

Viel später bei der →Testamentseröffnung beider Brüder gab es bei zwei sonst lachenden Erben enttäuschte Gesichter: beim Fiskus und den Streitanwälten. Erbschaftsteuer wurde nämlich bei Beendigung des Nießbrauches nicht mehr fällig, weil die Nießbrauchsquote sorgfältig bedarfsgemäß gedeckelt worden war. Und Streit in der Familie gab es auch nicht, weil alles schon verteilt war. Das Unternehmen lief unter verjüngter Führung schon eingeübt weiter. Die anderen Kinder und Schwiegerkinder haben verantwortliche Posten weltweit außerhalb Melsungens. Der Zusammenhalt wird durch Familientage gefördert, auf denen der Leiter des Unternehmens jeweils Erfolge, Schwierigkeiten und Ziele des Unternehmens darlegt.

Diese Erfolgsgeschichte einer langfristiger Planung der Unternehmernachfolge in der vierten Generation ist aber erst die Hälfte der Geschichte. Die fünfte Generation machte sich nämlich die Philosophie ihrer Väter zu eigen: Sie schenkten schon 1983 – unter großzügigem Verzicht ihrer Ehepartner – Unternehmensanteile an ihre Kinder unter gedeckeltem Nießbrauchsvorbehalt und mit Pflichtteilsverzicht sowie Beitritt zum Familienschutzrechtsvertrag weiter. Die fünfte Generation besitzt seit einigen Jahren unmittelbar jeweils nur noch eine geringe Zahl von Aktien, über 90 Prozent sind in mehreren Tranchen schon auf deren Kinder, die sechste Generation, übergegangen. Es bedarf daher keiner prophetischen Gaben, um jetzt schon vorauszusagen, dass auch der nächste Generationenübergang sich beim Familienunternehmen Braun erbschaftsteuerschonend und streitvermeidend vollziehen wird und der Fiskus sowie die Streitanwälte in die Röhre schauen werden.

Diese erfolgreiche Erbfolgeplanung der Familie zeigt einige wichtige Aspekte auf: Erbfolgeplanung erfordert einen langen Atem. Die Zehnjahresfrist der Erbschaftsteuer für Freibeträge und den Neubeginn der →Steuerprogression sowie der Pflichtteilsanrechnung setzen zeitliche Eckpunkte. Zudem zieht ein erfolgreicher Erbgang traditionell auch weitere gemeinsame erfolgreiche Erbgänge in der nächsten Generation nach sich und ist auf Dauer angelegt. Das zeigen auch die Beispiele anderer Familiengesellschaften wie Freudenberg, Haniel und Henkel.

Wichtig ist aber auch der menschliche Aspekt: Die Auswahl des Nachfolgers ist von entscheidender Bedeutung, in ihn muss die ältere Generation vorschussweise vertrauen. Gelassene Unternehmerpersönlichkeiten, die sich nicht am Unternehmen festklammern, sondern die Toleranz als Tugend des Alters pflegen, sind die weitere Voraussetzung für eine erfolgreiche Unternehmensnachfolgeplanung.

„Herzlichen Glückwunsch zu der Erbschaft!“ …

5 Wie man den Fiskus bei der Erbschaftsteuer enterben kann

Freibeträge nutzen und Schenkungen zeitlich staffeln

Hans Flick / Frank Hannes

An den eigenen Tod denkt man nicht gern. Schon deshalb bleibt die Erbfolge häufig ungeregelt. Viele Wohlhabende unterschätzen zudem, in welchem Ausmaß ihr Vermögen im Erbfall mit Erbschaftsteuern belastet wird. Gestandene Unternehmer, die in ihrem Geschäft keinen Schritt ohne Steuerberatung tun, hinterlassen Erbregelungen, ohne je nach Möglichkeiten der Steuerersparnis gefragt oder eine steuerliche Nachfolgeplanung in Anspruch genommen zu haben. Obwohl sie sich bei der Einkommensteuer immer wieder auf riskante Steuersparmodelle und Abschreibungskonstruktionen (V/2) einlassen, unterlassen sie wasserdichte Erbschaftsteuergestaltungen.

Dabei beruhen die Gestaltungsmöglichkeiten hier nicht auf unsicheren Steuertricks oder allzu optimistischen Wirtschaftsprognosen. Das Erbschaftsteuerrecht folgt vielmehr den zivilrechtlichen und hier insbesondere den erbrechtlichen Vorgaben. Allerdings ist vielen die Vielfalt der zivilrechtlichen und steuerlichen Gestaltungskonzepte bei der Erbfolge gar nicht bewusst.

Zwei gesetzestechnische Charakteristiken sind der Grundstock für einige Gestaltungsmöglichkeiten: Die Erbschaftsteuer ist in Deutschland als →Erbanfallsteuer ausgestaltet. Und sie wird nicht – als so genannte →Nachlasssteuer – vom Gesamtnachlass abgezogen, sondern fällt bei jedem einzelnen Erbgang an. Daraus ergibt sich die erbschaftsteuerliche Möglichkeit einer „empfängerbezogenen" Gestaltung: Je größer die Anzahl der Vermögensübergänge durch Schenkung oder →Testament ist, desto häufiger können die →Freibeträge in Anspruch genommen und desto leichter kann die →Steuerprogression gemindert werden. Deshalb empfiehlt es sich, die Vermögensübergänge persönlich, nämlich auf Geber-

und Empfängerseite, und zeitlich (in Form eines Zehn-Jahres-Rythmus) zu spreizen.

Wie sich dies bewerkstelligen lässt, zeigt folgendes Beispiel: Die Eltern wollen ihrem Sohn ein Vermögen von 700.000 Euro übertragen. Schenkt der Vater alleine den Betrag aus seinem Vermögen, so hat der Sohn nach Abzug des Freibetrages von 205.000 Euro noch 495.000 Euro zu versteuern, die in der →Steuerklasse I einem →Steuersatz von 15 Prozent unterliegen. Er muss also 74.250 Euro Erbschaftsteuer zahlen.

Würden hingegen Vater und Mutter jeweils aus ihrem Vermögen 350.000 Euro schenken, wären zweimal 205.000 Euro als Freibetrag abzuziehen. Damit wären zweimal 145.000 Euro jeweils mit 11 Prozent, also in einer niedrigeren Progressionsstufe, zu versteuern Letztlich müsste der Sohn nur 31.900 Euro zahlen. Ersparte Differenz: 42.350 Euro.

Wollen die Eltern auch noch ihren drei Enkelkindern etwas Gutes tun (III/7), so werden sie diesen von den 700.000 Euro beide jeweils 50.000 Euro schenken – allerdings nicht, ohne die Vermögensverwaltung ihrem Sohn, dem Vater der drei Kinder, zu übertragen, bis die Enkel ihr 25. Lebensjahr vollendet haben. Diese Schenkungen wären nämlich auf Grund des Enkelfreibetrages von 51.200 Euro schenkungsteuerfrei. (Und sie würden auch nicht, wie bei anderen Gestaltungen, beim späteren Übergang vom Sohn auf die Enkelkinder abermals Erbschaftsteuern auslösen.) Die Erbschaftsteuerbelastung für Übergänge von den Eltern an den Sohn und die Enkel würde dann auf Null reduziert. Die 74.250 Euro, die sonst an Erbschaftsteuern zu zahlen wären, könnten also vollständig gespart werden.

Weil bei der Erbschaftsteuer sämtliche Erwerbe – sei es durch Schenkung, sei es durch Erbfall – zusammengerechnet werden, ist es günstig, im Rhythmus von zehn Jahren zu schenken. Die Freibeträge entstehen quasi im Abstand von zehn Jahren neu, und bei der Bestimmung der Progression wird der mehr als zehn Jahre zurückliegende Erwerb nicht mehr mitgezählt. Auch die zeitliche Spreizung führt daher zu erheblichen Steuerentlastungen: Schenken beide Eltern im 11. Jahr nach der ersten Schenkung abermals, so verdoppelt sich mit dem Schenkungsbetrag auch die Erbschaftsteuerersparnis. Denn es können nach dem oben beschriebenen Muster nochmals 700.000 Euro (genaugenommen sogar 717.200 Euro) steuerfrei geschenkt werden. Würden die Eltern hingegen zum zweiten Mal jeweils 350.000 Euro nach nur neun Jahren schenken, so entstünde eine Familienbelastung (Sohn und Enkel) von rund 65.000 Euro.

Aus dieser Gestaltungsmöglichkeit ergibt sich der weitere Rat, mit der Vermögensübertragung möglichst früh zu beginnen (I/4). Es wird berichtet, dass die Familie Röchling jedem Familienmitglied schon bei Geburt Anteile in Höhe der erbschaftsteuerlichen Freibeträge übertragen und mit weiteren Schenkungen im Zehn-Jahres-Rythmus in der Folgezeit die Freibeträge mehrfach ausgenutzt hat. Umgekehrt bedeutet natürlich die vorzeitige Vermögensübertragung immer die Notwendigkeit, zu Gunsten des Schenkers im Schenkungsvertrag Vorsorge zu treffen. Absichern muss man die eigene Altersversorgung (IV/8) und den eventuellen Pflegefall. Auch Abweichungen von der Statistik (III/6), etwa, dass der Beschenkte früher stirbt als der Schenker, sind zu berücksichtigen. Vermögensbedrohende Turbulenzen beim Beschenkten – etwa durch eine Scheidung oder auch bei einer Insolvenz – sollten durch entsprechende vertragliche Regelungen abgefangen werden. Für alle diese Fälle gibt es in der Praxis erprobte Rechtsfiguren, die freilich immer einer individuellen Anpassung an die konkreten Verhältnisse bedürfen.

Voraussetzung für diese günstigen Gestaltungen ist allerdings, dass beide Ehegatten entsprechendes Vermögen jeweils in ihrem zivilrechtlichen Eigentum haben. Eine nur für diese Zwecke vorgenommene Schenkung vom Ehemann, der fast das gesamte Vermögen hält, an seine Ehefrau – womöglich gar noch kombiniert mit der Verpflichtung, das Vermögen weiterzuübertragen – wird von der Finanzverwaltung nicht anerkannt. Sofern also der Ehemann etwa im Rahmen des Ehegattenfreibetrages von 307.000 Euro seiner Ehefrau in der Erwartung etwas schenkt, dass diese es an Kinder oder Enkel weiterschenken werde, ist darauf zu achten, dass die Ehefrau in ihrer Entscheidung, ob sie das Geld behält oder den Kindern gibt, tatsächlich frei bleibt.

Helfen kann in solchen Fällen auch der richtige →Güterstand der →Zugewinngemeinschaft (III/2), der auch schon zu Lebzeiten beendet werden kann. Die „ärmere" Ehefrau erhält dann steuerfrei die Hälfte desjenigen Vermögens, welches ihr Ehemann während der Ehe mehr erworben hat als sie. Durch diese vorzeitige Beendigung der Zugewinngemeinschaft wird auch dem Fall vorgebeugt, dass der „ärmere" Ehegatte früher stirbt und damit die Progressionsminderung bei der Erbschaftsteuer durch Teilung des Vermögens unmöglich wird. Bei erheblichen Beträgen wird man bei dieser Gelegenheit erbvertraglich absichern, dass das Vermögen am Ende den gemeinsamen Kindern zufließt. Drohen spätere Pflichtteilsansprüche der Kinder, kann man diese zusätzlich durch eine Rückkehr in den Güterstand der Zugewinngemeinschaft noch erheblich reduzieren.

Einen kleinen Vorteil erreicht man auf Grund gesetzlicher Bestimmung schließlich auch immer dann, wenn nicht, wie im Regelfall, der Beschenkte die Erbschaftsteuer zahlt, sondern der Schenker die Erbschaftsteuer übernimmt (III/2).

Moench, der Erbschaftsteuerexperte der deutschen Finanzverwaltung, unterscheidet feinsinnig statt der nach Verwandtschaftsgrad gestaffelten drei Klassen der Erbschaftsteuerprogression zwei andersartige Klassen: die gut Beratenen und die schlecht oder gar nicht Beratenen. Er sieht mit Recht in dem Hinweis, man könne „den Fiskus bei der Erbschaftsteuer enterben“, das wirksamste Stimulans gegen die Scheu, überhaupt an die Erbregelung heranzugehen.

„Irgend etwas muß bei unserer Erbschaft schiefgelaufen sein…“

6 In der Erbfolgeplanung kann billiger Rat teuer werden

Vom riskanten Sparen an der falschen Stelle

Hans Flick / Frank Hannes

Die eigene Erbfolge will geplant sein. Allerdings variiert der Umfang der Planung nach Größe und Struktur des Vermögens, nach den persönlichen Verhältnissen des Erblassers und den Vorkehrungen, die er für die Zeit nach seinem Tode treffen will.

Um ein kleines Vermögen von 500.000 Euro in einem Aktiendepot auf den einzigen Sohn zu übertragen, der in geordneten Verhältnissen lebt, bedarf es keiner langen Planung. Das gilt zumal dann, wenn das Vermögen zunächst noch als Reserve für die Versorgung des überlebenden Ehegatten dienen muss. Hier genügt ein handgeschriebenes →gemeinschaftliches Testament der Ehegatten (II/1, IX/1), das man eventuell noch absichern kann durch einen notariellen Pflichtteilsverzicht des Sohnes. Die Erbschaftsteuerfreiheit eines Vermögens dieser Größe ist weitgehend durch die steuerlichen →Freibeträge sichergestellt. Einkommensteuerliche Überraschungen sind nicht zu erwarten. Die Einzigen, die nach dem Erbfall streiten könnten – der überlebende Ehepartner und der Sohn –, sind durch den begrenzten Pflichtteilsverzicht des Sohnes zwangsweise „befriedet".

Anders sieht die Situation dagegen aus, wenn das Vermögen des Ehepaares 5 Mio. Euro beträgt und zu 80 Prozent in Betriebsvermögen gebunden ist, wobei mehrere Kinder vorhanden sind, von denen eines das Unternehmen weiterführen soll, während die anderen abgefunden werden müssen. Dann ist eine Erbfolgeplanung nötig, um Streit möglichst auszuschließen, die Erbschaftsteuerabflüsse zu verringern und einkommensteuerliche Gewinnrealisierungen zu vermeiden (V/1). Um Pflichtteilsansprüche zu reduzieren und die erbschaftsteuerfreien Versorgung des Ehegatten sicherzustellen, könnte der →Güterstand von der →Gütertrennung zu einer modifizierten →Zugewinngemeinschaft geändert werden (III/2). Notwendig ist auch ein Gesellschaftsvertrag, der das Verhältnis zwischen dem im Unternehmen tätigen Erben und den weichenden Erben regelt und letzteren einen Ausstieg ermöglicht, der das Unternehmen nicht durch Liquiditätsabfluss erdrosselt. Man braucht faire →Pflichtteilsverzichte (I/9) und Schenkungsverträge, die alle Eventualitäten berücksichtigen. Dazu zählt zum Beispiel auch, dass der als Unternehmensnachfolger ausersehene Erbe vorzeitig sterben kann.

Wieder anders ist die Lage bei Vermögen von mehr als 50 Mio. Euro, wenn zudem die Familienverhältnisse kompliziert sind. Der Erblasser hat nach einer ersten Ehe womöglich zum zweiten Mal geheiratet (II/2) oder er hat eine Lebensgefährtin (VI/1). Es gibt Kinder aus unterschiedlichen Verbindungen, vielleicht sogar uneheliche Söhne und Töchter, was die Gefahr von Fraktionsbildung in der →Erbengemeinschaft mit sich bringt und zu psychologisch komplizierten Verhältnissen führt. Das diversifizierte Vermögen muss erbschaftsteueroptimal umgeschichtet werden. Bei →Abschreibungsgesellschaften (V/2) droht – meist unerkannt – die Doppelbesteuerung der stillen Reserven mit Erbschaftsteuer und Einkommensteuer; man muss sie möglichst vermeiden. Bestehen persönliche oder sachliche Bezüge zum Ausland (II/5), kann es in- und ausländische Testamente geben. Vielleicht muss der Erblasser Vorsorge treffen für behinderte Kinder (II/4) oder Enkel. Oder es kann, weil die Kinder aus zweiter Ehe noch klein sind, im Unternehmen eine Statthalterlösung notwendig werden. Zur Minimierung der Erbschaftsteuer muss man über Zehn-Jahres-Zeiträume hinweg planen und die Planung fortlaufend den veränderten Verhältnisses anpassen. Mit anderen Worten: Man braucht eine langfristige strategische Planung (I/4).

Diese Grobeinteilung nach Vermögensgrößen ist natürlich in vielerlei Hinsicht willkürlich. Auch bei kleineren Vermögen können besondere Schwierigkeiten auftreten, mittlere Vermögen können komplizierter, große Vermögen dagegen einfach gelagert sein. Gleiches gilt für die Familienverhältnisse der Vermögensinhaber. Meistens jedoch nehmen die Probleme mit der Größe des Vermögens zu.

Bei der Beratung sind vor allem Kenntnisse und Erfahrungen im Erb-, Familien- und Gesellschaftsrecht nötig, außerdem im Erbschaft- und Einkommensteuerrecht. Hinzukommen müssen Einfühlungsvermögen und unternehmerisches Denken. In der Person eines einzigen Beraters ist diese Kombination allerdings selten. Häufig werden schon aus fachlichen Gründen zwei Spezialisten – ein Rechtsanwalt oder Notar einerseits und ein

Steuerberater oder Wirtschaftsprüfer andererseits – benötigt, was in der Praxis häufig Koordinierungsschwierigkeiten mit sich bringt. Allein die fachliche Qualifikation reicht für eine Nachfolgeberatung, die immer ein sensibles und sehr persönliches Thema ist, in keinem Falle aus. Der Berater muss vielmehr Verständnis für die Nöte und Ängste des Klienten haben und mit ausgleichendem Gemüt dennoch gleichen Abstand zu allen Beteiligten halten.

Wer der „richtige" Berater ist, richtet sich nach dem Schwierigkeitsgrad des Falles. Ist er einfach gelagert, wird der Erblasser meist selbst eine Lösung entwickeln. Dabei können ihm Fachliteratur, aber auch Zeitungsartikel oder Broschüren von Banken helfen. Zur Sicherheit mag er auch noch einen Steuerberater befragen, bevor er eigenhändig sein Testament verfasst.

Ist der Fall etwas komplizierter, wird der Betroffene einen Fachberater am Ort hinzuziehen, also einen Notar und Steuerberater. Namen kann er beispielsweise Listen entnehmen, die hin und wieder in Zeitschriften erscheinen. Bei schwierigeren Fällen kann es sich hingegen empfehlen, einen Spezialberater einzuschalten, der die gesamte Angelegenheit in die Hand nimmt. Adressen finden sich in speziellen Branchenhandbüchern.

Der umsichtige Klient wird sich vorher informieren und vielleicht den einen oder anderen Artikel lesen, den der in Aussicht genommene Berater in einer Tageszeitung oder einem Wirtschaftsmagazin zum Thema „Erbfolgeregelung" veröffentlicht hat. In ersten Gesprächen lässt sich anschließend feststellen, ob „die Chemie stimmt".

In jedem Fall zu empfehlen ist eine vorherige Honorarvereinbarung. Eine Stundenabrechnung ist häufig sachfremd, weil eine umsichtige Lösung nötig ist, die auf Erfahrung beruht. Zweckmäßig erscheint es stattdessen, ein nicht zu geringes Pauschalhonorar für die erste Besprechung und einen Abschlussvermerk zu vereinbaren, in dem die Konzeption grob skizziert wird. In diesem Abschlussvermerk sollten überdies die erforderlichen Verträge und →letztwilligen Verfügungen sowie deren Honorierung beschrieben werden. Sie können dann einzeln unter Anrechnung des Grundhonorars abgerufen werden. Darüber hinausgehende Arbeiten sollten auf Stundenbasis abgerechnet werden. Zusätzlich einkalkulieren muss man unter Umständen noch die notarielle Gebühr.

Die Kosten liegen bei einer kleineren Beratung erfahrungsgemäß zwischen 3.000 und 6.000 Euro, bei einer mittleren Beratung zwischen 12.000 und

30.000 Euro, und bei einer umfangreichen Beratung schwanken sie um den Betrag von rund 125.000 Euro. Die Reparatur fehlender oder fehlerhafter Erbregelungen ist natürlich teurer. Hier kann die Vergütung deutlich höher ausfallen – ganz zu schweigen von den drohenden Vermögensschäden. Das Honorar für die Beratung in gesellschaftsrechtlichen Fragen ist in der Regel als Betriebsausgabe, bei erbschaftsteuerlichen Fragen – auch zu ausländischem Recht – als Sonderausgabe bei der Einkommensteuer abzugsfähig.

Meist belaufen sich die Kosten nur auf einen Bruchteil der sicheren Erbschaftsteuerersparniss. Im Rahmen einer Kosten-Nutzen-Betrachtung der Erbfolgeberatung sollte man aber auch weitere Aspekte nicht gering schätzen: die Vorteile eines Erbfalls, der ohne Streit zwischen den Betroffenen und ohne Auseinandersetzung über unternehmerische, rechtliche und einkommensteuerliche Fragen abgewickelt wird. Es beruhigt, alles gut geregelt zu haben. So lebt es sich nicht nur entspannter, sondern auch länger (IV/3). Und die Nachwelt wird es dem umsichtigen Unternehmer danken, dass er ein wichtiges, aber auch unangenehmes Problem rechtzeitig angepackt hat.

„Kann man das irgendwie rückgängig machen?"

7 Wie man ungünstige Erbfolgeplanungen nachträglich reparieren kann

Steuern sparen mit der Erbausschlagung

Hans Flick / Frank Hannes

Für den eigenen Tod sollte man rechtliche Vorkehrungen treffen. Doch nicht immer erreicht der Erblasser dabei das, was er angestrebt hat. Dass jemand ein ungültiges oder zumindest ungünstiges →Testament verfasst hat, wird aber oft erst nach seinem Tod klar. Die Folgen sind dann erhebliche Vermögensnachteile oder unnötige Steuerzahlungen. In einem solchen Fall müssen sich die Erben aber nicht ins scheinbar Unvermeidliche fügen. Das Gesetz gibt ihnen nämlich etliche Korrekturmöglichkeiten.

Beispiel 1: Widersprüchliche Regelung

Ein Elternpaar hat sich durch →Berliner Testament gegenseitig zu Erben eingesetzt. Beim Tod des Mannes wird die Frau Alleinerbin. Zum →Nachlass gehört eine Kommanditbeteiligung in Höhe von 50 Prozent. Im Gesellschaftsvertrag ist vorgeschrieben, dass nur eheliche, leibliche Kinder Gesellschafter werden können und der Ausscheidende nur den →Buchwert (die Hälfte des →Verkehrswerts) erhält. Die Frau kann demnach ohne Zustimmung des anderen Gesellschafters nicht Gesellschafterin werden, und die Familie verliert durch das zwangsläufige Ausscheiden die Hälfte des Wertes ihres Unternehmensanteiles.

Reparaturmöglichkeit ist hier die →Erbausschlagung. Erben und Gesellschafter werden dann die Kinder. Der Mutter wiederum kann, wenn der Gesellschaftsvertrag das erlaubt, ein →Nießbrauch (III/4) am Gesellschaftsanteil oder ein sonstiges Äquivalent eingeräumt werden.

Beispiel 2: Unfreiwillige →Entnahme

Im Testament eines Unternehmers ist vorgesehen, dass der Sohn als Erbe den Betrieb übernimmt, während die Mutter zu ihrer Sicherheit, ohne Gesellschafterin zu werden, das wertvolle Betriebsgrundstück als →Vermächtnis erhalten soll. Die unbeabsichtigte einkommensteuerliche Folge ist, dass damit das Betriebsgrundstück entnommen wird und die Differenz zwischen →Verkehrs- und →Buchwert von der Einkommensteuer erfasst (V/1) wird.

Hier kommt als Reparaturmöglichkeit die Ausschlagung des Vermächtnisses in Betracht. Dafür erhält die Mutter, entsprechend der Absicht ihres Mannes, mit erbschaftsteuerlicher Wirkung als →Pflichtteils- oder Zugewinnanspruch eine grundbuchlich gesicherte, indexierte Rente.

Beispiel 3: Gewinnrealisierung bei Erbauseinandersetzung

Ein Unternehmer verstirbt und hinterlässt als Erben zwei Söhne. Er war an einer GmbH (Wert 3 Mio. Euro) beteiligt und besaß ein Grundstück (Wert 1 Mio. Euro). Nach einer im Testament enthaltenen →Teilungsanordnung wird das Vermögen unter den beiden Erben so aufgeteilt, dass der eine Bruder das Grundvermögen und eine Ausgleichszahlung von 500.000 Euro erhält, der andere die GmbH-Anteile.

Einkommensteuerlich hat dies zur Folge, dass der Bruder, der die Abfindung erhält, einen Veräußerungserlös auf seinen geerbten GmbH-Anteil zu versteuern hat. Der andere Bruder hat zwar erhöhte Anschaffungskosten, aber nicht die Möglichkeit, entsprechend höhere →Abschreibungen vorzunehmen.

Als Reparaturmöglichkeit bietet sich hier die Erbausschlagung durch den Bruder an, der das Grundstück erhalten sollte. Zur Erfüllung seines Pflichtteilsanspuchs überträgt ihm der Unternehmensnachfolger dann das Grundstück und zahlt außerdem noch 500.000 Euro. Der Erblasser hätte diese Konstellation dadurch vermeiden können, dass er den als Unternehmensnachfolger ausersehenen Sohn als alleinigen Erben eingesetzt hätte. Dem anderen Sohn hätte das Grundstück und ein Barbetrag von 500.000 Euro als Vermächtnis zugewiesen werden können.

Beispiel 4: →Betriebsaufspaltung

Ein Unternehmer hat eine Betriebs-GmbH hinterlassen. Gleichzeitig war er alleiniger Eigentümer des Betriebsgrundstücks, das an die Gesellschaft vermietet ist. Sein Sohn erhält die GmbH, seine Tochter zwei Drittel des Betriebsgrundstücks. Wegen fehlender personeller Verflechtung kollabiert damit die Betriebsaufspaltung – und das hat verhängnisvolle Steuerfolgen (V/1).

Auch hier ist eine Reparatur möglich, indem die Tochter das Erbe ausschlägt und mit einer grundbuchlich gesicherten, indexierten Rente abgefunden wird.

Beispiel 5: Tod in Folge

Eheleute setzen einander wechselseitig zu Erben ein (Berliner Testament). Sie versterben kurz hintereinander im Abstand von zwei Tagen, zuerst der Vater, dann die Mutter. Hier bringt das elterliche Testament den drei Kindern steuerliche Nachteile, die sich aber beheben lassen. Dazu müssen die Kinder als Erben der Mutter deren Erbe ausschlagen. Als gesetzliche Erben des Vaters und als testamentarische Erben der Mutter erhalten sie so die erbschaftsteuerlichen →Freibeträge von jeweils 205.000 Euro zweimal. Zusätzlich wird die Progression der Erbschaftsteuer gebrochen.

Beispiel 6: Generationen überspringen

Der verstorbene Vater hat als Erben für sein Wertpapiervermögen seinen einzigen Sohn eingesetzt. Der ist jedoch selbst vermögend und hat durch frühere Schenkungen seines Vaters die persönlichen Steuerfreibeträge bereits aufgebraucht. Darum schlägt er das Erbe aus. Erben werden somit seine vier volljährigen Kinder, jeweils mit einem erbschaftsteuerlichen Freibetrag von 51.200 Euro und einer möglicherweise geringeren Progression. Auf diese Wiese wird die Erbschaftsteuer eines zweiten Erbfalls – Sohn an Enkel – gespart.

Die Beispiele zeigen, dass fehlende oder fehlerhafte Testamente schwere Vermögensverluste verursachen können. Dabei kann es sich um erbschaftsteuerliche Nachteile durch die unzureichende Ausnutzung von Freibeträgen handeln, um gesellschaftsrechtliche Verluste oder einkommensteuerliche Belastungen, die in ihren Auswirkungen oft verheerend sind, insbesondere wenn es zu ungewollten Entnahmen mit der Auflösung →stiller Reserven kommt. Gefahr besteht vor allem bei Betriebsaufspaltungen, →Sonderbetriebsvermögen, Abfindungen im Rahmen von Erbauseinandersetzungen oder wenn letztwillige Verfügung und Gesellschaftsvertrag nicht aufeinander abgestimmt sind.

Wer, um solche Folgen zu vermeiden, eine Erbschaft ausschlagen will muss allerdings einige Regeln beachten. Dazu gehört, dass er die Ausschlagung rechtzeitig, in der richtigen Form und an der richtigen Stelle erklärt. Besonders wichtig dabei ist, dass man eine Erbschaft nur binnen sechs

Wochen ausgeschlagen kann. Diese Frist beginnt allerdings nicht schon mit dem Erbfall, sondern erst, wenn der Erbe davon erfährt. Gibt es ein Testament, beginnt die Frist nicht vor dessen amtlicher Eröffnung.

Die Ausschlagung muss gegenüber dem →Nachlassgericht erklärt werden, und zwar entweder zur Niederschrift oder in öffentlich beglaubigter Form. Man kann sie weder an eine Bedingung knüpfen noch mit einer Zeitbestimmung verbinden. Auch eine Möglichkeit, das Erbe zu Gunsten eines Dritten auszuschlagen, fehlt. Weil es damit ausgeschlossen ist, selbst den nachrückenden Erben zu bestimmen, sollte man vorher sorgfältig prüfen, wer von der Ausschlagung profitieren wird.

Die zivilrechtliche Folge der Erbausschlagung ist, dass der Ausschlagende gewissermaßen übergangen wird: An seine Stelle tritt derjenige, der Erbe geworden wäre, wenn der Ausschlagende zu diesem Zeitpunkt schon nicht mehr gelebt hätte. Dieser zivilrechtlichen Rechtsfolge folgt auch das Steuerrecht. Selbst wenn die Ausschlagung nur zu dem Zweck geschieht, Steuern zu sparen, ist sie nach finanzgerichtlichen Entscheidungen wirksam.

Auch ein Vermächtnis kann ausgeschlagen werden. Allerdings geschieht dies nicht gegenüber dem Nachlassgericht, sondern gegenüber jenem, der mit dem Vermächtnis „beschwert" ist. Meist ist das der Erbe. Im Unterschied zur Erbschaft muss das Vermächtnis auch nicht innerhalb einer bestimmten Frist ausgeschlagen werden. Damit bleibt also mehr Zeit, um Vor- und Nachteile abzuwägen oder anderweitige Regelungen zu treffen.

Der Befürchtung, durch eine Ausschlagung zuviel zu riskieren, lässt sich – was meist übersehen wird – dadurch entgegentreten, dass der Ausschlagende in vielen Fällen ein Pflichtteilsrecht oder einen güterrechtlichen Anspruch geltend machen kann. Denkbar sind auch Ausschlagungsverträge, mit denen dem Ausschlagenden im Gegenzug eine Abfindung eingeräumt werden kann. Wegen der kurzen Frist – nach der →Testamentseröffnung verbleiben ja nur sechs Wochen, um das Erbe auszuschlagen – muss man schnell handeln. Wichtig ist, eine Erbschaft oder ein Vermächtnis nicht voreilig anzunehmen, denn nach der Annahme ist eine Ausschlagung nicht mehr möglich.

Häufig wird man annehmen können, dass es auch im Sinne des Verstorbenen ist, wenn ein Erbe ausgeschlagen wird, dadurch aber beispielsweise das Familienunternehmen erhalten bleibt oder eine immense Steuerbelastung vermieden wird. Man kann darüber hinaus aber sogar in das Testament aufnehmen, dass der Erblasser seinen Erben zu dieser Reparaturmöglichkeit rät. Den Erben ist zu empfehlen, bei jeder großen Erbschaft sofort deren erbschaft- und einkommensteuerliche Folgen sachkundig prüfen zu lassen. So lassen sich Versäumnisse des Erblassers auch noch nach dessen Tod korrigieren.

8 Im Erbfall kostet jeder Streit nicht nur Freunde, sondern bares Geld

Zwist vermeiden und Vermögen retten

Hans Flick / Frank Hannes

Ein Blick auf den weiteren Familienkreis, auf Freunde, Bekannte oder Nachbarn zeigt, wie häufig Erbstreitigkeiten vertraute Familienbeziehungen dauerhaft zerstören und das Familienvermögen zerschlagen. Bei einer Emnid-Umfrage zu dem Thema „Testamente" antworteten im Juni 1998 auf die Frage „Haben Sie bei der Abwicklung des Erbfalles Streitigkeiten zwischen den Beteiligten erlebt?" rund 20 Prozent der Befragten mit „ja". Selbst die Prominenz ist gegen den Streit ums liebe Geld nicht gefeit. Pablo Picasso starb im Alter von 91 Jahren, ohne ein schriftliches →Testament verfasst zu haben. Als →gesetzliche Erben hinterließ er seine getrennt lebende Ehefrau und ein eheliches sowie drei nichteheliche Kinder von zwei Lebensgefährtinnen. Der Erbstreit dauerte vier Jahre, die Anwaltshonorare zehrten mehr als 10 Prozent des →Nachlasses auf. Am Ende wanderte ein großer Teil von Picassos Bilder an französische Museen – um die Erbschaftsteuer abzugelten.

Komplizierte Familienverhältnisse, die man heute immer häufiger antrifft, erhöhen das Risiko von Erbstreitigkeiten. In der Beratungspraxis lässt sich zudem feststellen, dass Väter ein offenes Gespräch mit ihren Kindern aus früheren Ehen scheuen. Die Folge ist, dass keine fairen Regelungen über einen →Pflichtteilsverzicht getroffen werden, woran letztlich jede vernünftige Erbfolgeplanung scheitern kann.

Die indirekten Folgen eines jeden Erbstreits sind offenkundig: Außer den beteiligten Rechtsanwälten profitiert vor allem der Fiskus. Und weil sich die Betroffenen intensiv mit dem Erbstreit befassen müssen, leidet wärend dieses Schwebezustandes auch noch die Verwaltung des Familienvermögens.

Dem Aspekt der Streitvermeidung kann man im Rahmen der eigenen Erbfolgeplanung daher gar nicht genug Aufmerksamkeit widmen. Das gilt vor allem deshalb, weil sich die familienrechtlichen Verhältnisse wandeln, weil Scheidungen und Partnerschaften auf Zeit häufiger werden und damit auch wesentlich mehr Erbstreitigkeiten zu erwarten sind.

Manche Leute vertrauen darauf, dass es schon nicht zu Auseinandersetzungen kommen werde. Doch das ist eine Selbsttäuschung. Elternautorität und Familienpietät waren noch nie ein ernsthaftes Streithindernis. Zudem hat sich die Einordnung in konventionelle Verhaltensmuster in den vergangenen Jahren reduziert. Das „brave" Verhalten zu Lebzeiten der Eltern wird häufig durch deren Autorität bestimmt. Das kann man aber auch nutzen: Erfahrungsgemäß lässt sich Streit vermeiden, wenn ein wesentlicher Teil des Erbes schon unter Lebenden verteilt wird. Die meisten typischen Fehler in der Erbfolgeregelung bewirken jedoch das Gegenteil: sie verschärfen den Streit.

Hat der Verstorbene kein Testament hinterlassen, weswegen die →gesetzliche Erbfolge greift, so ist die schlimmste Konsequenz, dass die Erben einer →Erbengemeinschaft angehören. Entscheidungen, die über die normale ordnungsgemäße Verwaltung hinausgehen, können sie dann nur einstimmig treffen. Das ist bei der Führung eines Unternehmens, das schnell und flexibel auf Marktveränderungen reagieren muss, aber auch bei der Verwaltung eines Immobilien- oder Kapitalvermögens, eine schwere Hypothek. Auch die Teilung des Nachlasses verlangt in diesen Fällen Einstimmigkeit. Können sich die Erben nicht einigen, droht die Verwertungsversteigerung. Besonders schwierig wird es dann, wenn Minderjährige erben, beispielsweise die Enkel, weil die Kinder des Verstorbenen bereits tot sind. Dann muss sogar das Gericht eingeschaltet werden. Für Querulanten ist die nötige Einstimmigkeit geradezu eine Herausforderung; sie werden den Streit suchen. Man sollte sich daher wenigstens zu einem vorläufigen Soforttestament mit einem →Testamentsvollstrecker entschließen, der den Nachlass auseinander setzt und bis dahin die Verwaltung übernimmt.

Auch Testamente, die einander widersprechen, führen zu heillosem Streit. Das Beste ist daher – soweit die Testierfähigkeit des Erblassers außer Zweifel steht –, frühere erbrechtliche Verfügungen zu vernichten. Damit lässt sich viel mögliches Streitpotenzial beseitigen.

Die meisten Testamente, auch das zeigt die praktische Erfahrung, sind bei ihrer Eröffnung überholt. Sie enthalten Verfügungen über Gegenstände, die nicht mehr vorhanden sind, und Personen, die bereits verstorben sind oder mit denen der Erblasser schon längst nichts mehr zu tun haben wollte. Dafür sind in der Zwischenzeit Enkel geboren worden und andere Familienmitglieder womöglich mittlerweile pflegebedürftig geworden, die der Erblasser nicht berücksichtigt hat.

Auch wer verkennt, dass seine Vermögensverhältnisse einen Bezug zum Ausland (II/5) aufweisen, vermehrt die Streitrisiken. Wird das französische Ferienhaus der zweiten Ehefrau vermacht, während die Kinder aus erster Ehe ausreichend mit Inlandsvermögen bedacht werden, so können diese trotzdem vor einem französischen Gericht ihr französisches Noterbrecht geltend machen. Das macht sie zu Miterben des Ferienhauses. Eventuelle →Pflichtteilsverzichte nach deutschem Recht sind in Frankreich unwirksam. Damit drohen am Ende gar divergierende Gerichtsentscheidungen.

Pflichtteilsansprüche, die Ehegatten und Kindern sowie unter bestimmten Voraussetzungen auch Eltern des Erblassers zustehen, sind deshalb so zerstörerisch, weil sie in Geld beglichen werden müssen und in der Regel sofort mit dem Todesfall fällig werden. Der Pflichtteilsberechtigte kann verlangen, dass ein notarielles →Nachlassverzeichnis erstellt wird, das hinsichtlich seiner Vollständigkeit ein großes Erpressungspotenzial freisetzt. Weil sich die Pflichtteilsansprüche nach dem Verkehrswert des Vermögens bemessen, treten in der Praxis die enormen Schwierigkeiten der Wertermittlung hinzu. Sie birgt abermals große Streitrisiken.

Um unnötigen Zwist zu vermeiden, muss die Erbfolge daher klar, widerspruchsfrei und aktuell geregelt werden. Außerdem empfiehlt es sich, den Erben die Motive für die jeweilige Regelung zu erläutern (IV/4), um ihr Verständnis zu wecken.

Besonders wichtig ist, dass alle Pflichtteilsberechtigten im Rahmen eines fairen notariellen Vertrages (I/9) unanfechtbare →Pflichtteilsverzichte abgeben sollten.

Schon das römische Recht kannte Klauseln zur Unterdrückung von Streitigkeitens, die auch heute noch sinnvoll sind. In den Testamenten von Ehegatten sollten solche Klauseln stets parallel verwandt werden und Sanktionen für den Fall vorsehen, dass beide Testamente angegriffen werden.

Wichtig ist, gemeinschaftliches Eigentum der Erben zu vermeiden. Notfalls muss man die Kompetenzen klar abgrenzen, und vor allem Pattsituationen sollte man in jedem Fall – etwa durch Einschaltung eines Beirats – auflösen (IV/5).

Müssen größere und vielschichtige Vermögen geteilt werden, so sollte man dies einem sorgfältig ausgewählten →Testamentsvollstrecker übertragen. Der ordentliche Rechtsweg ist durch ein testamentarisch angeordnetes Schiedsverfahren mit dort benannten Schiedsrichtern zu ersetzen. Ersatztestamentsvollstrecker und Ersatzschiedsrichter, die womöglich nötig werden, sollte man im Testament benennen.

9 Die Nachfolge absichern

Der Pflichtteilsverzicht wird zur Kür

Christian von Oertzen / Frank Hannes

Bei der Gestaltung einer Unternehmensnachfolge möchten Unternehmer und zukünftige Erblasser in der Regel gleich mehrere, zuweilen allerdings konträre Ziele verwirklichen: Sie wollen den Fortbestand des Unternehmens (II/6) über ihren Tod hinaus sichern, aber auch die Versorgung ihrer Familie gewährleisten. Problematisch kann die Verwirklichung beider Ziele werden, wenn zum Zeitpunkt des Erbfalls kein Nachfolger zur Verfügung steht oder neben dem Sohn oder der Tochter, welche zur Nachfolge qualifiziert und bereit sind, noch andere Familienangehörige bedacht werden müssen. Das Problem verschärft sich nochmals bei typisch mittelständischen Vermögensstrukturen, in denen das Unternehmensvermögen das Privatvermögen im Wert um ein Vielfaches übersteigt.

Um bei solchen Konstellationen frei gestalten zu können, wird dem Unternehmer häufig – und mit guten Gründen – empfohlen, Kinder und Ehefrau zu einem →Pflichtteilsverzicht zu bewegen. Dieser Pflichtteil steht bestimmten Angehörigen zu, wenn diese an sich →gesetzliche Erben wären, aber durch ein →Testament von der Erbschaft ausgeschlossen worden sind. Pflichtteilsgefahren entstehen aber bereits bei der Belastung eines gesetzlichen Erben mit einer →Testamentsvollstreckung, einer →Teilungsanordnung, einer →Nacherbschaft oder auch nur eines →Vermächtnisses. So hat insbesondere der Erbe, der mehr als seine Pflichtteilsquote erhält, aber beispielsweise nur als Vorerbe eingesetzt oder mit einer Testamentsvollstreckung belastet ist, die Möglichkeit, die Erbschaft auszuschlagen und seinen Pflichtteil zu verlangen. Der Pflichtteil aber ist ein sofort fälliger und in Geld zu leistender Anspruch. Er ist zudem vom zahlungsverpflichteten Unternehmensnachfolger nicht steuerlich nutzbar. Für den Nachfolger und damit das Unternehmen bedeutet dies eine häufig existenzbedrohende Liquiditätsbelastung. Um den Fortbestand des Unternehmens über den Tod des Seniors hinaus zu sichern, ist der Rat zum Pflichtteilsverzicht daher richtig.

Jedoch ist Pflichtteilsverzicht nicht gleich Pflichtteilsverzicht. So ist ein unbeschränkter Pflichtteilsverzicht, der sich auf den gesamten Nachlass bezieht und sich automatisch auch auf →Pflichtteilsergänzungsansprüche erstreckt, meist nicht nötig. Dieser verletzt vielmehr unnötig den zum Verzicht Aufgeforderten, weil ihm der Eindruck vermittelt wird, der Erblasser wolle sich seine →Enterbung vorbehalten. Bei der Gestaltung des Vertrages zum Pflichtteilsverzicht sollte vielmehr das bereits erwähnte weitere Gestaltungsziel, der Erhalt des Unternehmens und sonstigen Vermögens, nicht außer Acht gelassen werden. Daher ist ein „maßgeschneiderter" Pflichtteilsverzicht angezeigt. So kann in den meisten Unternehmerfamilien der Pflichtteilsverzicht durchaus gegenständlich auf das Unternehmensvermögen beschränkt werden. Bezüglich des Privatvermögens kann der Pflichtteilsanspruch hingegen erhalten bleiben. Der seriöse Pflichtteilsverzicht wird darüber hinaus mit einer erbvertraglichen Zuwendung gekoppelt, die dem Verzichtenden eine Teilhabe am Vermögen des zukünftigen Erblassers sichert. Der verständlichen Sorge des Verzichtenden, unwiederbringlich etwas zu verlieren oder gar durch Enterbung aus dem Familienverband ausgestoßen zu werden, wird damit wirksam begegnet. Allerdings darf diese erbvertragliche Regelung nicht so formuliert sein, dass dieses Versprechen unterlaufen werden kann. Das wäre der Fall, wenn der Unternehmer zu Lebzeiten sein gesamtes Vermögen statt an seine Kinder an andere Familienmitglieder oder an eine →Stiftung übertragen (VII/6) könnte. Der faire Pflichtteilsverzicht wird deswegen die Möglichkeit lebzeitiger Schenkungen auf bestimmte Personen beschränken.

Auch die nach dem Pflichtteilsverzicht möglichen „Belastungen" des Erben sollten fair gestaltet werden. Auch hier wird in der Praxis häufig in einer den Erben entmündigenden Weise über das eigentliche Ziel hinausgeschossen. Ein Beispiel hierfür bietet die Testamentsvollstreckung in Form einer →Verwaltungsvollstreckung. Mit ihr wird die nahezu unbeschränkte und kaum kontrollierbare Verwaltung des gesamten Nachlasses für durchaus längere Zeiträume, zuweilen lebenslang, fremden Personen übertragen. Der Erbe darf bei einer Testamentsvollstreckung nicht über sein Erbe verfügen. Er erhält letztlich nur „Apanagen" durch den Testamentsvollstrecker. Dieser ist Herrscher über den Nachlass. Das mag in modifizierten Formen noch sinnvoll sein, wenn nämlich am Unternehmen Familienmitglieder beteiligt werden sollen, die sich dort nicht aktiv beteiligen wollen oder können – beispielsweise Minderjährige. Möchte der Unternehmer aber mit einer Testamentsvollstreckung nur verhindern, dass die Erben binnen einer Frist von 5 oder 8 Jahren nach seinem Tod das Unternehmen verkaufen, so ist eine Testamentsvollstreckung, die sämtliche

Bereiche und jeden erdenklichen Beschlussgegenstand umfasst, nicht erforderlich. Die gesetzlich vorgegebene Machtfülle des Testamentsvollstreckers würde über das eigentliche Ziel, nur den Verkauf des Unternehmens zu verhindern, hinausgehen. Vielmehr kann die Testamentsvollstreckung sinnvoll auf das Anliegen des Unternehmers beschränkt werden. In allen anderen Fällen, beispielsweise bei Beschluss über Gewinnausschüttungen oder bei der Entlastung der Geschäftsführer, haben die Erben die Verfügungsmöglichkeit. Auch hierbei sind wiederum individuelle Varianten denkbar: So könnte beispielsweise das Recht, Gewinn auszuschütten, limitiert werden, indem zwar eine Testamentsvollstreckung in dem Pflichtteilsverzichtsvertrag für zulässig erklärt wird, zugleich aber den Erben das Stimmrecht bei Beschlüssen über Gewinnausschüttungen jedenfalls dann zusteht, wenn nicht mehr als die Hälfte des jeweiligen Jahresüberschusses ausgeschüttet werden soll. Möchten die Erben höhere Gewinnausschüttungen beschließen, so muss der Testamentsvollstrecker wiederum zustimmen.

Letztlich geht es bei der Gestaltung des Pflichtteilsverzichts darum, die Ziele des Erblassers mit den legitimen Interessen der Unternehmerkinder sinnvoll zu koordinieren. Der faire, abgestimmte, auf die individuelle Situation entwickelte Pflichtteilsverzicht, in dem sich sowohl der Erblasser als auch die Kinder wiederfinden, bedarf zwar ein wenig der Kreativität, sichert aber den Familienfrieden (I/8) und vermeidet damit einen zumeist sehr emotionalen, oftmals jahrelangen Erbenstreit. Gleichzeitig schützt er das Unternehmen auch vor einem Machtmissbrauch durch die Testamentsvollstrecker und sichert dadurch den Fortbestand des Unternehmens.

II

Testamente und ihre Folgen

„Ihr Ehemann hat Sie als Alleinerben eingesetzt ...“

1 Gemeinschaftliche Ehegattentestamente sind nur scheinbar einfach

Die häufigste Testamentsart steckt voller Komplikationen

Hans Flick / Frank Hannes

Heutzutage ist die am häufigsten vorkommende Testamentsart das gemeinschaftliche →Ehegattentestament, in dem die Eheleute sich gegenseitig voll zu Erben einsetzen und die Kinder oder Dritte wegen des Übergangs des Familienvermögens auf den Zeitpunkt des Todes des Letztversterbenden verweisen. In drei von vier letztwilligen Verfügungen wird so testiert. Das ist Ausdruck einer gewachsenen Partnerorientierung der Eheleute, in der die ausreichende Versorgung des überlebenden Ehegatten (IV/8) absolute Priorität hat. Sie ist die jetzt übliche gemeinsame Entscheidung über das weitere Schicksal des Familienvermögens durch beide Eheleute. Es ist aber auch die Folge der vom Gesetzgeber angebotenen einfachen Form solcher letztwilligen Verfügungen: Ein Ehegatte legt handschriftlich die letztwillige Verfügung nieder und unterschreibt sie, der andere braucht sie dann nur noch mitzuunterschreiben.

Das gemeinschaftliche Ehegattentestament hat jedoch einige Tücken, die zu großen Nachteilen und Streitereien führen können. Kennt man diese Tücken, kann man sie bei kleinerem Vermögen wegen der beabsichtigten Versorgung des Längerlebenden hinnehmen. Bei mittlerem Vermögen kann man Korrekturen im gemeinschaftlichen Testament anbringen, um die Negativfolgen zu reduzieren. Bei größerem Vermögen sind die durch das gemeinschaftliche Ehegattentestament drohenden Nachteile so groß, dass eine rechtzeitige Erbfolgeplanung unbedingt zu empfehlen ist.

Das erste Problem ist die Rechtswirkung des gemeinschaftlichen Ehegattentestaments dahingehend, dass der überlebende Ehegatte das Testament hinsichtlich der Verfügungen zu Gunsten der Kinder nach dem Tode des Erstversterbenden grundsätzlich nicht mehr ändern kann. Das zweite Problem liegt darin, dass die Kinder beim Tode des erstversterbenden Elternteils

Pflichtteilsansprüche gegen den Längerlebenden geltend machen können. Das dritte Problem ist, dass bei der Erbschaftsteuer zumindest die →Freibeträge der Kinder nach einem Elternteil verloren gehen und bei größerem Vermögen durch den progressiven →Steuersatz auf den zweiten gehäuften Übergang dieser höher besteuert wird. All diese Nachteile sind durch kluge Gestaltungen schon im gemeinschaftlichen Testament vermeidbar. Das Ehegattentestament ist also nicht tot, sondern bedarf nur vorherigen intensiven Nachdenkens über die Anpassung an die individuellen Bedürfnisse.

Die Bindungswirkung des gemeinschaftlichen Ehegattentestaments (VIII/3) ist unterschiedlich, je nachdem, welche Form dieses Testaments man wählt. Den Unterschied kennen aber die wenigsten Leute mit der Folge, dass diese Wahlmöglichkeit auch nicht genutzt wird. Bestimmen die Eheleute das Verhältnis zwischen überlebendem Ehegatten und den Kindern durch die Begriffe „Vor- und Nacherbe" so ist der überlebende Ehegatte hinsichtlich der gemeinschaftlichen Verfügungen zu Gunsten der Kinder streng gebunden und kann das Ererbte nicht, auch nicht prozentual, anders weiter geben, als vorher gemeinschaftlich testamentarisch vorgeschrieben. Der überlebende Ehegatte ist sogar den Nacherben laufend rechenschaftspflichtig.

Ganz anders sieht es dagegen bei der anderen Form des gemeinschaftlichen Ehegattentestamentes aus, dem so genannten →Berliner Testament, in dem der überlebende Ehegatte Vollerbe und die Kinder nur →Schlusserben werden, d.h. mit dem zufrieden sein müssen, was der überlebende Ehegatte ihnen zurücklässt.

Der erste Rat ist also, diese beiden Typen deutlich auseinander zu halten, damit kein Auslegungsstreit entsteht, wie z.B. bei einem Text, der in sich widersprüchlich unter der Überschrift „Berliner Testament" die „Vor- und Nacherbschaft" regelt.

Wenn man die stringentere Form der Vor- und Nacherbschaft wählt, kann man trotzdem die Bindung des letztversterbenden Ehegatten schon im gemeinschaftlichen Testament lockern, etwa indem man ihm eine →Testierfreiheit insoweit einräumt, dass er die Quoten der gemeinsamen Kinder als Nacherben in einem gewissen Umfang variieren kann, z.B. als Anerkennung für später erbrachte Pflegeleistungen. Die Variationsgrenze sollte dabei eine Mindestquote zum Nachteil der anderen Kinder bilden, die über der Pflichtteilsquote liegt. Diese beschränkte Öffnung der Testiermöglichkeit erscheint uns bei jeder Größe des Vermögens angebracht.

Das Problem der doppelten Erbschaftsteuer kann man am besten dadurch regeln, dass jedes Kind zumindest einen Geldbetrag in Höhe seines →Freibetrages erhält (derzeit 205.000 Euro): Dazu kommen noch die möglichen Freibeträge von 51.200 Euro für jedes Enkelkind. Bei größeren Vermögen, bei denen sich durch die spätere Häufung ein Progressionsproblem ergibt, sollte man überlegen, ob der Gesamtvermögensübergang auf den überlebenden Ehegatten zu dessen Versorgung – auch unter Einbeziehung von dessen eigenem Vermögen und im Pflegefall – überhaupt noch nötig ist. Ist dies nicht der Fall, sollte der Rest des Familienvermögens schon beim Tod des erstversterbenden Ehepartners auf die Kinder übergehen. Die effektive Kontrolle kann, soweit für notwendig erachtet, der überlebende Ehegatte als lebenslänglicher →Testamentsvollstrecker übernehmen.

Sind die Änderungsmöglichkeiten des gemeinschaftlichen Ehegattentestaments durch den Tod eines Ehepartners beschränkt, muss man an eine einverständliche →Erbausschlagung (I/7) denken. Hilfreich sind dann insbesondere güterrechtliche Zugewinnansprüche des Längerlebenden, die er erbschaftsteuerfrei empfangen und im Sinne seiner lebenslänglichen Versorgung über eine Nießbrauchslösung zu seinen Gunsten an die Kinder weitergeben kann.

Zur Absicherung der notwendigen Versorgung des überlebenden Ehegatten und zur Streitvermeidung (I/8) erscheint es in jedem Falle zweckmäßig, sich einen →Pflichtteilsverzicht der Kinder einzuholen. Dabei kann man sich bei dieser Zielvorstellung darauf beschränken, dass die Kinder nur auf den Pflichtteil hinsichtlich des Nachlasses des erstversterbenden Elternteils verzichten. Der ist mit der Notwendigkeit der Versorgung des überlebenden Elternteils leicht zu begründen und deshalb auch leichter zu erreichen. Ein solcher Pflichtteilsverzicht ist notwendig, weil, wenn ein Kind derartige Ansprüche schon beim ersten Erbfall geltend macht, regelmäßig die anderen Kinder, um nicht benachteiligt zu werden, auch Ansprüche geltend machen müssen. Stößt der Vorschlag eines begrenzten fairen Pflichtteilsverzichts (I/9) der Kinder auf wenig Gegenliebe, ist es angebracht, bei der Erbfolgeplanung der Streitunterdrückung besondere Aufmerksamkeit zu widmen.

Auf jeden Fall sollte man vorschreiben, dass dann, wenn ein Kind nach dem erstversterbenden Ehegatten Pflichtteilsansprüche gegen den Willen des Längerlebenden geltend macht, dieses Kind auch hinsichtlich des Nachlasses des Letztversterbenden auf den Pflichtteil gesetzt wird; sonst wird es beim zweiten Erbfall möglicherweise noch mit seinem vollem Erbanteil belohnt.

→Wiederverheiratungsklauseln (VII/2) sind in Ehegattentestamenten nicht üblich. Sie finden sich meist in den Testamenten älterer Männer. Wir haben insoweit starke Vorbehalte. Ihr gerechtfertigtes Ziel kann allenfalls sein, das Erbe gemeinsamer ehelicher Kinder zu schützen. Insoweit scheint uns dann auch die Stellung vom überlebenden Ehegatten und Kindern als Vor- und Nacherbe sachgerecht.

2 Das Geschiedenen-Testament soll ungewollte Erben ausschließen

Nacherbschaft und Testamentsvollstreckung regeln

Hans Flick / Frank Hannes

Wer endlich geschieden ist, hat meist – bevor er sich entspannt zurücklehnt – noch eine Frage: Was sind die erbrechtlichen Konsequenzen? Die beruhigende Antwort, der geschiedene Ehegatte scheide automatisch aus der →gesetzlichen Erbfolge aus und gelte auch als Bedachter in früheren →letztwilligen Verfügungen gestrichen, greift zu kurz. Das familien- und erbrechtliche Band der gemeinsamen Kinder verbindet nämlich die geschiedenen Eheleute noch indirekt und kann den geschiedenen Ehegatten zum ungewollten Erben machen.

Bei einem bekannten westfälischen Unternehmen war die Ehefrau Gesellschafterin, ihr Ehemann Geschäftsführer. Im Rahmen des Scheidungsverfahrens verlor er auch seine Anstellung. Die Ehefrau setzte die gemeinsame Tochter als Alleinerbin ein, fuhr mit ihr in Urlaub und verunglückte. Sie selbst verstarb an der Unfallstelle, die Tochter zwei Wochen danach im Krankenhaus. Auf der nächsten Gesellschafterversammlung meldete sich der geschiedene Ehemann, jetzt als Gesellschafter, wieder zurück. Die gemeinsame Tochter hatte ihre Mutter gemäß deren →Testament an der Unfallstelle beerbt. Beim Tod der Tochter vierzehn Tage später im Krankenhaus wurde ihr Vater der gesetzliche Erbe.

Das wäre zu vermeiden gewesen, hätte die Ehefrau bei Testamentserrichtung eine →Nacherbschaft (IV/7) nach ihrer Tochter angeordnet, etwa zu Gunsten ihrer Geschwister oder deren Nachkommen oder auch der Unterstützungskasse der Firma. Dann wären kraft dieser Nacherbeneinsetzung die Gesellschaftsanteile nicht in den Nachlass der Tochter und somit auch nicht an den geschiedenen Ehemann gefallen. Diese weitere Ablaufbestimmung wäre selbst dann wirksam gewesen, wenn die Tochter zu Gunsten ihres Vaters testiert hätte.

Aber auch wenn die minderjährige Tochter den Unfall überlebt hätte, wäre es möglich gewesen, dass der geschiedene Ehemann in der Gesellschafterversammlung auftaucht – als elterlicher Inhaber der Vermögenssorge für die minderjährige Tochter. Um das zu vermeiden, hätte das Testament der Mutter eine →Testamentsvollstreckung (IV/7) – möglichst mit Ersatztestamentsvollstrecker – vorsehen müssen. Bei Schenkungen kann der Schenker die Vermögenssorge für das Geschenkte bestimmen.

Weitere Probleme kommen bei Schenkungen auf, wie das folgende Beispiel zeigt. Die Inhaberin eines Möbelgeschäftes schenkte ihrem Geschäftsführer-Ehemann zur besseren Durchsetzung gegen Mitarbeiter und Kinder ohne jeden Vorbehalt eine Beteiligung von 25 Prozent an dem Unternehmen. Im Scheidungsverfahren konnte der Ehemann zwar keinen Zugewinn geltend machen, den hatten die Eheleute in notariellem Ehevertrag ausgeschlossen. Jedoch kündigte er das Gesellschaftsverhältnis und verlangte mangels beschränkender Abfindungsregelung den vollen →Verkehrswert der Beteiligung. Hätte der Schenkungsvertrag eine Widerrufsmöglichkeit oder eine auflösende Bedingung für den Scheidungsfall vorgesehen, hätte die Ehefrau die Beteiligung zurückerhalten und auch den größten Teil der bei der seinerzeitigen Schenkung gezahlten Schenkungsteuer.

Die Erbfälle Geschiedener sind besonders streitanfällig. Die Kinder erster Ehe fühlen sich zurückgesetzt, versuchen ihre Mutter zu rächen, die zweite Ehefrau kämpft für ihre Nachkömmlinge (Beispiel: Thyssen Bornemiza). Einfallstor für solche Streitigkeiten ist neben dem ungeregelten Erbfall oder dilettantisch konzipierten Testamenten die Geltendmachung von vermögensvernichtenden Pflichtteilsansprüchen von Kindern, die in Bargeld bestehen, sofort fällig sind und gleichzeitig intensiven Streit um Vermögensbestand und Wert herausfordern.

Wer auf Grund von negativen Scheidungserfahrungen von einer zweiten Eheschließung Abstand nimmt oder bei der zweiten Heirat → Gütertrennung vereinbart, vergrößert die Erbquoten und damit auch die Pflichtteilsquoten der Kinder erster Ehe. In solchen Fällen wäre der →Güterstand der gedeckelten →Zugewinngemeinschaft geeigneter. Denn in ihm kann ebenso wirksam durch entsprechende Modifizierungen im Ehevertrag das Scheidungsrisiko ausgeschlossen (VI/1) werden.

Die schlimmste Sünde, die eine Geschiedene oder ein Geschiedener für den Erbfall begehen kann, ist, ohne letztwillige Verfügung zu sterben; dann fallen Kinder erster Ehe und Kinder aus zweiter Ehe zusammen mit der zweiten Ehefrau in eine →Erbengemeinschaft. In dieser aber kann über wesentliche Dinge nur einstimmig entschieden werden. Zudem kann jeder der Miterben jederzeit die →Auseinandersetzung der Erbengemeinschaft verlangen. Dies führt, wenn keine Einigung über die Verteilung des Nachlasses erzielt werden kann, häufig zur →Teilungsversteigerung werthaltigen Nachlassvermögens.

Zu den falschen Schwüren in Scheidungsverfahren gehört die beiderseitige Versicherung der Streitenden, die gemeinsamen Kinder sollten unter den Folgen der Scheidung nicht leiden. Im „Rosenkrieg" sind dann die Kinder meist das Streitobjekt, was oft zu erheblichen, oft lebenslangen psychischen Schäden führt. Dazu kommt später oft noch ein erheblicher Vermögensnachteil für diese Kinder, der in der Hitze des Scheidungsverfahrens oft übersehen wird und später nicht mehr ohne weiteres ausgeglichen werden kann.

Hinsichtlich ihrer Erbansprüche erwächst Scheidungskindern nämlich bei Wiederverheiratung eines der beiden geschiedenen Elternteile eine gefährliche Konkurrenz. Der Standardfall stellt sich häufig wie folgt dar: Die neue Frau, meist jünger, möchte Sicherheiten für ihre Altersversorgung haben. Sie sorgt sich um das Wohlergehen der neuen gemeinsamen Kinder, oft auch ihrer Kinder aus früherer Ehe. Den Kindern aus erster Ehe bleibt vom väterlichen Erbe dann oft nur noch ein geringer →Erbteil oder sie werden gar auf den →Pflichtteil verwiesen. Bei Zugewinngemeinschaft und zwei Kindern macht dieser ein Achtel aus, bei weiteren Kindern aus zweiter Ehe noch weniger.

Abhilfe kann ein Erbvertrag (VIII/4) im Scheidungsverfahren bringen, der den Scheidungskindern eine faire Erbquote zusichert. Nur muss man dabei aufpassen, dass die Möglichkeit der totalen Anfechtung des Erbvertrages bei Hinzutreten neuer Pflichtteilsberechtigter ausgeschlossen wird. Fair erscheint es, wenn bei ausreichender Versorgung der zweiten Ehefrau den Kindern aus erster Ehe letztlich dieselbe Erbquote eingeräumt wird wie den leiblichen Kindern aus der zweiten Ehe. Dabei sollte man möglichst durch →Teilungsanordnung oder →Vorausvermächtnisse dafür sorgen, dass kein gemeinschaftliches Eigentum entsteht.

Zusammengefasst kann man Geschiedenen für die Erbvorsorge Folgendes empfehlen:

- Jeder Geschiedene sollte ein sorgfältig beratenes Testament verfassen.
- Das Testament muss, wenn minderjährige Kinder vorhanden sind, Nacherbschaft und Testamentsvollstreckung vorsehen.

- In Schenkungsverträge müssen Rückfallklauseln aufgenommen und Anordnungen zur Vermögenssorge getroffen werden.
- Jeder Geschiedene, der mit dem zweiten Ehepartner einen Ehevertrag schließen will, um Scheidungsrisiken auszuschließen, sollte, statt Gütertrennung zu vereinbaren, den Güterstand der Zugewinngemeinschaft entsprechend modifizieren.
- Die gemeinsamen Kinder aus erster Ehe sind erbvertraglich fair abzusichern. Gemeinschaftliches Vermögen von einerseits Kindern aus erster Ehe und andererseits zweiter Ehefrau und Kindern aus zweiter Ehe ist zu vermeiden.
- Auch Großeltern müssen bei Schenkungen und Erbfällen an Enkel durch Rückfallklauseln und Regelungen zur Vermögenssorge sowie durch Anordnung von Testamentsvollstreckung und Nacherbschaft dafür sorgen, dass ihr Vermögen nicht an das ungeliebte Ex-Schwiegerkind fällt.

3 Beim Single-Testament ist die frühzeitige Regelung besonders wichtig

Die Adoption eines Verwandten kann Steuern sparen

Hans Flick / Frank Hannes

Die Zahl allein Stehender in Deutschland steigt stetig. Allein stehend zu sein ist nicht mehr wie früher eine vorübergehende Periode, sondern ein bewusster Dauerzustand: Heirat ausgeschlossen, Kinder Fehlanzeige.

Verheiratete und Geschiedene, allein Erziehende und Verwitwete haben meist „natürliche" Erben: Ehepartner, nichteheliche Lebenspartner, Kinder oder Enkelkinder. Das Vermögen soll dann, der „Blutbahn folgend", bei der Erbfolge regelmäßig in der Familie bleiben. Ein solcher natürlicher Nachfolger steht beim allein Stehenden nicht zur Verfügung. Das ändert die erbrechtliche Situation, die der Ausganspunkt jeder Erbfolgeregelung ist.

Stirbt ein Erblasser als Single ohne Hinterlassung von Ehepartner und Abkömmlingen, sind seine gesetzlichen Erben die Eltern; ohne →Testament fällt der Nachlass dann voll in deren Schoss. Werden die Eltern durch ein entsprechendes Testament von der Erbfolge ausgeschlossen, steht ihnen ein Pflichtteilsanspruch gegen den Nachlass ihres verstorbenen Kindes zu. Zwar werden die Eltern selbst häufig auf die Geltendmachung ihrer Pflichtteilsansprüche verzichten. Ist jedoch auf Grund Alters und Pflegebedürftigkeit ein Betreuer mit ihrer Vermögenssorge betraut, wird dieser von einer Beanspruchung des Pflichtteils nicht absehen können.

Sind die Eltern im Zeitpunkt des Erbfalls bereits verstorben, sind deren Abkömmlinge die gesetzlichen Erben. Dann erben also die Geschwister des Singles oder deren Kinder, die Neffen und Nichten des Erblassers. Sie haben jedoch – anders als die Eltern – ihrerseits keinen eigenen Pflichtteilsanspruch, wenn der Single in einem Testament Abweichendes verfügt. War der Single ein Einzelkind, kommen die Abkömmlinge der Großeltern als gesetzliche Erben in Betracht, also Onkel und Tanten oder, wenn auch die nicht mehr leben, Cousins und Cousinen, ebenfalls ohne Pflichtteilsrechte.

Der Regelungsbedarf eines Singles für die Erbfolge ist bei dieser Rechtslage natürlich ganz anders als im Familienverbund. Oft hat er mit den entfernteren Verwandten keinen oder nur zufälligen Kontakt. Manchmal ist auch die Zahl seiner Verwandten so groß, dass nur sehr lose, vor allem aber unterschiedlich intensive verwandtschaftliche Beziehungen bestehen. Die Personen, die ohne Vorhandenseins eines Testaments erben würden, sind für den Single in gewisser Weise beliebig.

Auf der anderen Seite besteht dann, wenn der Erbfall nach dem Tode der Eltern eintritt, keinerlei Beschränkung der →Testierfreiheit des Singles durch zu befürchtende Pflichtteilsansprüche. Der Single kann sein Vermögen ganz oder teilweise an entferntere Verwandte oder auch an Nichtverwandte vererben – etwa an Freunde, Hausangestellte, Berufskollegen oder gemeinnützige Einrichtungen.

Allerdings fordert der Staat von den entfernteren Verwandten und Familienfremden höhere Erbschaftsteuern. Nur die Eltern landen beim Erwerb von Todes wegen noch in der günstigsten →Steuerklasse I – mit gestaffelten →Steuersätzen zwischen sieben und 30 Prozent. Sie können immerhin noch einen persönlichen →Freibetrag von jeweils 51.200 Euro beanspruchen. Geschwister, Neffen und Nichten haben hingegen nur einen Freibetrag von 10.300 Euro. Sie werden in der schon deutlich teureren Steuerklasse II mit Steuersätzen von 12 bis 40 Prozent besteuert. Alle anderen, also insbesondere bedachte Freunde und Bekannte, werden nach den Steuersätzen der ungünstigsten Steuerklasse III mit 17 bis 50 Prozent zur Kasse gebeten. Sie haben nur einen Freibetrag von 5.200 Euro. Hier greift also der Fiskus kräftig zu. Gleiches gilt bei Schenkungen, wobei aber die Neigung zu lebzeitigen Übertragungen beim Single weniger ausgeprägt sein dürfte. Er wird vielmehr sein Vermögen zur Sicherung seiner Altersversorgung behalten wollen, da nahe Verwandte insbesondere Kinder, die hierfür ansonsten noch ersatzweise Gewähr leisten, nicht vorhanden sind.

Das Fehlen natürlicher Erben macht den Single einerseits in der Gestaltung der Erbfolge freier, andererseits ist sein Regelungsbedarf größer, weil er vorhersehend für Dinge sorgen muss, die sonst von den nächsten Familienangehörigen im Todesfall erledigt werden. Während diese beim Fehlen konkreter Hinweise des Erblassers für die Bestattung zu sorgen haben, die Totenfeier ausrichten und sich auch später um die Grabpflege kümmern, muss der Single dies selbst in seiner letztwilligen Verfügung, besser noch zu Lebzeiten regeln.

Auch für den Single sollte in der Erbfolgeplanung die eigene Altersvorsorge einschließlich der Vorsorge für die Pflegebedürftigkeit unbedingte Priorität haben. Dafür ist er unter Umständen auf fremde Hilfe angewiesen, die eine leistungsgerechte Bezahlung erwartet. Meist wird dazu eine langfristige Absicherung über den Tod des Singles hinaus erwartet. Häufig wird diese in →Wohnrechten und Einkommensvermächtnissen bestehen. Aus Sicherheitsgründen wird dazu regelmäßig eine erbvertragliche Absicherung (VIII/4) gesucht. Sie sollte fair, aber auch erpressungssicher sein. Dazu braucht man einen vertrauenswürdigen →Testamentsvollstrecker und für den Fall der Pflegebedürftigkeit einen sorgfältig zuvor selbst ausgewählten Betreuer – beide mit zusätzlicher Benennung von Ersatzpersonen. Allergrößten Wert muss man darauf legen, sich geeignete Rücktrittsrechte für den Fall vorzubehalten, dass der im →Erbvertrag Bedachte seine Verpflichtungen nicht oder nicht ordnungsgemäß erfüllt. Die Formulierung ist schwierig, eine schlichtende Institution (Schiedsmann) ist immer sinnvoll.

Singles haben – wie die Praxis zeigt – häufig einen ganz besonders entwickelten Familiensinn: Sie wünschen, dass die Familientradition fortgeführt wird, das ererbte und selber vermehrte Familienvermögen für diesen Zweck erhalten und der Familienname bestehen bleiben. Diese Wünsche lassen sich am besten erreichen, wenn ein Neffe oder eine Nichte adoptiert wird. Dann bleibt der Name erhalten und das Vermögen in der Familie. Eine Hauptnebenwirkung ist, dass dabei Erbschaftsteuer gespart werden kann, weil das Adoptivkind in Steuerklasse I fällt. Auch ist die dann konsequente Erbeinsetzung dieses Kindes die beste Garantie für die Vermeidung von Erbstreitigkeiten, weil alle anderen Erben der gleichen Rangordnung durch Testament ohne Pflichtteilsverzicht von der Erbfolge ausgeschlossen werden können. Ein Adoptionsverfahren muss allerdings zu Lebzeiten des Singles durchgeführt werden und ist nicht ganz einfach. Auch über die Konsequenzen muss man sich bewusst sein: Das Adoptivkind steht dem leiblichen Kind in nichts nach. Zur Sicherung vor Enttäuschungen kann es sich empfehlen, die Adoption mit einem Pflichtteilsverzicht des Adoptierten zu verbinden.

Eine andere – weniger persönliche Art – der Garantie des Namensfortbestands ist der Übergang des Single-Vermögens auf eine gemeinnützige →Stiftung (VII/6), die einen dem Single nahestehenden Zweck erfüllt. Es ist dabei allerdings zu empfehlen, diese Stiftung nicht erst von Todes wegen, sondern schon zu Lebzeiten mit einem Teilbetrag des Vermögens zu errichten. Nur so kann man in der Stiftungspraxis meist auftretende Realisierungsprobleme noch korrigieren, was nach dem Tod des Stifters nur noch in Grenzen möglich ist. Die lebzeitige Errichtung der Stiftung bringt zudem einkommensteuerliche Vorteile. So gestattet der Fiskus neben einem laufenden Spendenabzug einen Sonderausgabenabzug bei Gründung von bis zu 307.000 Euro, der auch auf zehn Jahre verteilt werden kann. Allerdings sollten derartige steuerliche Vorteile nicht zur maßlosen Großzügigkeit verleiten, vielmehr muss eine ausreichende Altersversorgung (IV/8) immer im Vordergrund stehen. Das der Altersversorgung dienende Restvermögen kann dann im Todesfall erbschaftsteuerfrei auf die gemeinnützige Stiftung übergehen.

Gerade für den Single ist eine frühzeitige und langfristige Erbfolgeplanung erforderlich, eine Testamentsverzögerung führt regelmäßig dazu, dass sein Vermögen in die falschen Hände gelangt, die „bucklige Verwandtschaft", Streitanwälte und nicht zuletzt der Fiskus warten nur darauf.

4 Das Behindertentestament hilft Eltern aus einem schweren Dilemma

Die Angst vor dem Zugriff des Sozialhilfeträgers ist berechtigt

Hans Flick / Frank Hannes

Die Zahl der Behinderten steigt, ebenso steigen die Kosten ihrer medizinischen und pflegerischen Betreuung. Mit den Leistungen aus der Pflegeversicherung lassen sich diese Kosten regelmäßig nicht auffangen, und auch unter Inanspruchnahme ergänzender Sozialhilfeleistungen lässt sich allenfalls eine angemessene Grundversorgung herstellen. Um den Behinderten einen besseren Lebensstandard zu bieten, erbringen viele Familien neben ihrem persönlichen Einsatz auch erhebliche Zuzahlungen. Besonders bei Eltern behinderter Kinder ist daher die Sorge groß, ob denn das Kind nach ihrem Tode ausreichend versorgt und betreut wird.

Die einen versuchen einen Großteil ihres Vermögens gerade für das behinderte Kind zu reservieren. Die nichtbehinderten Geschwister, die das Geld der Eltern nicht so nötig haben, müssen im Erbfall zurücktreten. Die anderen fürchten den Zugriff des Sozialhilfeträgers auf das Erbe des behinderten Kindes und schließen es deshalb gänzlich von der Erbfolge aus. Erben werden allein die nichtbehinderten Kinder, die dafür – so ein weiteres rechtfertigendes Argument – zu Lebzeiten der Eltern oft kürzer treten mussten, da ihr behindertes Geschwisterteil nahezu der ganzen Fürsorge von Mutter und Vater bedurfte.

Tatsächlich stehen die Eltern vor einem Dilemma. Einerseits wollen sie dem behinderten Kind auch über den Tod hinaus eine Lebensqualität bieten, die über dem gesetzlichen Sozialhilfestandard liegt. Dies macht Zuwendungen an das Kind erforderlich. Andererseits wollen sie vermeiden, dass die Zuwendungen, statt dem Kind zu dienen, vom Sozialhilfeträger kassiert werden.

Die Angst vor dem Zugriff des Sozialhilfeträgers ist durchaus berechtigt. Nach dem das Sozialhilferecht kennzeichnenden Nachrangprinzip muss derjenige, der eigenes Vermögen hat – und solches erhält der Behinderte als Erbe –, dieses zum eigenen Lebensunterhalt einsetzen. Dies gilt auch und gerade, wenn die Unterhaltskosten auf Grund einer Betreuungs- und Pflegebedürftigkeit relativ hoch sind. Vom Zugriff des Sozialhilfeträgers verschont bleiben lediglich im Gesetz ausdrücklich genannte Vermögensgegenstände wie z.B. Hausrat, ein eigengenutztes Wohnhaus oder kleinere Barbeträge, das so genannte Schonvermögen. Im Übrigen wandert aber das Erbe, das eigentlich zur Verbesserung der Lebensqualität des Behinderten gedacht war, in die Finanzierung der Grundversorgung.

Ein weiteres Mal kann sich der Sozialhilfeträger im Falle des Todes des Behinderten schadlos halten. Während der Behinderte sein ererbtes Vermögen zu Lebzeiten nur für den laufenden Unterhalt einzusetzen hat, haftet sein Nachlass einschließlich des Schonvermögens auch für vergangene Sozialhilfeleistungen. Hat der Behinderte also beispielsweise seine Geschwister zu seinen Erben eingesetzt, damit diese nach ihm das von den Eltern geerbte Vermögen erhalten, so gehen die Geschwister insoweit leer aus.

Allerdings lässt sich das Problem des Sozialhilferegresses nicht dadurch lösen, dass die Eltern das behinderte Kind enterben. Wie jedem Abkömmling steht nämlich auch dem behinderten Kind im Falle seiner Enterbung ein Pflichtteilsanspruch zu. Es kann somit von seinen allein erbenden Geschwistern die Hälfte des Wertes seines →gesetzlichen Erbteils in Geld verlangen. Zwar handelt es sich hierbei um einen höchstpersönlichen Anspruch des behinderten Abkömmlings, den es geltend machen kann, aber keineswegs muss. Jedoch wird der Sozialhilfeträger im Sozialhilfegesetz ausdrücklich ermächtigt, den Pflichtteilsanspruch auf sich überzuleiten und – ohne Zustimmung des Kindes – selbst geltend zu machen. Das aufgezeigte Pflichtteilsproblem entsteht im Übrigen auch im Falle des Erstversterbens eines Elternteils, wenn die Eltern sich, etwa in einem so genannten →Berliner Testament, gegenseitig zu alleinigen Erben eingesetzt haben. Auch in diesem Fall ist das behinderte Kind enterbt und der Sozialhilfeträger kann von dem längerlebenden Elternteil den Pflichtteil verlangen.

Einen Ausweg aus dem aufgezeigten Dilemma kann ein so genanntes „Behindertentestament“ bieten. Hiermit ist nicht die →letztwillige Verfügung des Behinderten selbst angesprochen. Es geht dabei vielmehr um die Gestaltung der Nachfolge von Eltern mit behinderten Kindern. Mit dem Behindertentestament wird vor allem das Ziel verfolgt, auch nach dem Tode der Eltern durch laufende Zuwendungen dem behinderten Kind einen Lebensstandard über Sozialhilfeniveau zu gewährleisten und das

Elternvermögen auch nach dem Tode des Behinderten in der Familie zu halten. Hierzu ist es erforderlich, dass der →Nachlass vor dem Zugriff des Sozialhilfeträgers geschützt wird.

Im Rahmen der Gestaltung werden gleich mehrere erbrechtliche Instrumentarien fruchtbar gemacht. Die wichtigsten sind die →Vor- und Nacherbschaft und die →Testamentsvollstreckung in Form einer →Dauervollstreckung. Wenn auch Behindertentestamente wie alle letztwilligen Verfügungen immer einer individuellen Gestaltung bedürfen, so sieht doch das Grundmuster wie folgt aus: Das behinderte Kind wird nicht zum Vollerben, sondern zum Vorerben eingesetzt, →Nacherben werden die Abkömmlinge oder zukünftigen Abkömmlinge des Behinderten, ersatzweise oder häufig auch unmittelbar, seine Geschwister. Der Erbteil des behinderten Kindes muss so bemessen sein, dass er über seinem →Pflichtteil, also über der Hälfte seines gesetzlichen Erbteils liegt. Ansonsten nämlich ist die Vorerbschaft und die Testamentsvollstreckung unwirksam und der Sozialhilfeträger kann auf das Erbe zugreifen.

Die Einsetzung als Vorerbe hat zur Folge, dass der ererbte Anteil am Nachlass nicht verwertet werden darf, auch nicht zum Ersatz der Sozialhilfeleistungen. Der Vorerbe darf lediglich die Erträge aus seinem Erbteil ziehen und zum Lebensunterhalt verwenden. Damit auch diese Erträge nicht der Sozialhilfe anheim fallen, werden ihre Verwendungen durch die Anordnung der Testamentsvollstreckung reglementiert. Hierzu wird in der letztwilligen Verfügung der →Testamentsvollstrecker ausdrücklich angewiesen, dem Behinderten Zuwendungen nur in einer Art und Weise zukommenzulassen, dass der Sozialhilfeträger nicht darauf zugreifen kann.

Die Anweisung sollte sich an den sozialrechtlichen Vorschriften orientieren, wonach beispielsweise Geschenke zu Geburts- und Festtagen, Aufwendungen für Hobbies des Behinderten oder für Ferien- oder Kuraufenthalte vom Zugriff verschont bleiben. Da bei dieser Gestaltung für das Wohl des Behinderten im Wesentlichen durch die Zuwendungen durch den Testamentsvollstrecker gesorgt wird, ist dessen Auswahl mit größter Sorgfalt vorzunehmen. Sofern der Behinderte einer Betreuung bedarf, empfiehlt es sich, dem →Vormundschaftsgericht auch eine Person als →Betreuer vorzuschlagen, die mit dem Testamentsvollstrecker nicht identisch sein sollte. Für beide sollten auch Ersatzpersonen benannt werden.

Die Vorerbschaft bietet weiterhin Schutz beim Tode des Behinderten. Da die Nacherben nach den gesetzlichen Wertungen nicht vom Vorerben, sondern vom ursprünglichen Erblasser, also den Eltern des Behinderten, erben, fällt das Elternvermögen nicht in den Nachlass des Behinderten. Es haftet damit nicht für zurückliegende Sozialhilfeleistungen.

Das Behindertentestament war immer mal wieder in der Kritik. Einige, auch erstinstanzliche Gerichte, hielten es sogar für sittenwidrig. Der BGH hat, jedenfalls für Durchschnittsvermögen, mit zwei klarstellenden Entscheidungen diese Bedenken ausgeräumt. Zwar werden immer noch dogmatische Zweifel vorgetragen, die Sozialhilfeträger scheinen sich aber mit der Gestaltung abgefunden zu haben und greifen derartige letztwillige Verfügungen in der Regel nicht an. Dies gilt allerdings nur für die hier vorgestellte klassische Form des Behindertentestaments. Demgegenüber bewegt man sich mit Alternativgestaltungen – etwa der Anordnung eines Vor- und →Nachvermächtnisses –, wie sie zum Teil vorgeschlagen werden, noch auf unsicherem, wenn nicht sogar verminten Terrain, das man möglichst meiden sollte.

5 Das internationale Testament

Die Kür in der Nachfolgeplanung

Christian von Oertzen

Die Globalisierung des privaten und unternehmerischen Lebens geht nicht spurlos an der Vermögensnachfolge und der Testamentsplanung vorbei. Internationale Anknüpfungen persönlicher Art – ausländische Ehepartner, im Ausland lebende Kinder, Ferienwohnsitze im Ausland oder internationale unternehmerische Engagements, wie die Beteiligung an einem amerikanischen Immobilienfonds oder an ausländischen Tochtergesellschaften – sind heute keine Seltenheit mehr.

Diese Anknüpfungen müssen erkannt und berücksichtigt werden, denn derartige Vermögen sind besonderen zivilrechtlichen und steuerrechtlichen Gefahren ausgesetzt. Werden diese nicht erkannt, so können jahrelange Prozesse und fiskalische Doppelbesteuerung die Folge sein. Die möglichen Auswirkungen: zerstrittene Familien, führerlose Unternehmen und hohe internationale Erbschafts- und Einkommensteuern, die die Erben nicht mehr aufbringen können.

Selbst innerhalb der Europäischen Union (EU) stellt das Recht der Vermögensnachfolge jeweils ein nationales Kulturgut dar, das einer internationalen Rechtsvereinheitlichung nicht zugänglich ist. Eher werden in der EU die Steckdosen standardisiert, als ein einheitliches internationales Erbrecht geschaffen.

Dies bedeutet beispielsweise, dass der deutsche notarielle →Pflichtteilsverzicht nicht den Altersruhesitz in Antibes umfasst oder Ehegatten mit verschiedenen Staatsangehörigkeiten, insbesondere wenn romanische Rechtsordnungen beteiligt sind, nicht ohne Probleme das deutsche →Ehegattentestament (II/1) nutzen können. Für die international strukturierte Familie oder das international investierte Vermögen muss deswegen eine Vermögensnachfolgeregelung geschaffen werden, die sämtlichen zivilrechtlichen und steuerrechtlichen Gefahren (V/3) gerecht wird. Auch die verfahrensrechtliche Komponente ist zu berücksichtigen: Das schönste international abgesicherte →Testament nutzt nichts, wenn es Monate dauert, bis sich die Erben bei der ausländischen Bank für das Wertpapierdepot legitimieren können, um die dringend erforderlichen Umschichtungen im Depot vorzunehmen, weil man auf die klassischen deutschen Vollmachten und nicht auf die von der ausländischen Bank gewünschten Vollmachten vertraut hat.

Möchte man diese zivilrechtlichen Gefahren meiden, ist es z.B. regelmäßig sinnvoll, den ausländischen Immobilienbesitz nicht unmittelbar, sondern über transparente Personengesellschaften zu halten. Folge ist, dass dieses Vermögen dann regelmäßig für zivilrechtliche Zwecke nicht mehr als unbewegliches, sondern bewegliches Vermögen gilt. In diesem Falle kann regelmäßig im Ausland eher die Anwendbarkeit deutschen Erbrechts hergestellt werden. Bei unternehmerischen Beteiligungen ist die Zwischenschaltung einer deutschen Gesellschaft notwendig (keine Off-shore Holding). Dann findet nur noch ein einziger →Erbgang in die unternehmerische Beteiligung im Inland und nicht mehr in verschiedenen Staaten mit unterschiedlichen Gesellschaftsrechten statt. Daneben sollte ein international wirksames Testament geschaffen werden, das durch gesonderte Auslandstestamente, die sinnvoll mit dem deutschen Haupttestament verzahnt sind, abgesichert wird. Dann entfallen regelmäßig zeitraubende ausländische Probate-Verfahren für das deutsche Testament und unter Umständen die Pflicht zur Kautionsstellung durch deutsche →Testamentsvollstrecker im Ausland.

Auch der deutsche Fiskus will seinen überhöhten „Pflichtteil“: Auslandsvermögen wird generell mit dem →Verkehrswert bewertet. Besondere →Freibeträge oder steuerschonende Bewertungsverfahren gibt es nicht. Hat man ausländisches unternehmerisches Vermögen, muss schon bei der Investitionsentscheidung sorgfältig erwogen werden, über welche Rechtsform man dieses Engagement führt. Wird das latente Erbschaftsteuerproblem nicht gleich erkannt, so ist unter Umständen eine spätere erbschaftsteuerlich optimierende ausländische Umgestaltung ausgeschlossen, weil die Umstrukturierung zur Aufdeckung →stiller Reserven (V/1) führen würde. Dies ist besonders in den Vereinigten Staaten für Steuerausländer ein Problem. Dort gibt es besondere Einkommensteuervorschriften, die nachträgliche Immobilienumstrukturierungen erschweren.

Entsteht im Ausland für das Auslandsvermögen eine Erbschaftsteuer, so kann sie auch nicht immer vom deutschen Fiskus auf die deutsche Erbschaftsteuer angerechnet werden. Eine besondere Gefahr liegt dabei in Kanada. In Kanada wird keine Erbschaftsteuer erhoben, sondern eine besondere →Capital Gains-Steuer. Der Tod wird als die letzte Veräußerung des Erblassers fingiert. Nach der Rechtsprechung des Bundesfinanzhofes ist diese Steuer keine mit der deutschen Erbschaftsteuer vergleichbare Steuer. Sie kann deswegen nicht auf die deutsche angerechnet, sondern nur als →Nachlassverbindlichkeit abgezogen werden. Dadurch kann es im Verhältnis zu Kanada zu einer faktischen Doppelbesteuerung kommen.

Im internationalen Vergleich sind die Vereinigten Staaten im Erbfall das Hochsteuerland und die Bundesrepublik Deutschland das Niedrigsteuerland. Deswegen gehen die Gestaltungen bei erbschaftsteuerorientierten Planungen für amerikanische Vermögen nicht in die sonst übliche Richtung, nämlich weg aus dem deutschen Besteuerungsrecht. Vielmehr wird ein Weg gesucht, der das Erbschaftsbesteuerungsrecht ausschließlich in Deutschland belässt oder durch Ausnutzung amerikanischer Besteuerungslücken innerhalb der amerikanischen Schenkungsteuer durch lebzeitige Übertragungen die hohe amerikanische Erbschaftsteuer meidet. Gerade im Verhältnis zu den Vereinigten Staaten gibt es dabei Gestaltungen durch Zwischenschaltung deutscher Gesellschaften, die sicherstellen, dass keine amerikanische Schenkungsteuer anfällt und gleichzeitig nur noch Deutschland für Schenkungszwecke besteuern darf. Trotzdem bleibt es jedoch bei dem günstigen ausschließlichen Einkommensteuerrecht in den Vereinigten Staaten. Darüber hinaus kann in der deutschen Schenkung- und Erbschaftsteuer noch ein besonderer Freibetrag und gewerblicher →Bewertungsabschlag genutzt werden. Bei internationalen Schenkungen müssen auch besondere deutsche Einkommensteuertatbestände beachtet werden: Wird eine Beteiligung an einer deutschen Kapitalgesellschaft, die bei einem Prozent oder darüber liegt, an den im Ausland lebenden Sohn verschenkt, so löst dies eine besondere Einkommensteuer auf die stillen Reserven in dieser Kapitalgesellschaftsbeteiligung aus. Wird diese Beteiligung vererbt, entsteht diese Steuer nicht.

Vor →Trusts, ausländischen →Familienstiftungen und anderen Irrlichtern im Steuersumpf muss schließlich gewarnt werden. Das deutsche Zivil- und Steuerrecht kennt diese Rechtsinstitute nicht. Wir klassifizieren sie ausschließlich nach deutschen Rechtskategorien. Ausländische Trusts und Familienstiftungen sind beim deutschen Fiskus besonders unbeliebt. Die deutsche Steuergesetzgebung diskriminiert sie regelmäßig derart heftig, dass sie für inländische Errichter oder bei inländischen Begünstigten in 99 von 100 Fällen nicht genutzt werden können. Bei vorausschauender und frühzeitiger Planung lassen sich jedoch auch beim internationalen Testament die meisten Probleme befriedigend lösen. Voraussetzung hierfür ist die umfassende Rechts- und Steuerplanung für den internationalen Sachverhalt zu Lebzeiten.

6 Das Unternehmertestament verlangt eine sorgfältige Planung

Sachkundiger Rat sichert Interessen aller Beteiligten

Hans Flick / Frank Hannes

Gehört zum Vermögen des Erblassers ein Unternehmen, so bedarf dies besonderer testamentarischer Vorsorgemaßnahmen in einem so genannten Unternehmertestament. Kommt dieses allerdings zur Anwendung, ist der Unternehmer entweder zu früh verstorben oder er hat zu Lebzeiten Entscheidendes versäumt. Die Nachfolge in unternehmerisches Vermögen sollte nämlich möglichst „von warmer Hand", also noch zu Lebzeiten (I/4) erfolgen. Die lebzeitige Übertragung von Unternehmen oder zumindest Unternehmensteilen verschafft dem abgebenden Unternehmer die Möglichkeit, seinen Nachfolger selbst auszuwählen und einzuarbeiten. Die Akzeptanz des Nachfolgers bei Kunden und Lieferanten ist ungleich höher als im Falle des plötzlichen Ausscheidens des Inhabers durch Tod. Sofern in der Familie ein qualifizierter Nachfolger zur Verfügung steht, bietet die Übertragung des Unternehmens im Rahmen →vorweggenommener Erbfolge zudem die Möglichkeit, erbschaftsteuerliche Vorteile (III/4) zu nutzen.

So reizvoll und empfehlenswert die Regelung der Unternehmensnachfolge bereits zu Lebzeiten ist, so wenig kann sich der Unternehmer aussuchen, ob er lebend oder tot aus dem Unternehmen ausscheidet. Ein Verkehrsunfall, ein Tumor oder ein Herzstillstand haben schon viele aktive und scheinbar gesunde Unternehmer aus dem Leben und ihrem Unternehmen gerissen. Zudem ist es ein bekanntes Phänomen, dass viele Unternehmer trotz aller Argumente, die für eine rechtzeitige Übergabe sprechen, von ihrem Lebenswerk nicht loslassen können. Auch für diese ist ein Unternehmertestament dringend geboten. Fehlt nämlich ein solches, so übernimmt die Regelung der Unternehmensnachfolge das Gesetz. Dieses aber bietet gegenüber der mit Sachverstand errichteten letztwilligen Verfügung immer die schlechtere Alternative.

Ungefährlich erscheint die →gesetzliche Erbfolge nur, wenn der Unternehmer verwitwet ist und einen zur Unternehmensfortführung qualifizierten Sohn oder eine qualifizierte Tochter hat, die just im Zeitpunkt des Todes zur Übernahme des Geschäfts bereit, hierfür alt genug und nicht anderweitig gebunden ist. Hinterlässt der Unternehmer hingegen neben dem qualifizierten Sohn die Ehefrau und zwei minderjährige Töchter, so kann dies der erfolgreichen Fortführung des Unternehmens durchaus abträglich sein. Mit dem Tode des Unternehmers fällt bei Vorhandensein mehrerer Erben das einzelkaufmännische Unternehmen in die ungeteilte →Erbengemeinschaft, an der – im Beispiel – die Witwe, der Sohn und die beiden minderjährigen Töchter in Höhe ihrer gesetzlichen →Erbquote beteiligt sind.

Die Erbengemeinschaft aber hat zwei wesentliche Nachteile: ihre gemeinschaftliche Verwaltung, die bei wesentlichen Entscheidungen Einstimmigkeit verlangt, und ihr Zweck. Die Erbengemeinschaft ist nämlich auf →Auseinandersetzung angelegt. Deshalb kann kraft gesetzlicher Regelung jeder Miterbe, auch der nur mit einer minimalen Quote beteiligte, die Auseinandersetzung verlangen, was im schlimmsten Fall zur →Teilungsversteigerung des Nachlassvermögens führen kann.

Wer solches vermeiden will, sollte im Rahmen einer →letztwilligen Verfügung die zum →Nachlass gehörenden Vermögensgegenstände konkret benennen und auf die einzelnen →Miterben verteilen. Dabei sollte darauf geachtet werden, dass die Einheit des Unternehmens möglichst erhalten bleibt. Andernfalls drohen erhebliche Liquiditätsbelastungen durch den Anfall von Ertragsteuern (V/1). Dies mag folgendes Beispiel verdeutlichen.

Ein Unternehmer hatte sein Einzelhandelsunternehmen in eigener Innenstadtimmobilie (Verkehrswert 1,1 Mio. Euro, Buchwert 100.000 Euro) betrieben. In seinem im stillen Kämmerlein errichteten Testament hatte er verfügt, dass sein insoweit qualifizierter Sohn das Unternehmen und seine Ehefrau zur Sicherung ihrer Altersversorgung die Immobilie erhalten sollte. Um dem Sohn ein Weiterwirtschaften in der Immobilie zu sichern, hatte er sogar noch seine Ehefrau im Wege einer Auflage verpflichtet, die Immobilie an den Sohn zu günstigem Mietzins zu vermieten. Er glaubte, damit seine an sich vernünftigen Ziele – Unternehmensnachfolge des Sohnes, Altersversorgung der Ehefrau – verwirklicht zu haben. Tatsächlich aber hatte er seine Familie in den Ruin getrieben. Diese sah sich nämlich nun einer Steuerbelastung von nahezu 500.000 Euro ausgesetzt. Das Auseinanderreißen von Einzelunternehmen und betrieblich genutzter Immobilie hatte zu einer einkommensteuerpflichtigen →Entnahme mit Auflösung sämtlicher in der Immobilie ruhender →stiller Reserven geführt.

Schon das einfache Beispiel zeigt, dass Unternehmertestamente gerade nichts fürs stille Kämmerlein sind, sie bedürfen vielmehr sachkundiger Konzeption. Dies gilt erst recht, wenn das Unternehmen in einer Gesellschaft geführt wird. Steuerliche Risiken drohen hier beispielsweise durch Auflösung einer →Betriebsaufspaltung, wenn etwa der Sohn die GmbH und die Ehefrau die an diese vermietete Immobilie erhält. Bei Personengesellschaften kommt es häufig zur Entnahme von →Sonderbetriebsvermögen. Unerlässlich ist insoweit eine Abstimmung von Unternehmertestament und Gesellschaftsvertrag.

Eine Besonderheit des Unternehmertestaments ist vor allem sein Vorsorgecharakter. Es trifft vorsorglich Anordnungen für den Fall, dass der Unternehmer unerwartet verstirbt. Das Unternehmertestament ist daher vor allem auch dem jungen Unternehmer zu empfehlen. Zu dessen Erben aber gehören meist noch minderjährige Kinder, die im Falle seines zu frühen Todes nicht in der Lage sein werden, das Unternehmen fortzuführen. Auch die Ehefrau (oder der Ehemann) ist häufig in geschäftlichen Dingen unerfahren (VI/4), übt einen anderen Beruf aus oder ist mit der Haushaltsführung und der Kindererziehung ausgelastet. In solchen Fällen kann die Anordnung einer →Testamentsvollstreckung als so genannte →Verwaltungsvollstreckung sinnvoll sein. Diese kann auf einen abgegrenzten Aufgabenbereich, beispielsweise also die Führung des Unternehmens, beschränkt und auch zeitlich, etwa bis zur Vollendung des 28. Lebensjahres des im Erbfall noch Minderjährigen, begrenzt werden. Zur Haftungsreduzierung kann gleichzeitig angeordnet werden, das Unternehmen in eine haftungsbeschränkte Rechtsform, beispielsweise eine GmbH & Co. KG zu überführen.

Der junge Unternehmer muss bei Abfassung seiner letztwilligen Verfügung weiterhin dem Problem begegnen, dass zu diesem Zeitpunkt noch nicht feststeht, ob eines der Kinder einmal zur Nachfolge geeignet sein wird. Für diesen Unternehmer stellt sich insbesondere die Frage, wie er testamentarisch, also über seinen Tod hinaus, auf die Bestimmung des Unternehmensnachfolgers Einfluss nehmen kann. Das Gesetz verbietet grundsätzlich, die Bestimmung der Person, die eine Zuwendung erhalten soll, einem anderen zu überlassen. Wohl aber kann der Unternehmer konkrete Auswahlkriterien – wie beispielsweise die Erfüllung einer besonderen Qualifikation, Examen, Diplom, Meisterprüfung mit bestimmter Note – festlegen, nach denen später der Bedachte zu bestimmen ist. Soll der Bestimmungsberechtigte, etwa der Ehegatte oder eine sonstige Vertrauensperson, hingegen eine eigene Entscheidung treffen können, bietet sich ein so genanntes →Bestimmungsvermächtnis an. So kann der Unternehmer sein Unternehmen mehreren Personen, etwa seinen Kindern, mit der Maßgabe vermachen, dass ein Dritter, beispielweise seine Ehefrau, später bestimmt, wer von den Kindern das Vermächtnis erhalten soll. Ähnliche Gestaltungsmöglichkeiten ergeben sich im Bereich der →Vor- und Nacherbschaft.

Ein weiteres Problem des Unternehmertestaments ist die Einseitigkeit der Vermögensverteilung beim Unternehmer: Das Unternehmen macht meist mindestens 80 Prozent des Gesamtvermögens aus. Die Probleme entstehen zum einen im Hinblick auf eine gleichberechtigte Verteilung unter den Kindern. Dies macht zuweilen die Beteiligung passiver Familienmitglieder am Unternehmen erforderlich und damit wiederum flankierende gesellschaftsvertragliche Regelungen, die dem vorgesehenen Nachfolger die Entscheidungsgewalt im Unternehmen sichern. Zum anderen ist besonders der Unternehmensnachfolger, der hauptsächlich illiquides, nämlich im Unternehmen gebundenes Vermögen, erbt, vor Liquiditätsbelastungen durch Pflichtteilsansprüche zu sichern. Deshalb sind flankierend zu Unternehmertestamenten faire →Pflichtteilsverzichtsverträge (I/9) dringend erforderlich.

Das Testament des Unternehmers verlangt also immer eine sorgfältige Planung, bei der auch scheinbare Randbereiche, wie das Gesellschafts-, Ehe- und Pflichtteilsrecht, vor allem aber die steuerlichen Auswirkungen nicht außer Acht gelassen werden dürfen.

III

Erbschaftsteuersparmodelle

„Es ist ein Erbstück"...

1 Drohende Erhöhungen der Erbschaftsteuer zwingen zum Handeln

Privatvermögen in GmbH & Co. KG einbringen

Hans Flick / Frank Hannes

Viele Menschen, die schon immer einmal ihre Nachfolge durch →Testament oder durch Schenkung in →vorweggenommener Erbfolge regeln wollten, sind aufgeschreckt: Der Bundesfinanzhof (BFH) hat gleich mehrere Regelungen des Erbschaftsteuergesetzes dem Bundesverfassungsgericht vorgelegt. Dabei geht es vor allem um diejenigen Regelungen, die sich im Erbfall steuerentlastend auswirken, wie die Bewertung von Immobilien (III/3) und gewerblichen Vermögens (III/4) sowie die Entlastungen beim Erwerb von Betriebsvermögen. Der BFH begehrt die Feststellung, dass diese Vorschriften für nichtig erklärt werden. Hat dieser Vorstoß Erfolg, wird sich die Erbschaft- und Schenkungsteuerbelastung zukünftig wesentlich erhöhen.

Allerdings treten die negativen Wirkungen einer solchen Entscheidung des Bundesverfassungsgerichts erst für die Zukunft ein, voraussichtlich erst ab dem Zeitpunkt der Urteilsverkündung, die erst in einiger Zeit zu erwarten ist. Daran ändert auch ein Erlass der Finanzverwaltung vom 6.12.2001 nichts, nach dem alle Erbschaft- und Schenkungsteuerbescheide bis auf Weiteres für vorläufig zu erklären sind. Die derzeitige günstige Rechtslage bleibt vielmehr für alle Schenkungen und Erbfälle, für die bis zur Entscheidung des Bundesverfassungsgerichts die Steuer – wenn auch nur vorläufig – festgesetzt wird, erhalten. Damit öffnet sich ein Zeitfenster für die bisher Unentschlossenen. Die vorweggenommenen Erbfolgen werden daher in nächster Zeit zunehmen, und dies zurecht.

Die umfangreiche Beanstandungsliste des Bundesfinanzhofes ist nämlich in mehrfacher Hinsicht von besonderem Interesse. Zum einen ist sie eine positive amtliche Bestätigung dessen, was heute noch geht. Zum anderen zeigt die Liste Gestaltungen auf, die besonders gefährdet sind und damit in der Beratung besonders umsichtig umgesetzt werden sollten, sowie Fälle, die – will man den Löwen BFH nicht am Schwanz zupfen – möglichst nicht durchprozessiert werden sollten.

1. Ausgangspunkt der Verärgerung des Bundesfinanzhofes ist der →Bewertungsabschlag für unternehmerisches Vermögen von inzwischen noch 35 Prozent (§ 13 a ErbStG), der mit einem →Betriebsvermögensfreibetrag von 225.000 Euro und dem →Steuerklassenprivileg des § 19 a ErbStG für derartiges Vermögen (Annäherung an →Steuerklasse I ohne Rücksicht auf den Verwandtschaftsgrad) korrespondiert.

2. Der Bundesfinanzhof sieht außerdem verfassungswidrige Unterbewertungen bei verschiedenen Vermögensarten. So insbesondere bei
   a) nichtnotierten Anteilen an Kapitalgesellschaften, die nach dem →Stuttgarter Verfahren bewertet werden (– 33 %),
   b) gewerblichen Betrieben, deren Wert sich – mit Durchbrechungen – an der Steuerbilanz orientiert (– 42 %),
   c) Land- und Forstwirtschaft (– 90 %),
   d) Grundbesitz (durchschnittlich – 50 %, vor allem für Mindestwertgebiete).

3. Verfassungswidrigkeit reklamiert der Bundesfinanzhof ferner hinsichtlich
   a) der Kumulationswirkung von Unterbewertung, Freibetrag und Bewertungsabschlag bei Unternehmen,
   b) des ungekürzten Abzugs der mit dem unterbewerteten Vermögen zusammenhängenden Schulden bei gewerblichem Vermögen,
   c) der Möglichkeit, durch Einbringung von Privatvermögen in →gewerblich geprägte Personengesellschaften und in Kapitalgesellschaften mit anschließender Schenkung die Schulden voll abzuziehen und die Vergünstigungen des Freibetrages, des Bewertungsabschlages und Steuerklassenprivilegs (§§ 13 a, 19 a ErbStG) in Anspruch zu nehmen.

4. Verfassungsrechtlich nicht beanstandet wird vom Bundesfinanzhof hingegen
   a) die ebenfalls oft günstige Bewertung von Mehrfamilienhäusern und vermieteten Bürogebäuden
   b) die Bewertung von Kapitalgesellschaften in der Verlustphase oder bei fehlendem →Ertragswert
   c) steuerreduzierende Nießbrauchsgestaltungen und
   d) steuergünstige Zugewinnvereinbarungen.

Wie das Bundesverfassungsgericht entscheiden wird, ist ungewiss. Einige Fachleute messen dem Vorstoß des BFH insbesondere wegen des Ausgangsfalles, der wohl auch ohne die beanstandeten Regelungen zu entscheiden gewesen wäre, nur wenig Erfolgsaussichten bei.

Nichtsdestotrotz sollte man – angestoßen von dieser Bundesfinanzhof-Initiative – sofort handeln. Zwar haben alle Parteien noch vor der letzten Bundestagswahl mit treuherzigem Augenaufschlag versichert, die Erbschaftsteuer nicht zu erhöhen. Bereits kurzfristig könnte das jedoch angesichts der bekannten Haushaltsnöte anders aussehen, wobei die Erbschaftsteuer als Neidsteuer besonders verschärfungsanfällig ist. Erstes Ziel könnte dabei die Erhöhung der Immobilienwerte von durchschnittlich ca. 50 Prozent der geschätzten →Verkehrswerte auf 80 Prozent sein. Auch scheint der Bewertungsabschlag für vermögensverwaltende Gesellschaften und damit das Gestaltungsmittel der →Einbringung von Privatvermögen in eine GmbH & Co KG oder GmbH besonders gefährdet.

Ein Beispiel mag den Handlungs- und Überlegungsbedarf aufzeigen:

V hatte immer schon die Absicht, seinem Sohn einen Teil seines Vermögens zu schenken. Auf Grund der noch günstigen Immobilienbewertung entschließt er sich jetzt, Grundstücke im Verkehrswert von 6 Mio. Euro (erbschaftsteuerlicher →Bedarfswert 3 Mio. Euro) zusammen mit auf diesen lastenden Hypotheken von 1,5 Mio. Euro sowie festverzinsliche Wertpapiere im Verkehrs- und →Erbschaftsteuerwert von 3 Mio. Euro zu übertragen. Es ergibt sich – ohne persönliche Freibeträge, die schon verbraucht sind – folgende Erbschaftsteuerbelastung:

Wertpapiere	3.000.000 €
Immobilien (Bedarfswert) 3 Mio. € ./. anteilige Hypothek, gekürzt entsprechend der Relation des Verkehrswertes des Grundstücks zu seinem Bedarfswert, somit um 0,750 Mio. €	2.250.000 €
	5.250.000 €
x Steuersatz (Klasse I)	x 23 %
Schenkungsteuer	1.207.500 €

Hätte V vor der Schenkung diesen Teil seines Privatvermögens in eine gewerblich geprägte GmbH & Co KG eingebracht, ergäbe sich folgende Rechnung:

Wertpapiere	3.000.000
Immobilien	3.000.000
Hypothek (ungekürzt)	./. 1.500.000
	4.500.000
./. Betriebsvermögensfreibetrag	225.000
	4.275.000
./. Bewertungsabschlag	– 35 %
	2.778.750
x Steuersatz (Klasse I)	x 19 %
Schenkungsteuer	528.000

Die Erbschaftsteuerersparnis beträgt also über 50 Prozent. Sie lässt sich weiter reduzieren, wenn die Schenkung auf Sohn und Enkel verteilt wird und der Vater als Schenker die Erbschaftsteuerzahlung übernimmt (III/2).

Jedoch ist vor der Einbringung des Privatvermögens zu prüfen, ob der Einbringungsvorgang Steuern auslöst. Auch ist zu untersuchen, wie sich die laufende Besteuerung darstellt, ob das Vermögen vom Erwerber voraussichtlich verkauft oder erneut vererbt wird, ob es sich um Verbrauchseinkommen oder langfristige Investitionen handelt, was im Falle späterer Veräußerung der Gesellschaft oder ihrer Vermögensgegenstände für Belastungen entstehen und wie man gegebenenfalls aus der Konstruktion wieder herauskommt. Erst eine Gesamtanalyse ergibt den Nutzen und entscheidet über die konkrete Gestaltung. Schließlich sollte die vorweggenommene Erbfolge auch menschlich-psychologisch passen und so gestaltet werden, dass etwa durch die Aufnahme von Rückfallklauseln und anderer Kautelen in den Schenkungsvertrag den Wechselfällen des Lebens (III/6) Rechnung getragen wird.

2 Der richtige Güterstand hilft Erbschaftsteuer sparen

Ersparnis durch Schenkung und Testamentsänderung

Hans Flick / Frank Hannes

Die erbschaftsteuerliche Belastung des Vermögensübergangs ist in weitaus größerem Umfang steuersparend gestaltungsfähig, als dies der Laie denkt. Dabei sind bei kundiger Beratung die Risiken wesentlich niedriger als im Bereich der Einkommensteuer. Steuerersparnisse sind oft auch noch kurzfristig durch Testamentsänderung möglich. Sind größere Entlastungen angestrebt, bedarf dies regelmäßig einer etwas längeren Vorbereitungszeit.

Eine kurzfristig umsetzbare Steuersparmöglichkeit stellt die Übernahme der Erbschaftsteuerzahlung durch einen anderen als den Begünstigten dar; sie wird im Folgenden näher vorgestellt. Als längerfristige Gestaltungsmaßnahme wird die Wahl des richtigen →Güterstandes zur steuerfreien Versorgung des überlebenden Ehegatten behandelt.

Die wohlhabende Tante will ihrem notleidenden Neffen per →Testament 300.000 Euro vermachen. Das führt dazu, dass der Neffe an das Finanzamt Erbschaftsteuer abführen muss, nachdem die Tante gestorben ist. Ihm entsteht (nach →Freibetrag 10.300 Euro, bei einem →Steuersatz von 22 Prozent und Härteausgleich wegen Tarifsprungs) eine Erbschaftsteuerbelastung von 60.370 Euro. Von dem Geldvermächtnis bleiben ihm somit noch 239.630 Euro.

Würde die Tante dagegen dem Neffen nur diesen Nettobetrag vermachen, die Zahlung der hierauf entfallenden Erbschaftsteuer aber ihrem Sohn auferlegen, der Alleinerbe ist, so fiele die Erbschaftsteuerbelastung geringer aus.

Zwar wird die Erbschaftsteuer nicht nur auf die Netozuwendung erhoben, sondern auf die Nettozuwendung zuzüglich der hierauf entfallenden Erbschaftsteuer, die der Sohn übernehmen muss. Eine weitere Besteuerung der auf die übernommene Erbschaftsteuer entfallenden Steuer, die der Erbe ja ebenfalls zu übernehmen hat, sieht das Erbschaftsteuergesetz hingegen nicht vor (§ 10 Abs. 2 ErbStG).

Es ist vielmehr wie folgt zu rechnen: Zunächst ist die Erbschaftsteuer auf die Nettozuwendung zu ermitteln, das sind nach Abzug des Freibetrags und nach Abrundung (229.300 x 17 Prozent) 38.981 Euro. Diese dem Neffen quasi mit vermachte Erbschaftsteuer ist zur Ermittlung des steuerpflichtigen Erwerbs dem Nettoerwerb hinzuzuzählen.

Anschließend ist die sich aus dem Gesamtbetrag von 278.611 Euro ergebende Erbschaftsteuer nochmals auszurechnen. Es ergibt sich dann eine Erbschaftsteuer von 49.670 Euro, also über 10.000 Euro weniger. Statt mit 300.000 Euro ist der Sohn zu Gunsten seines Cousins also mit 289.300 Euro belastet. Er erhält also vom →Nachlass seiner Mutter 10.700 Euro zusätzlich. Zwar unterliegt auch sein Erwerb der Erbschaftsteuer. Doch selbst nach Besteuerung des Mehrerwerbs mit beispielsweise 19 Prozent bleibt die Familie um insgesamt 8.667 Euro reicher. Der Fiskus erhält bei dieser Konstruktion weniger Geld.

Die gleichen Steuervorteile lassen sich auch bei Schenkungen erzielen. Es empfiehlt sich daher jedem Schenker, die Schenkungsteuer selbst zu übernehmen – freilich nicht, ohne das Geschenk zumindest um die für den Beschenkten übernommene Schenkungsteuerbelastung zu kürzen.

Bei weiter entfernten Verwandten oder Fremden sowie bei größeren Beträgen ist die Ersparnis noch höher, sie kann im Einzelfall mehr als 25 Prozent betragen. Doch selbst in der →Steuerklasse I (Ehegatten, Kinder, Enkel) ergibt sich durch eine solche Verschiebung der Zahllast in der Regel noch ein Vorteil von 1 bis 5 Prozent.

Die mit der Gestaltung genutzte Vereinfachungsvorschrift des § 10 Abs. 2 ErbStG ist bisher unbestritten; sie steht weder auf der Änderungsliste der Politik noch der Beanstandungsliste des BFH (III/1). Über den steuerlichen Effekt hinaus kann sie auch helfen, Wertunterschiede zwischen den Erben auszugleichen.

Wohlhabende Leute leben meist nicht im →gesetzlichen Güterstand der →Zugewinngemeinschaft, sondern weil sie oder ihre Eltern das Scheidungsrisiko scheuen, im Güterstand der →Gütertrennung. Unwissentlich haben sie damit die Versorgung des überlebenden Ehegatten im Todesfall erheblich erschwert; sie ist nämlich bei →Zugewinnausgleich regelmäßig erbschaftsteuerfrei, bei Gütertrennung aber erbschaftsteuerpflichtig.

Ein Beispiel verdeutlicht das Problem: M und F leben seit der Hochzeit im Güterstand der Gütertrennung. M hat ein Anfangsvermögen von 1 Mio. Euro, F ein Vermögen von 500.000 Euro. Beim Tode des M hat dieser ein Endvermögen von 10 Mio. Euro, F hat ein Vermögen von 1,5 Mio. Euro. Nach dem Testament von M soll F als Alterssicherung aus dem Vermögen von M 4,25 Mio. Euro bekommen. Der Rest geht an die Kinder. Der →Versorgungsfreibetrag der F in Höhe von 256.000 Euro wird durch Rentenansprüche aufgezehrt. Es ergibt sich beim späteren Tod des M wegen der Gütertrennung folgende Erbschaftsteuerberechnung:

Erwerb der F	4.250.000 €
./. pers. Freibetrag	
Steuerklasse I	307.000 €
steuerpflichtiger Erwerb	3.943.000 €
Erbschaftsteuer StKl. I 19 %	749.170 €

Hätten die Eheleute dagegen von Anfang an im Güterstand der Zugewinngemeinschaft gelebt, ergäbe sich folgende Erbschaftsteuerberechnung:

Erwerb der F		4.250.000 €
Zugewinn:		
M 10 Mio. – 1 Mio. =	9 Mio.	
F 1,5 Mio. – 0,5 Mio. =	1 Mio.	
Zugewinn mehr M	8 Mio.	
Ausgleich für F		./. 4.000.000 €
./. pers. Freibetrag		./. 307.000 €
steuerpflichtiger Erwerb		0 €
Erbschaftsteuer		0 €

Die bei Gütertrennung fällig werdende Erbschaftsteuer von 749.170 Euro lässt sich also durch den Güterstand der Zugewinngemeinschaft vollständig einsparen.

Ehepaare, die schon längere Zeit im Güterstand der Gütertrennung leben, werden sich nun fragen, ob auch sie noch in den Genuss dieser Steuerentlastung kommen können. Dabei stellt sich insbesondere die Frage, ob nachträglich, nämlich durch rückwirkende Vereinbarung der Zugewinngemeinschaft, auch noch der in der Zeit der Gütertrennung entstandene Zugewinn steuerlich effektuiert werden kann. Für den normalen erbrechtlichen Zugewinnausgleich hat der Gesetzgeber solches ausgeschlossen. Macht der länger lebende Ehegatte aber im Erbfall seinen Anspruch auf →Zugewinnausgleich tatsächlich geltend oder gleichen die Eheleute – im Rahmen eines erneuten Güterstandswechsels – den Zugewinn lebzeitig aus, so ist nach dem Wortlaut des Gesetzes die volle Steuerbefreiung zu gewähren. Die Finanzverwaltung sieht dies anders. Zu Unrecht allerdings, wie viele Experten meinen. Eine endgültige Klärung der Frage wird daher dem BFH vorbehalten sein. Um alle Gestaltungschancen zu wahren, sollte daher nach wie vor mit Rückwirkung in den „richtigen Güterstand" der Zugewinngemeinschaft gewechselt werden.

Liquiditätsbelastungen im Scheidungsfall kann dabei durch ehevertragliche Modifizierung des Güterstandes vorgebeugt werden. So kann z.B. der Zugewinnausgleich für den Fall der Scheidung gänzlich ausgeschlossen oder auf ein vernünftiges Maß beschränkt werden. Das ist eine so genannte modifizierte →Zugewinngemeinschaft. Dann gilt bei Scheidung quasi Gütertrennung und für den Erbfall bleibt der „Steuerfreibetrag Zugewinnausgleich" erhalten.

3 Immobilien werden erbschaftsteuerlich teurer

Mittelbare Grundstücksschenkung hilft Steuern sparen

Hans Flick / Frank Hannes

Immobilien gehören immer noch zu den beliebtesten Kapitalanlagen. Sie gelten als sicher und sind deshalb vielen eine wesentliche Grundlage der Altersversorgung. Auch im Erbfall können sich Immobilien bezahlt machen. Aktien oder festverzinsliche Wertpapiere werden im Erbfall mit ihrem tatsächlichen Wert, nämlich dem aktuellen Kurswert zum Todeszeitpunkt, der Erbschaftsteuer unterworfen. Dagegen wird der Wert von Immobilien (→Bedarfswert) nach einem typisierten Verfahren bestimmt. Das Verfahren führt regelmäßig zu niedrigeren Werten. Im Durchschnitt erreichen die erbschaftsteuerlichen Werte nur rund die Hälfte des Verkehrswertniveaus, Einfamilienhäuser sogar etwas weniger, Mietwohngrundstücke, Geschäfts- und gemischt genutzte Grundstücke etwas mehr. So lauten jedenfalls die Ergebnisse einer Studie der Finanzverwaltung für das Jahr 1998. Seitdem mögen die Immobilienpreise etwas zurückgegangen sein, die Bewertungsunterschiede aber sind immer noch erheblich. Sollte der erbschaftsteuerliche Wert ausnahmsweise einmal über dem →Verkehrswert liegen, ist, sofern sich solches durch Sachverständigengutachten nachweisen lässt, der niedrigere Verkehrswert maßgeblich.

Erbschaftsteuerlich lohnt die Investition in eine Immobilie also nahezu immer. Wie lange noch, ist allerdings fraglich. Dem Fiskus zeigt die Kaufpreisuntersuchung der Finanzverwaltung, dass im Bereich der Immobilien noch etwas zu holen ist. Eine Sachverständigenkommission hat bereits Vorschläge zur Neubewertung unterbreitet. Dabei geht es um eine Höherbewertung auf rund 80 Prozent des Verkehrswertniveaus. Der Bundesfinanzhof (BFH) hält die derzeitige Immobilienbewertung sogar für verfassungswidrig (III/1). Das macht eine Neuregelung unumgänglich, wenn sich diese Einschätzung bestätigen sollte.

Die derzeit noch günstige Bewertung sollte also durch Maßnahmen →vorweggenommener Erbfolge genutzt werden. Diese Empfehlung gilt allerdings nur, wenn hierdurch die eigene Altersversorgung nicht gefährdet wird. Die bereits 1995, vor Ablösung der alten, noch niedrigeren →Einheitswerte durch die heutigen Bedarfswerte erprobten Nießbrauchmodelle können hierzu durchaus geeignet sein. Auch die Übertragung der Immobiliensubstanz gegen dinglich gesicherte Versorgungsleistungen können Gestaltungsmittel sein, den „Erbfall" steuergünstig vorzuziehen. Das gilt auch für die Gründung von Familiengesellschaften, an welchen die Erbengeneration bereits beteiligt wird. Solche Maßnahmen erfordern freilich eine individuelle Bewertung und Planung, bei der das Versorgungsinteresse der abgebenden Senioren (IV/8) im Mittelpunkt zu stehen hat.

Darüber hinaus sollte man aber auch darauf achten, Schenkungen und →Erbfälle so zu gestalten, dass auch tatsächlich die günstigen Immobilienwerte zur Anwendung kommen. Hier gibt es immer noch viele Versäumnisse aus Unwissenheit.

Ein Beispiel: Der wohlhabende und kinderlose Onkel O unterstützt schon seit vielen Jahren seinen Neffen N. Dieser wohnt in einer von drei Wohnungen einer alten, in den zwanziger Jahren erbauten Villa. Er zahlt, wie auch die beiden anderen Mieter, eine monatliche Miete von 500 Euro. Nun soll die Villa verkauft werden, allerdings zum Liebhaberpreis von 600.000 Euro. Weil dies die Kapazitäten des N übersteigt, wendet er sich an seinen Onkel und bittet ihn, ihm den Geldbetrag zu schenken. O erklärt sich hierzu bereit und überweist den entsprechenden Betrag auf das Konto von N. Nachdem dieser die Villa gekauft hat, meldet sich das Finanzamt und fordert Schenkungsteuer in Höhe von 159.219 Euro. Diese Steuerbelastung ergab sich nach Abzug eines →Freibetrages für den Neffen von 10.300 Euro und Besteuerung in der →Steuerklasse II mit 27 Prozent. Der Neffe muss daher nochmals zu dem Onkel gehen und um weitere 159.000 Euro bitten, was wiederum Schenkungsteuer auslöst.

Für alle Beteiligten günstiger wäre die Sache gelaufen, wenn der Onkel, möglichst dokumentiert in einem Schenkungsvertrag, dem Neffen die 600.000 Euro mit der ausdrücklichen Auflage geschenkt hätte, diese zum Kauf der im Schenkungsvertrag mit Straße und Hausnummer konkret bezeichneten Villa zu verwenden. Bei einer solchen →mittelbaren Grundstücksschenkung wird die Schenkungsteuer nämlich nicht nach dem Wert des geschenkten Geldbetrages, sondern dem Wert des Grundstücks bemessen, vorliegend also nach dem erbschaftsteuerlichen Wert der Villa.

Nach einem im Regelfall anzuwendenden →Ertragswertverfahren ergibt sich dieser Wert durch Multiplikation der in den letzten drei Jahren durchschnittlich erzielten Jahresmiete mit einem gesetzlich vorgeschriebenen Faktor von 12,5. Bei einer Jahresmiete für die Villa von insgesamt 18.000 Euro ergibt sich hiernach ein Betrag von 225.000 Euro. Dieser Betrag ist weiterhin um einen Alterswertabschlag zu mindern. Der Abschlag beträgt 0,5 Prozent für jedes Jahr seit Bezugsfertigkeit des Hauses, maximal aber 25 Prozent. Bei der Gründerzeitvilla ist somit der Höchstabschlag von 25 Prozent vorzunehmen; es ergibt sich ein Betrag von 168.750 Euro. Das ist, obwohl der Onkel seinem Neffen 600.000 Euro zur Verfügung gestellt hat, die Bemessungsgrundlage für die Schenkungsteuer. Sie beträgt (nach Abrundung, Freibetrag und Anwendung eines →Steuersatzes von 17 Prozent) nur noch 26.928 Euro. Das sind über 130.000 Euro weniger als im Fall der Geldschenkung.

Besonders günstig sind „mittelbare Gebäudeschenkungen". Hier ist der Beschenkte – etwa der Sohn – bereits Eigentümer eines Baugrundstücks und erhält von den Eltern das Geld für den Bau des Eigenheims. Dann ist der nach dem Ertragswertverfahren ermittelte →Steuerwert des Gebäudegrundstücks um den Steuerwert des unbebauten Grundstücks (80 Prozent des Bodenrichtswertes) zu mindern. Bei hohen Bodenrichtwerten kann das zu einer Bemessungsgrundlage von Null führen.

Mit vorstehendem Beispiel ist die Grundregel der Immobilienbewertung beschrieben. Wie im Steuerrecht üblich, gibt es hierzu jedoch zahlreiche Ausnahmen. Hat die Villa nur ein oder zwei Wohnungen, ist der ermittelte Betrag um einen Zuschlag von 20 Prozent zu erhöhen. Steht sie auf einem großen Grundstück in guter Lage, wird der Wert des Grund und Bodens, der mit 80 Prozent des Bodenrichtwertes zu bemessen ist, maßgeblich, sofern er über dem nach dem Ertragswertverfahren ermittelten Wert liegt. Bei eigengenutzten Immobilien ist die übliche Jahresmiete der Berechnung zu Grunde zu legen. Gleiches gilt, wenn die Immobilie Angehörigen zur Nutzung überlassen ist. Lässt sich etwa bei Fabrik- oder Werkstattgrundstücken eine übliche Miete nicht ermitteln, findet ein „gemischtes Verfahren" Anwendung, wonach Gebäude und Grund und Boden getrennt zu bewerten sind; das Gebäude mit seinem Steuerbilanzwert, der Grund und Boden mit 70 Prozent – nicht also wie sonst üblich 80 Prozent – des Bodenrichtwertes.

Eine ungünstige Ausnahme gilt für Auslandsimmobilien. Diese werden nicht mit dem Bedarfswert, sondern mit dem tatsächlichen Wert besteuert.

Weil es den Finanzämtern aber schwer fällt, den Verkehrswert etwa einer Immobilie in Chile zu bestimmen, wird auch hier aus Vereinfachungsgründen häufig auf die Ertragswerte zurückgegriffen. Wenn es sich um Betriebsvermögen handelt, wird auf die meist noch niedrigeren Steuerwerte zurückgegriffen, sofern dies im Einzelfall nicht zu unangemessenen Ergebnissen führt.

„Und dann hab' ich mit Papa einen lebenslangen Nießbrauch vereinbart ...“

4 Unternehmensnachfolgen vorziehen – mit Nießbrauchsvorbehalt

Hans Flick / Frank Hannes

Der Erwerb von Betriebsvermögen ist in besonderer Weise begünstigt. Bereits der Wert des steuerpflichtigen Erwerbs bestimmt sich nach Regeln, die meist zu niedrigeren als den tatsächlichen →Verkehrswerten führen. Das eröffnet Gestaltungsspielräume. Steht der Wert fest, kann der Erwerber ihn um einen →Betriebsvermögensfreibetrag von 225.000 Euro kürzen. Mehrere Erwerber müssen sich den Freibetrag teilen, denn der Inhaber des Betriebsvermögens hat nur einen Freibetrag zu vergeben. Wird der Freibetrag nicht ganz in Anspruch genommen, verfällt der Rest für die nächsten zehn Jahre. Damit der Freibetrag nicht sinnlos verbraucht wird, muss er ausdrücklich beantragt werden. Wer also innerhalb der nächsten zehn Jahre eine größere Schenkung plant, mit der der Freibetrag voraussichtlich ausgeschöpft wird, sollte bei kleineren Schenkungen auf die Inanspruchnahme verzichten und die Steuerfreiheit über die persönlichen →Freibeträge herstellen, die nach und nach abgebaut werden können.

Der um den Betriebsvermögensfreibetrag geminderte Wert ist sodann nochmals um einen →Bewertungsabschlag von 35 Prozent zu kürzen, was sich gerade bei größeren Vermögen, bei denen die Freibeträge nicht sehr ins Gewicht fallen und die nach einem hohen →Steuersatz besteuert werden, in besonderem Maße auswirkt. Eine vierte Privilegierung ist schließlich darin zu sehen, dass Betriebsvermögen mit einem Steuersatz besteuert wird, der demjenigen der Steuerklasse I angenähert ist. Mit diesem →Steuerklassenprivileg sind auch familienexterne Unternehmensnachfolgen durchführbar, die früher erst nach einer Adoption des Nachfolgers oder unter Einschaltung einer steuerfrei erwerbenden gemeinnützigen →Stiftung möglich waren.

Allerdings ist für die Inanspruchnahme der vorgenannten Begünstigungen Betriebsvermögen nicht gleich Betriebsvermögen. Unterschiede bestehen bereits bei der Bewertung. So bestimmt sich der Wert eines Personengesellschaftsanteils und eines Einzelunternehmens lediglich nach dem Vermögenswert. Das ist der Steuerbilanzwert, in Einzelfällen – wie zum Beispiel bei Grundbesitz und Beteiligungen – korrigiert durch erbschaftsteuerliche Bewertungsvorschriften. Hingegen bestimmt sich der Wert von Anteilen an (nicht börsennotierten) Kapitalgesellschaften nach dem so genannten →Stuttgarter Verfahren. Bei diesem Verfahren ist neben dem Vermögen auch der Ertrag des Unternehmens wertbestimmend. Insbesondere ertragreiche Unternehmen, die mit relativ geringen Vermögenswerten wirtschaften, sind bei der Vererbung in der Rechtsform der GmbH daher deutlich teurer als z.B. in der Rechtsform der GmbH & Co. KG. Eine anstehende Unternehmensnachfolge kann daher bereits aus erbschaftsteuerlichen Gründen Anlass für eine Unternehmensumwandlung bieten.

Auch was die Inanspruchnahme von Freibetrag, Bewertungsabschlag und Steuerklassenprivileg angeht, differenziert das Gesetz nach Rechtsformen. So können Personengesellschaftsanteile in jeder Größenordnung übertragen werden, während bei der Übertragung von GmbH-Anteilen die weitere Hürde hinzukommt, dass der Schenker oder Erblasser mit mehr als 25 Prozent an der GmbH beteiligt sein muss, damit der Erwerber die Privilegierung in Anspruch nehmen kann. Dies ist bei Gestaltungen zu beachten.

Der Vater, der mit beispielsweise 35 Prozent an einer GmbH beteiligt ist und seinem Sohn stufenweise Beteiligungen übertragen möchte, sollte dem Sohn nicht im ersten Schritt – was nahe liegen würde – 10 Prozent und im zweiten Schritt 25 Prozent schenken. Es empfiehlt sich vielmehr, dem Sohn zunächst 9 Prozent zu übertragen und in einem zweiten Schritt 26 Prozent. Denn nur bei letzter Gestaltungsvariante ist der Vater auch bei der zweiten Schenkung noch mit mehr als 25 Prozent an der GmbH beteiligt, und nur in diesem Fall hat deshalb der Sohn die Möglichkeit die Betriebsvermögensprivilegierungen in Anspruch zu nehmen.

Werden die Begünstigungen in Anspruch genommen, bedarf der Erwerber dringend einer „erbschaftsteuerlichen Nachbetreuung“. Das Gesetz enthält nämlich einen gefährlichen, weil sehr weit gefassten Nachversteuerungstatbestand. Hiernach entfallen die Begünstigungen rückwirkend, wenn beispielsweise das erworbene Betriebsvermögen innerhalb der nächsten fünf Jahre veräußert wird oder der Erwerber Entnahmen tätigt, die seinen Gewinnanteil um mehr als 52.000 Euro übersteigen.

Dem Bundesfinanzhof (BFH) ist die Begünstigung des Erwerbs von Betriebsvermögen schon lange ein Dorn im Auge (III/1). So versagte er in einer Entscheidung aus dem Jahre 2001 die Gewährung der →Betriebsvermögensprivilegien bei sukzessiver Aufnahme des Juniors ins Unternehmen und bei Unternehmensübertragung unter Vorbehalten wie zum Beispiel Nießbrauch oder Rückfallklauseln. Die Finanzverwaltung trat jedoch den Unternehmern zur Seite und belegte das BFH-Urteil mit einem Nichtanwendungserlass. Zwischenzeitlich hat sogar der Gesetzgeber im Sinne der Unternehmen für Gestaltungssicherheit gesorgt und ins Gesetz geschrieben, dass die Privilegien generell bei lebzeitigen Schenkungen zu gewähren sind.

Ein vor allem für Einzelunternehmer und Personengesellschafter besonders günstiges und liquiditätsschonendes Gestaltungsmittel hierzu ist die Übertragung von Unternehmensbeteiligungen unter Nießbrauchsvorbehalt. Sofort zu versteuern hat der Erwerber in diesen Fällen nur den Wert seines Erwerbs abzüglich des Kapitalwerts des Nießbrauchs. Die auf den Kapitalwert des Nießbrauchs entfallende Erbschaftsteuer wird bis zum Tode des Nießbrauchsberechtigten zinslos gestundet, kann aber auch sofort zum abgezinsten Barwert abgelöst werden.

Die Personengesellschaften sind gegenüber Kapitalgesellschaften dadurch bevorzugt, dass der volle Kapitalwert des Nießbrauchs von dem um Betriebsvermögensfreibetrag und Bewertungsabschlag geminderten Steuerwert des Unternehmens abgezogen werden kann, während bei Schenkung von Kapitalgesellschaftsanteilen eine anteilige Kürzung des Kapitalwerts des Nießbrauchs zu erfolgen hat. Zweimal schon wollte der Gesetzgeber diese Begünstigung streichen, sodass die Gunst der Stunde genutzt werden sollte.

Der 59-jährige O schenkt seinem Sohn unter Vorbehalt des lebenslänglichen Nießbrauchs (Kapitalwert: 2,3 Mio. Euro) einen KG-Anteil im erbschaftsteuerlichen Wert von 4 Mio. Euro. Schon ohne Berücksichtigung der Nießbrauchsbelastung wäre lediglich eine Schenkungsteuer von 427.263 Euro zu zahlen. Der Wert des KG-Anteils würde nämlich zunächst um 225.000 Euro und der hiernach verbleibende Restbetrag von 3.775.000 Euro um 35 Prozent auf 2.453.750 Euro gemindert. Nach Abzug des persönlichen Freibetrages von 205.000 Euro wären lediglich 2.248.750 Euro mit 19 Prozent zu versteuern, das ergibt 427.263 Euro.

Mit der Berücksichtigung der Nießbrauchsbelastung wird es noch günstiger. Zieht man nämlich von dem steuerpflichtigen Erwerb (nach Begünstigungen) in Höhe von 2.248.750 Euro den Kapitalwert des Nießbrauchs von 2.300.000 Euro ab, ergibt sich eine Bemessungsgrundlage von null, sodass im Zeitpunkt der Übertragung keine Steuer zu zahlen ist. Die errechneten

427.263 Euro werden vielmehr insgesamt bis zum Tode des nießbrauchberechtigten Vaters gestundet, können aber auch sofort zum Barwert abgelöst werden. Dann muss der Sohn – endgültig – für den gesamten Erwerb nur 163.000 Euro Schenkungsteuer zahlen.

5 Mit der Baisse Erbschaftsteuer sparen
Wertkonservierung durch Nießbrauchslösung

Hans Flick

Als Kapitalanleger einer →Baisse am Aktienmarkt etwas Positives abzugewinnen, ist sehr schwierig. Bei aller Betroffenheit ist aber die Erbschaftsteuer ein solcher erfreulicher Aspekt. Das ist jedermann leicht einsichtig, weil bei geringerer Bemessungsgrundlage infolge niedriger Aktienkursen sich die Basis der Erbschaftsteuerbelastung reduziert. Aber wer will schon wegen der Aktien-Baisse sofort sterben?

Deshalb ist der erste Gestaltungsangang, den niedrigen Baissewert für die Erbschaftsteuer möglichst für den viel späteren Todesfall zu konservieren, ihn festzuschreiben. Das ist nach unserem Recht durch eine jetzige Schenkung unter Nießbrauchvorbehalt – Gewinnanteile stehen dann weiterhin dem Schenkenden zu – tatsächlich möglich. Die Schenkung unter Nießbrauchvorbehalt erlaubt nämlich gleichzeitig, weiterhin bestimmenden Einfluss auf das Aktiendepot zu behalten und sich den notwendigen Ertrag dieses Vermögensteiles lebenslänglich zu sichern.

Diese Vorbehaltsrechte setzen sich bei entsprechender Vereinbarung auch an den Substituten fort, z.B. wenn das Depot einmal veräußert wird, am Erlös oder den damit angeschafften Immobilien. Atypische Geschehensabläufe (III/6) wie Vorversterben des Beschenkten, kann man vorausschauend, zugleich auch Erbschaftsteuer sparend, im Rahmen von Schenkungsverträgen auffangen (VIII/6). Und man kann das Ganze – wie immer bei Schenkungen – zeitlich genau planen: den Vermögensübergang auf den Tiefstpunkt der Baisse legen, der damit ohne Rücksicht auf die spätere Entwicklung des Kurswertes auch für die Beendigung des Nießbrauches so bis zum Todestag festgeschrieben ist.

Auch den Zeitpunkt der Zahlung der Erbschaftsteuer kann man zum großen Teil selbst bestimmen. Die Steuerzahlung zerfällt nämlich bei diesem Vorgang in zwei Teile: einen geringen Betrag bei Übertragung des Substanzrechtes am Anfang, den größeren Teil erst bei Wegfall des Nießbrauchrechtes im Todesfall. Auch dieser letztere Betrag geht noch auf die Bemessungsgrundlage am Anfang, den Baissewert. Dieser Teil der Steuer ist zwar letztlich voll bei Wegfall des Nießbrauches im Todesfall fällig, kann aber auch je nach eigner Liquidität vorher jederzeit nach eigener Entscheidung abgezinst gezahlt werden (III/4).

Diese Nießbrauchbestellung an Aktien in der Baisse hat noch einen zusätzlichen erbschaftsteuerlichen Effekt: Weil sonst bei Aktien oft die normalen Dividenden-Erträge den Abzugsposten des steuerlich höchst möglichen Nießbrauchwertes (5,5 Prozent des Kapitalbetrags) bei der Erbschaftsteuer nicht ausfüllen. In Baissezeiten sind die Dividendenerträge nämlich wegen der Dividendenkontinuität oft im Verhältnis zum Kurswert relativ höher.

Eine weitere – meist übersehene – Gestaltungsmöglichkeit in Zeiten der Aktienbaisse ist die Veränderung des ehelichen →Güterstandes von dem immer falschen Güterstand der →Gütertrennung in den richtigen Güterstand der nach individuellem Bedarf modifizierten →Zugewinngemeinschaft (III/2). Rechnet man nämlich mittel- oder langfristig mit einer Erholung des Aktienmarkts, ergibt sich auf diese Art und Weise erbschaftsteuerlich die Möglichkeit einer zukünftig steuerfreien Versorgung des schwächeren Ehepartners, weil der im Todesfall an ihn gehende Zugewinn erbschaftsteuerfrei ist, während dessen Versorgung bei Gütertrennung erbschaftsteuerpflichtig ist. Natürlich wird man – wie immer bei vorgezogener Nachfolgeregelung – in Schenkungsverträgen rechtlich Vorsorge für alle Eventualitäten treffen (III/6).

6 Wenn in der „falschen Reihenfolge gestorben“ wird

Alternativer Geschehensabläufe berücksichtigen

Hans Flick / Frank Hannes

Die meisten →Testamente sind erfahrungsgemäß bei ihrer Eröffnung veraltet. Sie bedenken Personen, die vor dem Erblasser verstarben oder in Ungnade gefallen waren. Zuweilen verteilen die Testamente auch ein Vermögen, das am Todestag nicht mehr vorhanden ist. War die Erbregelung einstmals zwischen den Erben wohl austariert, wirkt sie jetzt infolge der persönlichen oder sachlichen Änderungen insgesamt ungerecht. Optimale Steuergestaltungen verkehren sich in Steuernachteile. Auch nach dem Tode des Erblassers kann also eine Erbregelung noch schiefgehen. Ein Beispiel: Der als Unternehmensnachfolger ausersehene Sohn lässt sich scheiden und verstirbt ohne ein Testament zu hinterlassen (II/2). Unternehmenserben werden seine minderjährigen Kinder, wobei die Gesellschaftsanteile in die Vermögenssorge der geschiedenen Mutter fallen. Versterben die Kinder vor der Mutter, wird diese deren Erbe – die anderen Kinder des Erblassers „gucken in die Röhre“.

Eine Entscheidung des Bundesverfassungsgerichts (Urteil vom 28.20.1997) macht das Problem in seiner erbschaftsteuerlichen Auswirkung deutlich: Der Vater hatte seinem Sohn im Wege der →vorweggenommenen Erbfolge eine stille Beteiligung an seiner KG im Werte von umgerechnet 1 Mio. Euro geschenkt. Der Sohn verstarb überraschend, alleiniger Erbe wurde sein ihn überlebender Vater. Das Finanzamt ließ zwar bei der Erbschaftsteuerveranlagung die stille Beteiligung als Rückfall eines geschenkten Gegenstandes an den Schenker steuerfrei, unterwarf jedoch die zwischenzeitlich hinzuerworbenen Gesellschaftsbeteiligungen und das Darlehenskonto in der KG voll der Erbschaftsteuer, was eine Steuerlast von rund 1 Mio. Euro bedeutete. Dagegen wandte sich der Vater durch drei Gerichtsinstanzen – erfolglos. Im Leitsatz des Gerichts wird dieser Fall mit Recht als „fehlgeschlagene vorweggenommene Erbfolge“ bezeichnet.

Hätte der ursprüngliche Schenkungsvertrag zwischen Vater und Sohn einen Widerrufsvorbehalt für den Fall des Vorversterbens des Kindes enthalten, wäre der gesamte Rückerwerb steuerfrei geblieben – eine Steuerersparnis in Höhe von 1 Mio. Euro. Darüber hinaus hätte der Vater auch noch die bei der ursprünglichen Schenkung gezahlte Erbschaftsteuer zurück erhalten – ein massiver Fehler des Schenkungsvertrages.

Aber nicht nur in erbschaftsteuerlicher Sicht erweisen sich Widerrufsvorbehalte in Schenkungsverträgen (VIII/6) als nützlich, um alternativen Geschehensabläufen vorzubeugen:

In dem auch durch die Presse bekanntgewordenen Benteler-Fall hatte der Vater, Seniorchef eines Familienkonzerns, seinem als Nachfolger auserkorenen Sohn per Schenkung als Kommanditisten in sein Unternehmen aufgenommen. Der Sohn – bis dahin als leitender Angestellter im Unternehmen tätig – versuchte nun in der Folgezeit, seinen Vater aus der Unternehmensleitung herauszudrängen. Hierzu unternahm er zahlreiche Maßnahmen, die dazu dienen sollten, den Vater unter Druck zu setzen. Dies gipfelte darin, dass er in einem Ermittlungsverfahren wegen Steuerhinterziehung vor der Staatsanwaltschaft gegen den Vater unnötig belastende Angaben machte. Der Vater nahm dies zum Anlass, die geschenkte Unternehmensbeteiligung „wegen groben Undanks“ zurückzufordern. Das war jedoch nicht so einfach. Der Vater musste klagen. Der Prozess durch drei Instanzen dauerte zehn Jahre. Es gewann schließlich der Vater. Aber darauf kam es wohl nicht mehr an. Die Familie war zerstört und die Unternehmensnachfolge gescheitert.

Die langwierigen und folgenreichen Streitigkeiten hätten vermieden werden können, wenn der ursprüngliche Schenkungsvertrag ein leicht objektiv feststellbares Widerrufsrecht für den Vater enthalten hätte, etwa einen Vorbehalt für den Abschluss eines unternehmensnahen Studiums zum Diplom-Kaufmann und eine dreijährige Bewährung in einem fremden Unternehmen.

Dass der Fall Benteler kein Einzelfall ist, zeigt ein Urteil des Bundesgerichtshofes (Urteil vom 04.12.2001). In dem dort entschiedenen Fall ging es darum, dass ein Vater von seinem Sohn den ihm geschenkte KG-Anteil zurückforderte – der Sohn hatte ein Konkurrenzunternehmen gegründet. Auch hier erwies sich die Rückforderung als schwieriges Unterfangen: Das Gericht wägte sogar ab, inwieweit sich der Sohn durch den angeblich autoritären Führungsstil des Vaters verletzt gefühlt haben könnte.

Grober Undank des Beschenkten durch schwere Verfehlungen gegen den Schenker oder einen nahen Angehörigen des Schenkers begründet zwar ein gesetzliches Rückforderungsrecht. Die Rückgabe ist bei diesem gesetzlichen Rückgabeanspruch erbschaftsteuerfrei; die auf die frühere Schenkung gezahlte Erbschaftsteuer wird erstattet. Wie wir sahen, ist ein solcher Anspruch jedoch wegen seiner subjektiven Seite nur schwer zu beweisen – er erfordert in aller Regel langwierige Rechtsstreite. Es ist deshalb empfehlenswert, vertraglich leicht feststellbare Rückforderungsrechte zu begründen, die praktisch bedeutsamer und leichter durchzusetzen sind als das gesetzliche Rückforderungsrecht. Auf diese Art werden quasi neue Steuerbefreiungstatbestände für untypische Geschehensabläufe geschaffen. Die Vereinbarung von Rückforderungsrechten muss allerdings immer schon im Schenkungsvertrag selbst erfolgen. Im Falle nachträglicher Vereinbarungen oder entsprechender testamentarischer Verfügungen kann bei einer späteren Durchsetzung des Rückforderungsanspruchs keine Erstattung der ursprünglich gezahlten Schenkungsteuer verlangt werden

Vertragliche Rückforderungsrechte können bei der Vereinbarung auflösender Bedingungen entstehen. In der Praxis werden diese mit einer Ersatzlösung kombiniert, die unter einer aufschiebenden Bedingung steht. So kann beispielsweise vereinbart werden, dass der jüngste Sohn die Anteile von seinem Vater erhält, wenn der zunächst beschenkte ältere Sohn unerwartet noch vor seinem Vater versterben sollte. Als weiteres Gestaltungsmittel kommt die Vereinbarung von Rücktrittsrechten in Betracht. Bei Maßnahmen vorweggenommenen Erbfolge ist eine Widerrufsklausel zur Absicherung des Schenkers üblich. Bei Testamenten schließlich ergeben sich entsprechende Regelungsmöglichkeiten durch die Benennung von →Ersatz- oder →Nacherben oder die Anordnung auflösend und aufschiebend bedingter →Vermächtnisse.

Widerrufsvorbehalt und vertragliches Rücktrittsrecht haben den Vorteil, dass der Schenker in der Entscheidung, die Schenkung rückabzuwickeln, frei bleibt. Bei der auflösenden Bedingung geschieht dies automatisch. Dafür kann die auflösende Bedingung wirksam vor Zwangsvollstreckungsmaßnahmen in bewegliches Vermögen schützen. Als Gründe für eine Rückabwicklung kommen regelmäßig das Vorversterben des Beschenkten vor dem Schenker, die Insolvenz des Beschenkten oder eine Zwangsvollstreckung in den Schenkungsgegenstand, die Scheidung, im Bereich der Unternehmensnachfolge die Nichtvollendung einer beruflichen Qualifikation in bestimmter Frist oder die nachhaltige Einstellung der aktiven Mitarbeit des Beschenkten im Unternehmen in Betracht. Grundsätzlich zulässig sind auch freie Widerrufsvorbehalte. Der Schenker kann dann ohne jede Begründung die Schenkung rückabwickeln. Wegen der Willkürmöglichkeiten und ihren psychologischen Folgen sind solche Klauseln aber nicht empfehlenswert. Bei Unternehmensnachfolgen haben sie zudem den steuerlichen Nachteil, dass der Beschenkte die Priviligierungen für den Erwerb von Betriebsvermögen (III/1, Bewertungsvorteile, →Freibetrag, →Bewertungsabschlag, →Steuerklassenprivileg) nicht in Anspruch nehmen kann.

„Es ist sein Lieblingsspielzeug ...“

7 Das Überspringen einer Generation bei der Erbfolge lohnt sich

Hans Flick / Christian von Oertzen

Das Überspringen einer Generation bei der Erbregelung ist besonders erbschaftsteuersparend. Eine solche langfristige Regelung macht es möglich, neben der persönlichen Vervielfältigung der Vermögensübergänge auch die Werte über einen längeren Zeitraum zu konservieren. Allerdings erfordert diese Langfristigkeit auch ein Bedenken möglicher alternativer Geschehensabläufe (III/6) bei der Erbregelung sowie eine regelmäßige Kontrolle. Als Lohn für diese Mühe kann der Erblasser jedoch für sich in Anspruch nehmen, weit vorausschauend alles geregelt zu haben.

Das Motiv für eine solche Regelung liegt meist in dem Gefühl, dass die Kinder – vielleicht mit Starthilfe der Eltern – bereits ausreichend versorgt sind, dass aber die Enkelkinder bei der Bildung und dem Berufsstart eine erhöhte Unterstützung nötig haben könnten. Ein Beispiel: Der Großvater ist Eigentümer eines Wohn- und Geschäftshauses; die jährliche Nettokaltmiete beträgt 150.000 Euro, der →Steuerwert (abgerundet) 1,4 Mio. Euro, der →Verkehrswert 3 Mio. Euro. Ginge das Haus unmittelbar an seinen Sohn, so entstünde bei Verbrauch des persönlichen →Freibetrages durch Vorschenkungen eine Erbschaftsteuer in der →Steuerklasse I von 19 Prozent (beziehungsweise 267.178 Euro). Ginge das Gebäude nach weiteren 30 Jahren bei sonst unveränderten Umständen vom Sohn auf den Enkel über, würde sich der Steuerwert nach heutiger amtlicher Planung wahrscheinlich auf 80 Prozent des Verkehrswertes erhöht haben. Damit entstünde eine weitere Erbschaftsteuer wieder in der Steuerklasse I von 417.050 Euro. Auf dem zweistufigen Weg vom Großvater zum Enkel wären also insgesamt 684.228 Euro Erbschaftsteuern angefallen.

Würde der Großvater dagegen das Haus sofort seinem Enkel übertragen, würde für diesen Übergang bei gleicher Steuerklasse nur einmal Erbschaftsteuer anfallen, nämlich ebenfalls in der günstigsten Steuerklasse I die 19 Prozent, was 267.178 Euro entspricht. Die spätere zweite Erbschaftbesteuerung vom Sohn auf den Enkel mit dem dann möglicherweise erhöhten Erbschaftsteuerwert entfiele. Die dadurch ersparte Erbschaftsteuer wegen des Überspringens einer Generation würde sich auf 417.050 Euro summieren. Natürlich muss man zur Ermittlung des tatsächlichen Vorteils diesen Betrag wegen der späteren Fälligkeit noch abzinsen. Optimieren lässt sich die Schenkung, wenn der Großvater steuersparend die Erbschaftsteuerzahlung selbst übernimmt (III/2).

Selbstverständlich sollte der Erblasser bei einer solchen Regelung von der Möglichkeit Gebrauch machen, die Verwaltung dieses geschenkten Vermögens zunächst sich selbst und auch danach noch für eine bestimmte Zeit dem Sohn vorzubehalten. Auch sollte man vorher mit dem Sohn und der Schwiegertochter sprechen, um Verständnis für die Entscheidung zu wecken (IV/4). Natürlich kann man die Gestaltungen noch verfeinern, etwa in Form eines Nießbrauchvorbehaltes für den Sohn, wobei allerdings die einkommensteuerlichen Folgen im Einzelfall zu beachten sind. So geht beispielsweise beim Zuwendungsnießbrauch an einer Immobilie die Abschreibungsmöglichkeit (→AfA) verloren. Der Nießbraucher ist nicht abschreibungsberechtigt, weil er keine Anschaffungskosten hatte, und der Eigentümer (dann Enkel) kann keine AfA geltend machen, weil er wegen der Nießbrauchsbelastung keine Einkünfte erzielt. Ein anderes Gestaltungsmittel ist die Gründung einer Familiengesellschaft unter Beteiligung der Enkel, aber mit Sonderrechten für die Kinder. Die Gestaltung lässt sich optimieren, wenn die Vermögensübergänge vervielfältigt werden: Nicht nur der Großvater, auch die Großmutter vollzieht eine Schenkung – eventuell nach vorgezogenem Zugewinnausgleich.

Weitere Erbschaftsteuerersparnisse ergeben sich, wenn man das zu übertragende Vermögen in eine →gewerblich geprägte Personengesellschaft, also eine GmbH & Co KG einbringt, um den zusätzlichen Freibetrag von 225.000 Euro sowie den →Bewertungsabschlag von 35 Prozent in Anspruch zu nehmen. Dann sollte jedoch eine langfristige Anlage geplant sein. Außerdem müssen die ertragsteuerlichen Konsequenzen (V/1) bedacht werden.

Will man den Enkelkindern nicht nur einen kleinen Anteil am Vermögen zukommen lassen, sondern individuelle Anreize und Hilfen für Erziehung, Bildung, Existenzgründung, Hausstandsgründung oder Hausbau schaffen, empfiehlt sich die Gründung eines Enkelfonds (VII/3). Eine solche Gestaltung ist längerfristig angelegt, bedarf dementsprechend umsichtiger Vorsorge für alle Wechselfälle des Lebens, erfordert andererseits eine relativ geringe Kapitalbindung und ist letztlich im Hinblick auf die Nachkommen intelligenter und angenehmer. Nach vollzogenem Schenkungs- beziehungsweise Testamentsakt kann man sich auf jeden Fall zufrieden zurücklehnen und mit Gelassenheit zuschauen, wie sich der Enkel in den kommenden Jahrzehnten entwickeln und dabei selten unter Geldmangel leiden wird.

IV

Persönliche Aspekte der Erbfolge

1 Nichtstun ist für Senioren bei Erbschaftsfragen keine Option

Hans Flick / Frank Hannes

Die eigene Sicherheit ist das höchste Ziel potenzieller Erblasser. Sie fürchten, im Alter zu verarmen. Dieses Verarmungssyndrom ist oft übertrieben, hat aber durch den Verfall der Börsenwerte in den letzten Jahren erhöhte Aktualität erlangt. Die Senioren befürchten, später von den Kindern abhängig und von ihnen gar „herumkommandiert“ zu werden. Die Konsequenz solcher Befürchtungen ist: „Man zieht sich nicht aus, bevor man zur letzen Ruhe gebettet wird.“ Die irrationale Schlussfolgerung, die die meisten daraus ziehen, ist ein Vorwand dafür, nichts zu tun, nichts zu schenken, kein →Testament zu machen oder nur eines, das den letztversterbenden Ehegatten durch ein →Berliner Testament scheinbar total absichert. Doch ist dies ein Testamentstyp, der besonders streitprovozierend (II/1) wirkt, regelmäßig den überlebenden Ehegatten unter Druck setzt und ihm das Leben schwermacht.

Dabei macht gerade das Sicherheitsbedürfnis der Senioren (IV/8) aus rationalen Gründen eine frühzeitige, immer wieder angepasste Erbfolgeplanung nötig. Richtig bemessen und vorausschauend konditioniert, hat in ihr auch eine teilweise →vorweggenommene Erbfolge ihren versorgungssichernden und streitvermeidenden Platz. Der erste Schritt in jeder langfristigen Erbfolgeplanung auch zur Absicherung der Senioren ist eine Vermögensbestandsaufnahme und eine Einkommensvorausschätzung für alle weiteren Lebensphasen, auch für schlechte Zeiten (Pflegefall). Dabei sollte man von der statistischen Lebenserwartung ausgehen und versuchen festzustellen, ob die Vermögenssubstanz angegriffen werden muss oder ob die zu erwartenden Erträge zur sicheren Versorgung ausreichen werden. Bei diesen Berechnungen wird erfahrungsgemäß meist schon der heutige Bedarf unterschätzt. Für den Notfall sollte man mit einer Verdoppelung des Bedarfs rechnen. Beim Vermögen muss man neben den laufenden Steuerabzügen zusätzlich die Abgänge durch güterrechtliche Ansprüche, durch Pflichtteilsansprüche und durch Steuern berücksichtigen. Daraus ergibt sich umgekehrt zur Erhaltung der Einkünfte die Notwendigkeit einer Minimierung solcher Risiken, deren präventive Reduzierung und eine mögliche Streitfreistellung.

Schon hier zeigt sich, dass Sicherheit für Senioren rechtzeitige Erbfolgeplanung erfordert. Denn derartige Ansprüche, die nach meist streitigen →Verkehrswerten zu berechnen sind und sofort beim Erbfall fällig werden, können Vermögensminderungen herbeiführen, insbesondere Liquidität absaugen und zur Vermögensversilberung zur Unzeit zwingen. Das gilt insbesondere bei falschem →Güterstand (→Gütertrennung) und fehlenden →Pflichtteilsverzichten. Bei richtiger Planung mit richtigem Güterstand (III/2, modifizierte →Zugewinngemeinschaft) und fairem Pflichtteilsverzicht (I/9) wird dieser Bereich planungssicher und streitfrei. Besonders gefährlich für die Sicherheit ist das weit verbreitete gemeinschaftliche →Ehegattentestament (II/1). Es kann zu Rechtfertigungsverpflichtungen des überlebenden Ehegatten führen und Pflichtteilsansprüche der Kinder provozieren, insbesondere von solchen aus erster Ehe. Darüber hinaus verschafft es der Familie oft unnötige erbschaftsteuerliche Belastungen. Bei vorweggenommener Erbfolge durch Schenkungen ist im Hinblick auf die spätere Sicherheit der Schenker Umsicht geboten (VIII/6). Zwar sieht schon das Gesetz vor, dass Geschenktes vom Beschenkten zurückgegeben werden muss, wenn der Schenker später in Not gerät. Die Praxis zeigt jedoch, dass dieser Rückgabeanspruch nur schwierig zu realisieren ist. Deshalb sollte jede Schenkung durch schriftlichen Vertrag abgesichert (III/6) werden, in dem weit gehende Widerrufsrechte an konkrete, leicht objektiv feststellbare Merkmale geknüpft oder gar ins freie Belieben des Schenkers gestellt sind. Vorbehaltene Rechte und derartige Widerrufsrechte sind nicht nur zu vereinbaren, sondern möglichst auch dinglich abzusichern.

Ein höchstrichterlich entschiedener Fall zeigt die Problematik auf: Die schon ältere, ledige Tochter hatte die Eltern rührend gepflegt; sie sollte deshalb deren Hauptvermögen, das selbstbewohnte Elternhaus, erben. Aufgescheucht durch die Debatte um die Erhöhung der →Einheitswerte beschlossen die Eltern, Erbschaftsteuer zu sparen und ihr Haus schon lebzeitig auf die Tochter schenkweise zu übertragen. Alle Beteiligten gingen davon aus, dass danach alles beim Alten blieb: Die Eltern wohnen weiterhin in dem Haus, die Tochter pflegt sie bis an ihr Lebensende. Ein →Wohnrecht wurde nicht eingetragen. Die Tochter war nun offensichtlich attraktiver geworden, sie heiratete und versuchte, die Eltern aus dem Hause zu drängen.

Eine Lehre aus diesem Beispiel ist, nichts Unvernünftiges wegen der Steuern zu tun. Und unvernünftig ist es immer, die eigengenutzte Wohnung zu verschenken. Die zweite Lehre ist, bei jeder Schenkung Widerrufsvorbehalte zu vereinbaren und sich Nutzungsrechte (→Wohnrecht, →Nießbrauch) vorzubehalten und dinglich abzusichern. Klug ist es auch, sich in den laufenden Bezügen nicht von den Kindern abhängig zu machen. Daher sollte das auf den Ehegatten übergehende Vermögen so bemessen werden, dass dieser nicht nur den normalen Lebensunterhalt bestreiten, sondern auch einen etwaigen Sonderbedarf (Altenheim) finanzieren kann. Und für kleine Geschenke an die Enkel sollte auch noch etwas vorhanden sein. Und schließlich sollte man nie alles verschenken. Nichts erhöht die Dankbarkeit der Erben mehr, als wenn man noch etwas zu vererben hat.

„Onkel Herbert hätte seinen letzten Willen genauer formulieren sollen...“

2 Gleichmäßige Erbteilung auf Kinder

Ein einfacher Grundsatz mit komplizierten Randproblemen

Hans Flick / Detlev J. Piltz

Wenn es erbrechtlich darum geht, welche Kinder letztlich nach beiden Eltern Erbe des Familienvermögens werden sollen, wird im Allgemeinen gleichmäßig nach Köpfen geteilt. Sind zum Beispiel zwei Kinder vorhanden, werden sie im →Berliner Testament je zur Hälfte als →Schlusserben eingesetzt. Dabei sind die Erblasser nach dem BGB eigentlich grundsätzlich frei, das Vermögen unterschiedlich auf die Kinder zu verteilen. Die Grenze zieht das deutsche Gesetz erst beim →Pflichtteil, der jeweils den halben →Erbteil des Vermögensempfängers ausmacht und jedem Kind nach dem Erbfall, wenn es ihn geltend macht, sofort und in bar zusteht. Die gegenüber den Kindern pflichtteilsfreie Verfügungsmasse nach dem letztversterbenden Ehegatten ist also bei zwei Kindern die Hälfte des Vermögens des Erblassers, die andere Hälfte ist jeweils hälftig der obligatorische Pflichtteil der beiden Kinder. Praktisch bedeutet dies, dass äußerstenfalls ein Kind drei Viertel des Erbteils bekommen kann, während das andere nur den Pflichtteil von einem Viertel erhält.

Diese Pflichtteilsgrenze für die freie Verfügbarkeitsquoten der Eltern kann allerdings durch notarielle →Pflichtteilsverzichte der Kinder aufgehoben werden. Streben also Eltern eine größere als die gesetzlich vorgesehene freie Verteilungsquote an, weil sie einem Kind wesentlich mehr zukommen lassen oder ein anderes enterben wollen, so müssen sie versuchen, notarielle Pflichtteilsverzichte ihrer Kinder zu erlangen. Schwierige Verteilungsfragen ergeben sich, wenn Eheleute Kinder aus mehreren Ehen haben. Auch entstehen Probleme, wenn die Versorgung der zweiten Ehefrau in Konkurrenz zu den Erbteilen der Kinder früherer Ehen tritt. Dann ist regelmäßig ein →Testamentsvollstrecker angezeigt, der die streitenden Erbengruppen bei Verwaltung und Verteilung des →Nachlasses auf gleichem Abstand hält.

Es erscheint uns allgemein eine gute Regel zu sein, die vom Gesetz vorgesehene gleichmäßige Verteilung auf die Kinder grundsätzlich nur insoweit zu ändern, als den Kindern mindestens jeweils ein Erbteil zugesprochen wird, der der Höhe ihres Pflichtteils entspricht, selbst wenn sie auf den Pflichtteil verzichtet haben. Bei näherer Überlegung ergeben sich allerdings oft gewisse Zweifel an der Vernunft gleichmäßiger Verteilung auf die Kinder. Muss man dabei nicht deren unterschiedliche Vermögens- und Einkommenssituation berücksichtigen? Sollte nicht die geschiedene, kranke verarmte Tochter mehr bekommen als der wohlsituierte Sohn? Und muss man dabei nicht nur die derzeitige Situation betrachten, sondern auch die mögliche Entwicklung? Bejaht man diese Fragen, muss man dem überlebenden Ehegatten für später eine größere Dispositionsmöglichkeit einräumen, die das gemeinschaftliche →Ehegattentestament (II/1; IX/3) gewöhnlich ausschließt.

Eine weitere Frage ist in diesem Zusammenhang, ob bei der erbrechtlichen Vermögensverteilung auf die Kinder auch die Zahl der Enkelkinder berücksichtigt wird. Soll das kinderlose Kind schlechter gestellt werden als die anderen, etwa durch die mögliche Bestellung einer →Nacherbschaft zu Gunsten seiner Neffen und Nichten? Diese totale, erbrechtliche Realisierung des „Blutweges" erscheint uns zu herb. Auch dem kinderlosen Kind sollte die erbrechtliche Verfügungsmacht über seinen Anteil am Familienvermögen ermöglicht werden.

Quotenvariationen werden auch im Hinblick auf die Enkelkinder, oftmals der Stolz der Großeltern, überlegt. Sie werden – auch aus steuerlichen Gründen – von den Großeltern schon unmittelbar bedacht (III/7). Eine Differenzierung kann sich auch hier nach den individuellen Bedürfnissen ergeben, etwa bei behinderten Enkelkindern oder bei besonders hohen Erziehungskosten. Eine weitere Problematik der gleichmäßigen Erbteilung bietet die Berücksichtigung von Vorschenkungen. Sie ist direkt nur möglich, wenn sie schon im Schenkungsvertrag vorgesehen war. Sonst muss sie über die Kürzung der →Erbquote im →Testament erfolgen, endet aber gegebenenfalls bei der Pflichtteilsquote. Weil diese Anrechnung von Vorschenkungen später besonders streitanfällig ist, behalten wir sie zwar im Schenkungsvertrag vor, heben diese Anrechnungsmöglichkeit dann aber testamentarisch auf.

Häufig wird die Volljährigkeit der Kinder mit ihrer freien Verfügung über das ererbte Vermögen als kein ausreichender Selbstschutz für die Erben erachtet. Deshalb wird eine längere →Testamentsvollstreckung vorgeschrieben. Von der 30-jährigen „entmündigenden" Testamentsvollstreckung raten wir dabei immer ab, da sie besonders demotivierend ist. Wir neigen zu einer Grenze von 27 bis 30 Jahren des Bedachten, die wir – für den Fall früherer Beendigung des Studiums – zeitlich herabsetzen. Auch raten wir, persönliche Initiativen wie Familiengründung, Eigenheimbau und Existenzgründung des Erben – am besten durch →vorweggenommene Erbfolge – zu fördern.

„Wenn Sie das bitte für mich erledigen…“

3 Mit Testament lebt man länger – ohne Testament stirbt man länger!

Hans Flick / Detlef J. Piltz

Die erstaunliche Tatsache, dass weniger als 30 Prozent der Deutschen ein Testament hinterlassen, hat ihre Ursachen in einer unterbewussten Abscheu. Sie geht auf die Urangst zurück, dass man damit die eigene Sterblichkeit vor Augen geführt bekommt. Die niedrige Testamentsquote ist kein spezielles deutsches Phänomen, sondern eine allgemeine Erscheinung. In den Vereinigten Staaten liegt die Testamentsquote auf einem ähnlichem Niveau. Wie primitiv aus dem Unterbewussten argumentiert wird, zeigt die Meinung eines amerikanischen Dichters. Er habe schon immer gewusst, dass alle Menschen sterblich seien. Er habe nur geglaubt, für ihn persönlich gelte eine Ausnahme. Während Pablo Picasso seine Unterschrift unter das für ihn vorbereitete Testament abergläubisch verweigerte, „um nicht sein Todesurteil zu unterzeichnen", beteuert Woody Allen feinsinnig, dass er zwar keine Angst vor seinem eigenen Tode habe, er aber nur nicht mit dabei sein wolle.

Es gibt eine umfangreiche Sammlung von Ausreden, die ein fehlendes Testament rechtfertigen sollen. Sie lassen erkennen, wie unangenehm es ist, das reale Erfordernis zu leugnen. Falsch ist insbesondere der Einwand, die bei fehlendem Testament eintretende →gesetzliche Erbfolge werde die Sache schon richten. Dies ist ein Irrglaube, der unberücksichtigt lässt, dass die Erben dann verfahrensmäßig zusammen in eine →Erbengemeinschaft fallen, die nur einstimmig wichtige Verwaltungsentscheidungen treffen kann. Dies führt zur Auseinandersetzungsvollstreckung, wenn nur ein →Miterbe der geplanten Erbteilung widerspricht. Gehört zur Erbmasse ein Unternehmen oder ein größeres Vermögen, kann dies zur Erstarrung oder gar Zerschlagung der Firma oder des Vermögens führen. Die Erbengemeinschaft ist besonders gefährlich, wenn einer der Erben minderjährig ist. Dann redet nämlich bei diesen Fragen der Amtsvormund mit. Und wer sich auf die gesetzliche Erbfolge verlässt, enthebt sich natürlich auch jeder Gestaltungsmöglichkeit, die das Erb- und Familienrecht einräumen. So haben unterschiedliche →Güterstände auch unterschiedliche Erbquoten zur Folge. In der →Gütertrennung erbt die Ehefrau weniger und die Kinder mehr als in der →Zugewinngemeinschaft.

Als gute „Überrumpelungstaktik" gilt in der Praxis, bei einem ersten Beratungsgespräch nach Darlegung der katastrophalen Folgen der derzeitigen Situation dem Klienten unter Hinweis auf die Unfallgefahren der Rückreise zu raten, ein Sofort-Testament zu schreiben. Die Erkenntnis, dass man dieses Testament jederzeit ändern kann, löst manchen Krampf. Das stärkste Mittel, um die Testamentsphobie zu überwinden, ist erfahrungsgemäß die Aktivierung einer anderen modernen Phobie – der Angst vor Steuern. Die allgemeinen Reaktionen auf die Ankündigung von Werterhöhungen bei der Bewertung des Grundbesitzes (III/3) und der jetzt in Frage gestellten günstigeren Bewertung von Unternehmen und Grundstücken (III/1) sowie forst- und landwirtschaftlichem Besitz zeigen diesen Reflex deutlich. Diese unbewusste Abwehrreaktion, die bei den ertragsteuerlichen Steuersparmodellen, den Abschreibungsgesellschaften (V/2) und der Flucht in Steueroasen zu mehr Vermögensverlusten als zu Steuerersparnis geführt hat, lässt sich nämlich – ohne dass dies allgemein erkannt ist – durch rechtzeitige und langfristige Erbfolgeplanung bei der Erbschaftsteuer mit viel höherer Sicherheit realisieren. Die Steuerphobie hat schon oft zu einer bedachten Erbregelung geführt.

Erfahrungsgemäß dauert es von der ersten ernsthaften Ansprache mit der Überzeugung, dass Handlungsbedarf besteht, noch etwa 5 Jahre, bis das Projekt Erbfolge wirklich angepackt wird. Der IKEA-Gründer hatte mit 76 Jahren verkündet, dass er jetzt die Unternehmensnachfolge regeln würde. Eine endgültige Entscheidung werde jedoch erst in einigen Jahren fallen. Zusätzliche und in Einzelfällen unüberwindliche Schwierigkeiten gibt es bei schwierigen Familienverhältnissen, wenn es etwa notwendig wird, sich mit den Kindern aus erster Ehe zum Schutze der zweiten Ehefrau wegen eines Pflichtteilsverzichtes auseinander zu setzen.

Ein unangenehmer Wecker aus der bisherigen Inaktivität können der plötzliche Tod im unmittelbaren Bekanntenkreis oder eine eigene Krankheit sein. Die Diagnose Krebs, die ersten Anzeichen von Parkinson, ein Schlaganfall, ein Herzinfarkt zwingen zum Handeln auch hinsichtlich der Erbfolge in einem schwierigen Umfeld, in Eile, vielleicht auch zu spät. Das Gefühl, die Erbfolgeregelung rechtzeitig und gut beraten unter Berücksichtigung alternativer Geschehensabläufe (III/6) durchgezogen zu haben, hat zusätzlich einen überaus befriedigenden Effekt. Man lebt zufriedener in dem Bewusstsein, der Familie und der Nachwelt das Bild einer weitsichtigen und gerechten Persönlichkeit hinterlassen zu haben.

4 Geheime Kommandosache des Erblassers oder Mitbestimmung der Erben

Hans Flick / Frank Hannes

Beachtliche Unsicherheit herrscht bei allen Beteiligten über den interfamiliären Umgang mit der Erbfolgeregelung. Von vielen potenziellen Erblassern wird die Testamentserrichtung gegenüber den Kindern – und manchmal auch gegenüber den Ehegatten – als „geheime Kommandosache" behandelt; andererseits fordern potenzielle Erben mehr oder minder deutlich und oft sogar bedrängend von den Eltern Mitbestimmung bei deren Erbregelung.

Beide Verhaltensweisen verursachen zwangsläufig spätere Erbstreitigkeiten und Familienzwist. In dieser Frage den richtigen Mittelweg zu finden, verlangt auf der einen Seite eine kluge Informationspolitik des Erblassers, die den späteren Überraschungsknall durch frühzeitige Motiverläuterung vermeidet; auf der anderen Seite wird von den Kindern gegenüber den Eltern ein gewisses Taktgefühl erwartet, das grundsätzlich die freie Willensentscheidung des Erblassers („mein letzter Wille"), wie sie das deutsche Erbrecht bis zur Grenze des →Pflichtteils vorsieht, respektiert.

Es ist überaus sinnvoll, wenn der Erblasser, nachdem er – gut beraten – seinen letzten Willen gefasst hat, und bevor er ihn umsetzt, seine potenziellen Erben über Grundzüge und Motive informiert. Er wird zum Beispiel aufzeigen können und regelmäßig auch auf Verständnis stoßen, dass erstes Ziel seiner Nachfolgeplanung die Sicherung der Altersversorgung des überlebenden Ehegatten (IV/8) ist; dies gilt vor allem für die Kosten und die Gewährleistung einer ausreichenden Fürsorge bei einem eventuell eintretenden Pflegefall. Der Erblasser kann in diesem Zusammenhang seinen Erben klarmachen, dass deshalb möglicherweise ein Teil des vorhandenen Vermögens verbraucht werden muss. Auch andere Ziele können in den Vordergrund treten, wie die Bevorzugung eines besonders versorgungsbedürftigen Familienmitglieds, der Erhalt des Unternehmens oder auch die Förderung gemeinnütziger Zwecke. Meist werden mit einer Nachfolgeregelung gleich mehrere Ziele verfolgt, allerdings mit unterschiedlichen Prioritäten. Auch die Rangfolge seiner Ziele sollte der Erblasser erläutern, zum Beispiel dass der Fortbestand seines Unternehmens vor allem gesichert werden soll, dass dahinter die Familie etwas zurücktreten muss, allerdings letztlich in eigenem Interesse, da das Unternehmen als hauptsächliche Ertragsquelle die Versorgung der Familie sichert. Der Erblasser wird erklären, dass einerseits die einheitliche Willensbildung im Unternehmen gewährleistet werden muss, dass aber auch die nur kapitalistisch am Unternehmen Beteiligten angemessen am Ergebnis partizipieren und eine faire Ausscheidenschance erhalten sollten, die das Unternehmen nicht übermäßig schwächt. Er wird weiter erläutern, weshalb und wie Fremdeinflüsse jeder Art auf das Unternehmen vermieden werden.

Den potenziellen Erben sollte aber auch eröffnet werden, womit sie zu rechnen haben. Das muss nicht betragsmäßig erfolgen, sondern kann auch in Anteilen am Nachlassvermögen ausgedrückt werden. Dabei ist es allerdings häufig erforderlich, die Erben über die tatsächlichen Werte des Nachlassvermögens aufzuklären. So wird der Wert eines zum →Nachlass gehörenden Unternehmens gerade von Erben, die nicht im Unternehmen tätig sind, meist deutlich zu hoch geschätzt. Notwendige Wertabschläge für das vom Unternehmensnachfolger mitübernommene Unternehmensrisiko und latente Steuerbelastungen werden hier häufig vergessen. Eine Plausibilisierung der im Rahmen der angestrebten Gleichstellung unter den Kindern angesetzten Unternehmenswerte durch externe Berater kann hier späterem Streit vorbeugen.

Durch rechtzeitige Schenkungen (I/4) sollte den zukünftigen Erben die Möglichkeit gegeben werden, sich in der Verwaltung von Vermögen zu üben und ihre Gesellschafterrechte kraftvoll, aber auch umsichtig auszuüben. Derartige lebzeitige Schenkungen können dann auch gleichzeitig die Initialzündung für einen fairen Pflichtteilsverzicht (I/9) sein. Falls es zur Durchsetzung der Ziele des Erblasssers notwendig ist, sollten nämlich von den Erben faire Pflichtteilsverzichte (vielleicht gekoppelt mit erbvertraglichen Zusagen) eingefordert werden. Zeigen sich die potenziellen Erben dabei uneinsichtig, sollten Pflichtteilsreduzierungsmaßnahmen ergriffen werden.

Es ist zweckmäßig – wenn auch unangenehm –, diese Erläuterungen des „letzten Willens“ in einer lebzeitigen offenen Aussprache zu machen. Als hilfreich kann sich dabei erweisen, den Spezialberater hinzuzuziehen, der schwierige technische Einzelheiten und ihre sachliche Notwendigkeit erläutern kann. Der Berater sollte möglichst objektiv sein – es geht nicht darum, die Erben „über den Tisch zu ziehen“ –, letztlich aber auch die →Testierfreiheit für den Erblasser energisch verteidigen. Dabei muss die Grenze zur Mitbestimmung durch die Erben scharf gezogen werden. Im privaten Bereich muss der Erblasser seine Möglichkeit zu testieren, auch sein Testament zu ändern, deutlich gegenüber den potenziellen Erben wahren. Besonders schwierig ist dieses erläuternde Gespräch über die geplante Erbfolge bei geschiedenen Erblassern mit den Kindern aus erster Ehe. Hier sollten auch in der Besprechung die Kreise eindeutig getrennt werden.

Ein Erläuterungsbrief zum Testament ist weit weniger wirksam als ein rechtzeitiges persönliches Vorgespräch. Wer sich auf einen Begleitbrief beschränkt oder einen solchen ergänzend verfasst, sollte darauf achten, dass dieser keine Diskrepanz zum Testament enthält. Auch hier kann eine Abstimmung mit dem Berater hilfreich sein. Wichtig ist schließlich eine korrigierende Aufklärung, wenn der letzte Wille entscheidend geändert wird, denn nichts ist streitfördernder als enttäuschte Erwartungen.

5 Pattsituation im Unternehmen sollte vermieden werden

Strategien zur Streitvermeidung

Hans Flick / Christian von Oertzen

Zu den erstrangigen Zielen einer Unternehmernachfolge gehören Vorkehrungen zur Streitvermeidung und Streitschlichtung (I/8). Wir gehen noch weiter und bauen streitunterdrückende Mechanismen ein. Die langjährige Erfahrung lehrt, dass Streit zwischen den Erben eines Familienunternehmens den Ruin der Gesellschaft und eine auf ewig zerstrittene Familie bedeuten. Deshalb schrillen die Alarmglocken, wenn zwei als gleichberechtigte künftige Gesellschaftergeschäftsführer aus der Familie präsentiert werden. Bedeutet doch die Pattsituation in aller Regel „Kampf bis aufs Messer", ohne die Vernunft geschäftlichen Handelns, verschärft durch die enthemmende Anrede mit „Du". Kämpfe aus dem Kinderzimmer um die Vormacht werden in der Geschäftsführung und der Gesellschafterversammlung fortgeführt, Schwiegerkinder greifen streitverschärfend ein, Mütter versuchen vergeblich zu schlichten und werden zwischen den Kindern hin- und hergerissen.

Deshalb plädieren wir generell dafür, nur einem Erben im Unternehmen das Sagen zu geben, den anderen aber vor Aushungern und Willkür zu schützen. Das ist gesellschaftsrechtlich möglich, wenn ein Erbe ein Prozent mehr bekommt als der andere, oder aber wenn beide am Vermögen gleich beteiligt werden, einer jedoch die Stimmenmehrheit erhält. In beiden Fällen muss der Gesellschaftsvertrag entsprechend ausgestaltet werden.

Das Zusammenwirken zweier Erben im Unternehmen wird erfahrungsgemäß dann erleichtert, wenn sie unterschiedliche berufliche Schwerpunkte haben, beispielsweise der eine Kaufmann, der andere Techniker ist und die Ehepartner sich heraushalten. Oft wird uns vom Erblasser gesagt, die beiden Erben würden sich gut verstehen. Das mag stimmen, solange die Eltern noch leben und die Kinder unverheiratet sind. Ohne die Autorität der

Eltern, die bis zum Tode noch die Macht haben, per →Testament zu strafen, und mit Hinzutreten von Ehepartnern der Erben ändert sich dies oft.

Sind solche Pattsituationen im Unternehmen aus dem Bestreben der Eltern heraus trotz der Warnungen des erfahrenen Beraters gewollt, muss dieser streitvermeidende, streitunterdrückende, streitschlichtende und Streitkosten mindernde Sicherungen einbauen: In Schenkungsverträgen, in Testamenten und Gesellschaftsverträgen, wenn möglich unter Benennung von einem Schiedsrichter durch den Erblasser. In einem Schiedsgericht mit mehreren Schiedsrichtern wird oft zunächst nur der Streit in eine höhere Ebene gehoben.

Der Kern solcher Regelungen ist, den „dritten Mann“ zu finden, der den „Fünfzig-zu-fünfzig-Kampf“ umdreht in die Notwendigkeit für die beiden Erben, den Dritten zu überzeugen. Dies muss ein Mann oder eine Frau sein, die von den beiden Erben wirtschaftlich und persönlich unabhängig ist, eine Persönlichkeit darstellt und die Souveränität besitzt, sich bei beiden gleich unbeliebt zu machen. Er oder sie sollte jünger als der Erblasser und älter als die Erben sein. Rechtlich kann er als ausschlaggebender Beiratsvorsitzender, als Testamentsvollstrecker oder als Schiedsrichter wirken oder mehrere dieser Funktionen gleichzeitig ausüben. Die Macht dieses Schiedsrichters ist zur Reduzierung der Fremdbestimmung der Kinder auf Dauer nur zu begrenzen durch die Einigkeit der beiden Erben, die andererseits auch nicht auf zu lange Zeit bevormundet werden sollen.

Wir setzen bei „Fünfzig-zu-fünzig-Situationen“ im Gesellschafterkreis automatisch eine Beiratsverfassung in Kraft, bei der der entscheidende Vorsitzende und sein Ersatzmann wenn möglich schon vom Erblasser benannt sein sollte. Er oder sie könnte gleichzeitig Testamentsvollstrecker sein. Erforderlich ist in diesen Fällen ein konkretisiertes Schiedsverfahren in Testament und Gesellschaftsvertrag.

Besonders wichtig sind in diesem Falle auch die Auseinandersetzungsklauseln in Gesellschaftsverträgen und Testament. Denkbar sind dabei Lösungen wie „Chinese Option“ oder „russisches Roulette“. Unabdingbar sind hierbei Wertfeststellungsregeln, die im Streitfall zumindest den Bewertungsstreit verhindern oder wesentlich einschränken.

Wir gehen so weit, streitunterdrückende Regeln in Unternehmer-Nachfolgeregelungen einzubauen, weil Erbdauerstreit in Unternehmen die Firma zerstören und die Familie heillos zerrütten kann. Wer den Streit unter seinen Erben vermeiden will, sollte rechtzeitig eine allseitig abgestimmte Nachfolgeregelung unter sachkundiger Beratung treffen und fortlaufend anpassen. Divergenzen, wie zwischen Testament und Gesellschaftsvertrag oder persönlich oder sachlich überholte letztwillige Verfügungen (III/6), eröffnen für streitwillige Erben viel versprechende Möglichkeiten, sich auch zu streiten.

Wer als Unternehmer aus Drückebergerei unvollständige, mit dem Gesellschaftsvertrag nicht abgestimmte, überholte Erbregelungen hinterlässt, sollte den späteren Streit nicht Charakterfehlern seiner Erben anlasten, sondern sich selbst.

6 Gefährlicher Generationskonflikt im Familienunternehmen

Fehlende Planung des Übergangs als Ursache

Hans Flick

Die Beschwerde des Juniors, der alte Herr greife noch immer in die Unternehmensführung ein, und die entsprechende Beschwerde des Seniors, er werde nicht informiert, werden oft verkannt. Sie sind deutliche Symptome eines problematischen Konflikts, der den erfolgreichen Generationenübergang gefährdet. Diese Gefahr ist – wie die Praxis lehrt – für die Unternehmernachfolge größer als alle rechtlichen und steuerlichen Probleme. Der Generationskonflikt im Familienunternehmen ist dabei keine Familienschande, sondern regelmäßig ein unabwendbares Naturereignis. Das Nichtauftreten solcher Konflikte kann geradezu ein Hinweis auf fehlende Eignung des Juniors sein und ist häufig durch das Verhalten des Seniors veranlasst.

Das Problem tritt bei Unternehmernachfolgen häufig auf. Es wird meist verdrängt und deshalb nicht rechtzeitig gegengesteuert. Die Ursachenforschung ergibt zwei personelle Quellen des Konflikts: die mangelhafte rechtzeitige Vorbereitung des Seniors und des Juniors auf den Generationenwechsel. Außerdem gibt es sachliche Konflikte: einerseits die mangelhafte Planung und andererseits die fehlende institutionelle Absicherung dieser Planung. Der Generationswechsel erfordert nämlich eine rechtzeitige langfristige Planung (I/4), richtige Auswahl und Ausbildung des Nachfolgers, die einseitig unwiderrufbare Rücktrittsbereitschaft des Seniors und Sicherheit im Planungsablauf für alle Beteiligten.

Die Frage, ob ein Kind als Nachfolger des Unternehmens geeignet ist, sollte sachlich und objektiv entschieden werden. Der Junior sollte sich ohne Zwang für die Nachfolge entscheiden und sich der Unterstützung seines Ehepartners sicher sein. Er sollte die richtige Ausbildung und muss sich extern bewährt haben. Die Praktikantenzeit in einer Bank oder in einem befreundeten Unternehmen, die Ferienarbeit oder Wirken als Assistent im eigenen Unternehmen reichen dazu nicht aus. Die Beurteilung des Juniors durch den Senior ist oft in beiden Richtungen ebenso verzerrt wie umgekehrt die des Seniors durch den Junior. Bei der Nachfolgeentscheidung ist ein qualifiziertes und unabhängiges Beratergremium (Beirat), ein neutraler Dritter oder eine objektive Vertrauensperson daher nützlich.

Die fehlende innere Rücktrittsbereitschaft des Seniors ist die Ursache für das Scheitern vieler Generationsübergänge. Das beginnt schon mit der Nachfolgeplanung. Sie wird immer wieder herausgeschoben, weil es noch zu früh sei. Die Bereitschaft zum Wechsel nimmt mit zunehmendem Alter spürbar ab. Der Vierzigjährige möchte mit 55 aufhören, der Fünfundfünfzigjährige mit 65 und der Fünfundsechzigjährige frühestens mit 75 Jahren. Er hält bereits unter den Enkeln Umschau nach einem Nachfolger, der besser geeignet wäre als der Sohn und ihn selbst für längere Zeit unentbehrlich macht.

Richtig ist es, spätestens mit 45 Jahren gesellschaftsvertraglich unabänderbar festzuschreiben, dass Geschäftsführer mit 65 Jahren auszuscheiden haben. Bis zum 60. Lebensjahr des Seniors sollte die personelle Nachfolge eindeutig und verbindlich geklärt sein. Notfalls sollte ein loyaler Statthalter den Übergang begleiten; ihm sollte der spätere Aufstieg nach der Übergangszeit in den Aufsichtsrat zugesichert werden.

Die vorher bewundernswerte totale Identifizierung des Seniors mit dem Unternehmen führt jetzt zum „Nicht-loslassen-Können", zu Ängsten vor Macht- und Imageverlust, zum Scheitern des Generationenwechsels. Der Senior, der nach der Übergabe an den Nachfolger noch weiterhin täglich in den Betrieb kommt, die Maßnahmen des Juniors kritisiert oder gar aufhebt, sollte sich nicht darüber beschweren, dass der Sohn nicht zusammen mit ihm durch den Betrieb geht.

Andere rechtzeitig aufgebaute Interessen des Seniors sind für den Übergang hilfreich. Eine ausgedehnte komfortable Weltreise mit der Ehegattin ist ein guter Übergang. Ein dauerhaftes Hobby, ein ausbaubares Ehrenamt, eine Beiratstätigkeit bei befreundeten Unternehmen, ein interessantes Spätstudium helfen dem Senior beim Generationswechsel. Mit seiner Ehegattin zusammen sollte er den Charme des Alters, die Toleranz, eine der schwierigsten Tugenden, üben. Richtig ist ein rechtzeitiger Rückzug des Seniors aus der Geschäftsführung und eine nur kurze gemeinsame Übergangsfrist.

Nicht nur die Positionen des Seniors, sondern auch die des Juniors sollten einseitig unabänderbar wie zwischen Fremden festgelegt werden (einschließlich der gerechten Entlohnung für die Geschäftsführungstätigkeit auch beim Ausscheiden im Streit).

Ein ernstzunehmender sachkundiger Beirat – kein „Rotwein"-Beirat -, in dem auch die Generation des Juniors vertreten sein sollte, kanalisiert einerseits die Eingriffe des Seniors und sichert andererseits seine fortlaufende angemessene Information. Senior und Junior brauchen rechtzeitig einen erfahrenen Berater (I/6), der das schwierige Problem des Generationswechsels einfühlsam aus der emotionalen Sphäre herausholt und institutionelle Hilfen einbaut.

7 Der lange Arm des Erblassers

Einflussnahme über den Tod hinaus

Hans Flick / Frank Hannes

Die Regelung der Erbfolge ist mit der Verteilung des Nachlassvermögens nur selten beendet. Oft treiben den zukünftigen Erblasser noch weitere Sorgen. So fürchtet er, dass seine Erben wegen ihrer Unerfahrenheit nicht in der Lage sein könnten, das Vermögen ordentlich zu verwalten und zu erhalten. Oder ahnt der zukünftige Erblasser bereits den Streit unter den Erben voraus, in dessen Folge das Vermögen zerschlagen wird. Auch die Sorge, das Vermögen könnte bei einem frühzeitige Versterben des Erben in falsche Hände gelangen, wird häufig geäußert. Angesichts solcher Probleme wird immer wieder nach Wegen gefragt, wie über den Tod hinaus eine Einflussnahme auf das Schicksal des Nachlassvermögens möglich ist. Das Erbrecht bietet durchaus einige interessante Instrumentarien.

So kann der Erblasser mit der Anordnung einer →Vor- und Nacherbschaft (II/1) sein Vermögen de facto zweimal vererben. Diese Vor- und Nacherbschaft bewirkt, dass der Vorerbe nur eingeschränkt über sein Erbe verfügen kann. Er kann es eigenveranwortlich weder verschenken noch weiter vererben. Die Erbschaft ist ihm vielmehr nur auf Zeit überlassen. Ähnlich einem Nießbraucher (III/4, III/5) kann er zwar während der Vorerbschaft das Vermögen wirtschaftlich nutzen, die erzielten Erträge behalten und das Ersparte auch weitergeben. Die Substanz ist davon aber ausgeschlossen. Der Zeitpunkt, zu dem der →Nacherbfall eintritt, kann vom Erblasser frei bestimmt werden. In den häufigsten Fällen ist dies der Tod des Vorerben.

Die Vor- und Nacherbfolge wird meist angeordnet, um außenstehende Verwandte vom →Nachlass fernzuhalten. Zu solchen „unerwünschten" Personen können beispielsweise der Schwiegersohn oder die Schwiegertochter, der geschiedene Ehegatte oder bei kinderlosen Paaren die Verwandten des Ehegatten gehören. Auch zur Abwehr von Pflichtteilsgefahren (I/9) kann die Vor- und Nacherbschaft eingesetzt werden. Möchte beispielsweise der Vater seinem Sohn das Vermögen überlassen, der es später der bisherigen

Familientradition entsprechend wiederum seinen Söhnen vererben soll, kann zur Reduzierung der Pflichtteilsansprüche der Schwiegertochter der Vater seinen Sohn als Vorerben und bereits seine Enkel als Nacherben einsetzen. Die Enkel erben dann unmittelbar vom Großvater. Da das Unternehmen nicht in den Nachlass des Sohnes fällt, kann die Schwiegertochter hieraus weder Pflichtteils- noch Zugewinnansprüche herleiten. Eine ähnliche Konstellation ergibt sich bei der Wiederverheiratung des längerlebenden Ehegatten (VII/2). Wer solches fürchtet, kann den Ehepartner als Vorerben und die Kinder als Nacherben einsetzen.

Der Zerschlagung des Vermögens im Rahmen einer streitigen →Erbauseinandersetzung kann der Erblasser dadurch begegnen, dass er testamentarisch eine Auseinandersetzung verbietet. Ein solches Auseinandersetzungsverbot kann für längstens 30 Jahre ausgesprochen werden. Besser ist es freilich, bereits selbst im Testament durch →Vermächtnisse oder →Teilungsanordnung die Auseinandersetzung vorwegzunehmen und einen →Testamentsvollstrecker mit der Durchsetzung der entsprechenden Anordnungen zu beauftragen.

Die Testamentsvollstreckung (IV/5) ist aber nicht nur für eine weitgehend friedliche Nachlassabwicklung geeignet. Gerade im Hinblick auf den Erhalt des Vermögens und die Sicherung der Versorgung der Angehörigen kann sie als Verwaltungs- und Dauervollstreckung ein geeignetes Gestaltungsmittel sein. Das gilt vor allem in Fällen, in denen die Erben zur Verwaltung des Nachlassvermögens, insbesondere zur Übernahme eines Unternehmens, noch nicht in der Lage sind, weil sie sich noch in Ausbildung befinden oder gar noch minderjährig sind. Die Erfahrung hat zudem immer wieder gezeigt, dass der Erwerb nennenswerter Vermögenswerte bei jungen Menschen deren persönliche und berufliche Entwicklung negativ beeinflussen kann. Hier kann eine →Dauertestamentsvollstreckung als Wegbegleitung dienen, die dem Erben eine altersentsprechende Beteiligung an den Erträgen, jedoch keinen freien Zugriff auf den →Nachlass gewährt. Wie lange eine derartige Begleitung erfolgen soll, hängt von den jeweiligen Umständen ab. In vielen Fällen wird das 27. Lebensjahr gewählt, weil man davon ausgeht, dass bis zu diesem Zeitpunkt der Erbe seine Ausbildung abgeschlossen hat. Eine extensive Ausdehnung der Testamentsvollstreckung kann andererseits negative Auswirkungen auf die Persönlichkeitsentwicklung der Erben haben und sollte vermieden werden.

Besonders wichtig ist die Auswahl der Person des Testamentsvollstreckers. Er sollte nicht nur die notwendige fachliche Kompetenz aufweisen, sondern darüber hinaus das Vertrauen der Erben genießen. Von diesen sollte die Testamentsvollstreckung nicht als Bevormundung verstanden werden, sondern als Hilfe. In jedem Fall sollte der Erblasser mit dem von ihm ins Auge gefassten Testamentsvollstrecker vorher seine Absicht besprechen, um sicherzugehen, dass dieser im Erbfall auch tatsächlich sein Amt antritt und die Vorstellungen des Erblassers verwirklicht.

Mit Hilfe der vorgestellten erbrechtlichen Instrumentarien kann der Arm des Erblassers sehr weit reichen. Er sollte hingegen nur ausgestreckt werden, wo dies auch tatsächlich notwendig erscheint.

„Und hier dein versprochener Ruhesitz …“

8 Bei vorweggenommener Erbfolge Altersversorgung nicht vergessen

Hans Flick / Frank Hannes

Angesichts leerer Kassen drohen dem Mittelstand weitere Belastungen. Nachdem der Bundesfinanzhof insbesondere die erbschaftsteuerlichen Privilegien für den Erwerb von Betriebsvermögen als verfassungswidrig vorteilhaft bezeichnet (III/1) hat, denkt auch die Politik laut über Steuerverschärfungen nach. Dabei ist die Nachfolge in Unternehmen bereits schwierig genug. Nur noch wenige Kinder sind bereit, die mit der Nachfolge in das elterliche Unternehmen verbundenen Risiken und Belastungen auf sich zu nehmen. Aktuell muss daher die Devise lauten, Unternehmensnachfolgen, die ohnehin in nächster Zeit anstehen, vorzuziehen (III/4).

Dabei dürfen die abgebenden Senioren aber die Sicherung ihrer Altersvorsorge nicht vergessen. Mittel hierzu sind zum Beispiel der →Nießbrauch (III/4), gesellschaftsvertragliche Sonderrechte oder die Verpflichtung des Übernehmers zu lebenslänglichen Versorgungsleistungen. In Zeiten, in denen mehr Höfe als Unternehmen übergeben wurden, sind solche Versorgungsleistungen regelmäßig als →Leibgeding, auch →Altenteil genannt, vereinbart worden. Die Senioren erhielten auf dem Hof eine Versorgung durch Geld- und Naturalleistungen mit einem →Wohnrecht. Die Pflege im Alter kam hinzu. Heute beschränkt man sich meist auf die Vereinbarung einer →Rente oder →dauernden Last. Diese sollten immer für das gesamte restliche Leben vereinbart werden. Von einer Zeitrente ist wegen steuerlicher Gründe abzuraten und vor allem deshalb, weil dann der Übergeber mit der ständigen Sorge belastet ist, dass mit Wegfall der Rentenbezüge seine Altersversorgung erheblich beeinträchtigt wird.

Von der dauernden Last unterscheidet sich die →Leibrente dadurch, dass sie eine gleich bleibende Leistung ist, während die Höhe der dauernden Last bei sich ändernder Leistungsfähigkeit des Verpflichteten oder sich änderndem Bedarf des Berechtigten entsprechend anzupassen ist. Ungeachtet dessen sollten beide Arten von Versorgungsleistungen den Lebenshaltungskosten angepasst werden. Wenn möglich, sollten sie auch dinglich gesichert werden.

Eine derart vereinbarte Rente bietet dem Übergeber größere Sicherheit als ein vorbehaltener Nießbrauch. Während beim Nießbrauch die Fruchtziehung allein von der zukünftigen Ertragskraft des Unternehmens abhängt, haftet für die Erbringung der Versorgungsleistungen der Übergeber mit seinem gesamten künftigen Einkommen und Vermögen einschließlich des Unternehmens. Umgekehrt ist die Verpflichtung zu Versorgungsleistungen für den Übernehmer ein größeres Risiko. Er hat die Rente auch zu zahlen, wenn er aus dem Unternehmen keine Erträge erzielt.

Zur Berechnung der Schenkungsteuer werden die Versorgungsleistungen wie eine Gegenleistung behandelt, sie mindern also den Wert der Schenkung. Soweit allerdings der →Steuerwert des Schenkungsgegenstandes, etwa des Unternehmens, geringer ist als sein →Verkehrswert, kann auch der Kapitalwert der Versorgungsleistung nur anteilig, nämlich im Verhältnis des Steuerwertes zum Verkehrswert, abgezogen werden. Schenkt zum Beispiel der 65 Jahre alte Unternehmer seinem Sohn eine Kommanditbeteiligung im Verkehrswert von 2 Mio. Euro und einem Steuerwert von 1 Mio. Euro gegen eine lebenslängliche, monatliche Leibrente von 4.000 Euro, so entsteht dem Sohn eine Steuerlast von rund 17.500 Euro.

Zur Ermittlung dieser Steuerbelastung ist zunächst der Kapitalwert der Rente zu errechnen. Dies geschieht, indem man ihren Jahreswert von (4.000 x 12 =) 48.000 Euro mit dem Vervielfältiger für einen 65 Jahre alten Mann, nämlich 9,019, multipliziert. Es ergibt sich ein Kapitalwert von abgerundet 430.000 Euro. Diese Belastung des Beschenkten kann aber nur in dem Verhältnis abgezogen werden, in dem der Steuerwert der Kommanditbeteiligung von 1 Mio. Euro zum Verkehrswert derselben von 2 Mio. Euro steht, also nur zur Hälfte. Der Steuerwert von 1 Mio. Euro mindert sich also nur um 215.000 Euro, das ergibt 785.000 Euro. Nach (noch) aktuellem Recht kann hiervon ein →Betriebsvermögensfreibetrag von 225.000 Euro abgezogen werden. Der verbleibende Rest von 560.000 Euro ist nochmals um einen →Bewertungsabschlag von 35 Prozent zu mindern, das macht 364.000 Euro. Nach Abzug des persönlichen →Freibetrages des Sohnes von 205.000 Euro sind auf den hiernach verbleibenden steuerpflichtigen Erwerb von 159.000 Euro 11 Prozent Erbschaftsteuern zu zahlen, das sind 17.490 Euro, eine bei einem Unternehmen im Verkehrswert von 2 Mio. Euro wahrscheinlich verkraftbare Belastung.

Eine Steuerfalle bei derartigen Gestaltungen hat allerdings die Finanzverwaltung aufgestellt; dies jedoch auf ertragsteuerlicher Ebene. Veräußert der Sohn später das Betriebsvermögen, so kann dem Übergeber rückwirkend ein steuerpflichtiger Veräußerungsgewinn entstehen, nämlich in Höhe der Differenz des Kapitalswerts der Rente im Zeitpunkt der Weiterveräußerung des Sohnes und des →Buchwertes seiner Beteiligung im Zeitpunkt der Übergabe. Die Rentenzusage des Sohnes wird also wie ein Kaufpreis behandelt. Dass derartige Liquiditätsbelastungen durch Ertragsteuern (V/1) die Altersversorgung des Übergebers in erheblichem Maße gefährden können, dürfte klar sein. In jeden Übergabevertrag gehört deshalb zumindest die Klausel, dass der Sohn die durch seine Maßnahmen dem Vater entstehenden Steuern zu übernehmen hat.

V

Vermeidung der Doppelbesteuerung im Erbfall

„Vielleicht mache ich jetzt einen Fehler ...“

1 Einkommensteuer bei Erbfolgeplanung berücksichtigen

Hans Flick / Christian von Oertzen

Vermögenserwerbungen nach dem Tod eines Verwandten oder Bekannten und Schenkungen unterliegen der Erbschaftsteuer. Das schließt aber nicht aus, dass solche Vermögenserwerbe gleichwohl noch einer anderen Steuer unterliegen, insbesondere der Einkommensteuer. Der Paragraf 35 des Einkommensteuergesetzes (EStG), der eine Steuerermäßigung der Einkommensteuer vorsah, ist nach dem Steuerentlastungsgesetz aus „Vereinfachungsgründen" entfallen. Demnach gilt jetzt wieder der Grundsatz, dass latente Einkommensteuerlasten, die auf den ererbten Vermögensgegenständen ruhen, bei der Erbschaftsteuer nicht abzugsfähig sind. Ein typisches Beispiel ist die Honorarforderung eines Freiberuflers, der seinen Gewinn nach Paragraf 4 Absatz 3 EStG ermittelt, und bei dem das Geld erst nach dem Tod des Freiberuflers eingeht. Einkommensteuern des Erblassers sind bei der Bemessungsgrundlage der Erbschaftsteuer als →Nachlassverbindlichkeit nur abzuziehen, wenn sie schon vor dem Tode des Erblassers in seiner Person entstanden sind. Erbt beispielsweise ein Neffe zweiten Grades eine derartige Forderung seines verstorbenen Onkels in Höhe von 512.000 Euro, so muss er in Steuerklasse III 29 Prozent Erbschaftsteuern bezahlen. Hinzu kommen Einkommensteuern von – in der höchsten Steuerprogression – 48,5 Prozent. Insgesamt ist der Erwerb also mit 77,5 Prozent Steuern belastet.

Die klassischen ertragsteuerlichen Gefahren im Rahmen der Nachfolge mit unternehmerischem Vermögen sind besonders in folgenden Konstellationen gegeben:

Der Schenker oder der Erblasser ist an einer Personengesellschaft beteiligt und hält gleichzeitig Grundstücke, die er an die Personengesellschaft verpachtet. Dann stellen die Grundstücke →Sonderbetriebsvermögen für die unternehmerische Beteiligung an der Personengesellschaft dar. Wird erbrechtlich angeordnet, dass die Grundstücke einer anderen Person gehören sollen als der Person, die den Anteil an der Personengesellschaft bekommen soll, so bedeutet der Vollzug dieser Anordnung, dass dieses Grundstück entnommen und die stillen Reserven zu besteuern sind.

Der Erbfall kann schon unmittelbar zu einer derartigen Entnahmebesteuerung führen, wenn eine so genannte qualifizierte →Nachfolgeklausel im Gesellschaftsvertrag vereinbart ist. In dieser wird angeordnet, dass beispielsweise nur der älteste Sohn die Beteiligung erben kann, obwohl nach der →gesetzlichen Erbfolge die Erben der Ehepartner und alle Kinder gemeinsam sind. Folge ist, dass die Grundstücke den Erben gehören und die Beteiligung in voller Höhe automatisch dem ältesten Sohn anfällt. Neben die Erbschaftsteuer tritt dann noch die Einkommensteuer auf die Entnahme des Grundstücks. Der Tod gilt quasi als letzte Veräußerung des Erblassers. Die beiden Steuern sind wechselseitig nicht anrechenbar. Daneben kann eine derartige Verfügung auch erbschaftsteuerliche Vergünstigungen gefährden. Hier bietet es sich an, schon im Vorfeld das Sonderbetriebsvermögen in eine eigene →Objektgesellschaft einzubringen, um auf diese Weise größere Verfügungsfreiheit zu erringen und steuersparend zu testieren (III/1).

Ähnliche Probleme treten bei der im Mittelstand sehr beliebten →Betriebsaufspaltung auf. Die Betriebsaufspaltung ist gegeben, wenn das operative Geschäft von einer Kapitalgesellschaft geführt und das Anlagevermögen vom Anteilseigner angepachtet wird. Die Anteile an der Kapitalgesellschaft als auch das verpachtete Anlagevermögen gelten als betriebliches Vermögen. Werden die Anteile jemand anderem geschenkt oder erbrechtlich zugewiesen als demjenigen, der das Anlagevermögen erhält, so gilt das Vermögen als entnommen und die stillen Reserven sind zu versteuern. Auch diese Gefahr muss man vermeiden, möchte man nicht einen doppelten Liquiditätsabfluss Erbschaft- und Ertragsteuer erleiden.

Privatvermögen kann durch ein falsches Testament oder eine unzureichend vorbereitete Schenkung zu Betriebsvermögen mutieren: Diese Gefahr ergibt sich besonders beim →Wiesbadener Modell. Dabei hält der Unternehmer die Anteile an der Betriebskapitalgesellschaft und der Ehepartner das an die Betriebskapitalgesellschaft. verpachtete Anlagevermögen. In diesem Falle liegt kein Betriebsvermögen vor. Erbt nun der Ehepartner die Anteile an der Betriebskapitalgesellschaft, entsteht mit dem Erbfall oder Schenkung die Betriebsaufspaltung. Das, was man über Jahrzehnte zu vermeiden versuchte, wird durch den Tod verursacht: die Entstehung von Betriebsvermögen und potenzielle Einkommensteuer bei dessen Veräußerung.

Solche Beispiele, die sich noch beliebig erweitern ließen, zeigen eines deutlich: Die Einkommensteuerplanung muss integraler Bestandteil der Vermögensnachfolgeplanung besonders bei unternehmerischen Vermögen sein.

„Irgend etwas ist da faul …“

2 Abschreibungsgesellschaften sind nicht vererbbar

Hans Flick / Frank Ommerborn

→Abschreibungsgesellschaften und ähnliche Steuersparkonstruktionen sind nicht vererbbar und müssen deshalb vorher steuerlich saniert werden, um katastrophale wirtschaftliche Folgen beim Erbgang zu vermeiden. Wenn solche „Investitionen" noch einigermaßen gut gehen und letztlich noch ein Positivum übrigzubleiben scheint, droht beim Erben „nur" die Doppelbesteuerung mit Erbschaftsteuer auf den erbschaftsteuerlichen Wert und späterer Einkommensteuer auf den Veräußerungsgewinn. Das ist die Differenz zwischen Veräußerungspreis oder Realisierungswert und (negativem) →Buchwert, soweit keine verrechenbaren Verluste im Sinn von § 15a Abs. 4 des Einkommensteuergesetzes (EStG) vorhanden sind.

Schlimmer kommt es, wenn aus dem Objekt nur noch ein →Buchgewinn realisiert wird; hier erbt der Glückliche möglicherweise sogar erbschaftsteuerfrei latente Einkommensteuerschulden, die bei der Erbschaftsteuerlast nicht berücksichtigt werden. Diese Doppelbesteuerung (V/1) ist die Folge davon, dass einerseits bei der Erbschaftsteuer latente Einkommensteuerlasten nicht berücksichtigt werden, und diese sind systembedingt bei solchen Abschreibungsobjekten besonders groß. Andererseits zählt bei der Einkommensteuer der Erben auf ererbte Veräußerungsgewinne die gezahlte Erbschaftsteuer nicht zu den Anschaffungskosten.

Der Erblasser ahnt meist nichts von den Tretminen dieser Steuersparmodelle. Warnzeichen, wie die Drohung so genannter Sanierer, man müsse freiwillig nachschießen, weil sonst die negative „Endbesteuerung" solcher Objekte einträte, werden ängstlich befolgt oder souverän missachtet. An den Erbfall denkt keiner.

Bei der Erbfolgeplanung finden diese Steuersparkonstruktionen regelmäßig als „minderwertige" Vermögensgegenstände überhaupt keine Beachtung. Oft träumt der Erblasser noch davon, solche Investitionen könnten sich später lohnen. Zu Unrecht: Die Vererbung solcher Fehlinvestitionen mit latenten Einkommensteuerschulden ist sogar geeignet, dem Erben einen überhöhten Substanzwert vorzugaukeln, der ihn von der rechtzeitigen →Erbausschlagung (I/7) abhält. Bei mehreren Nachlassempfängern kann der Anfall solcher Steuersparmodelle bei einem von ihnen, etwa als Auffangerbe neben Vermächtnisnehmer, das vom Erblasser sorgfältig austarierte Gleichgewicht zwischen ihnen erheblich stören. Wer Steuersparmodelle erbt, kann weniger bekommen. In einer sorgfältig geplanten Erbfolgeregelung kann ein solches Debakel oft vermieden werden, wenn der Erblasser selbst noch zu seinen Lebzeiten mit einer vorgezogenen Gewinnrealisierung die Tretminen entschärft. Zumindest kann das Risiko bewusst gemacht und steueroptimal und gerecht lokalisiert werden.

Ein Beispiel mag das verdrängte Problem verdeutlichen:

Ein Anleger hatte sich 1977 an einem steuersparenden Spezialfonds über 100.000 Euro beteiligt; Fondsobjekt war eine Immobilien GmbH & Co. KG. Die KG ist praktisch insolvent. Zu ihrer Sanierung soll jetzt ein Betrag von etwa 50.000 Euro pro 100.000 Euro gezeichnetes Kapital nachgeschossen werden.

Beteiligt sich der Anleger nicht an der Sanierung, kommen auf ihn im Insolvenzfall unverhoffte Einkommensteuerlasten zu. Denn das negative → Kapitalkonto in Höhe von beispielsweise 43.000 Euro, das durch die „steuersparenden" →Abschreibungen und andauernde Verluste der KG zustande gekommen ist, wird zum persönlichen Einkommensteuersatz versteuert; verrechenbare Verluste sind nicht vorhanden. Im Spitzensteuersatz sind das 45 Prozent an Einkommensteuer zuzüglich 5,5 Prozent als Solidaritätszuschlag. Das sind 20.414 Euro. Verstirbt der Anleger vor der Insolvenz, so hat der Erbe diese Einkommensteuerlast zu tragen, wenn er auch im Spitzensteuersatz liegt, also etwa 20.000 Euro, ohne dass ihm aus der Abschreibungsgesellschaft etwas zufließt. Bei der Erbschaftsteuer wird im Erbfall diese latente Steuer nicht abgezogen. Würde der Erblasser dem Erben neben der Beteiligung noch eine latente Erbschaftsteuer von 20.000 Euro daneben vererben, müsste der Erbe – ohne Berücksichtigung eines eventuellen negativen Beteiligungswertes – darauf noch zusätzlich Erbschaftsteuer zahlen, verbliebe beim Erben ein Negativum, ohne dies im Erbfall als Last sofort erkennen zu können.

Diese negativen Folgen von Steuersparmodellen treten auch bei Grundvermögen auf, wenn die →Spekulationsteuer anfällt, weil Erblasser und Erbe zusammen die Zehnjahresfrist nicht eingehalten haben. Sollte die

→Spekulationsfrist für Wertpapiere – wie immer wieder diskutiert wird – noch einmal verlängert werden, so könnte auch in diesem Bereich die Doppelbesteuerung mit Erbschaftsteuer und Einkommensteuer im Erbfall eintreten. Will man dieser Gefahr begegnen, so muss man als Erblasser die latente Einkommensteuer vor dem Erbfall selbst realisieren; die gezahlte oder geschuldete Einkommensteuer mindert dann zumindest die Bemessungsgrundlage für die Erbschaftsteuer.

„Hier sind wir in Sicherheit!“

3 Wegzug mit Kind und Kegel

Hans Flick / Bernd Noll

Internationale Doppelbesteuerung droht in besonderem Maße, wenn ausgewanderte Deutsche sterben. Gegen Ausbruchsversuche auswanderungswilliger Deutscher ist die Bundesrepublik erbschaftsteuerlich mehrfach gesichert. Wer spontan fliehen will, gerät unversehens in ein unübersichtliches stacheldrahtverhauenes Minenfeld. Notwendig ist deshalb bei derartigem Freiheitswillen ein sorgfältig ausgeklügelter Ausbruchsplan (II/5). Durch möglichst viele Anknüpfungspunkte für die deutsche Steuerpflicht versucht das deutsche Erbschaftsteuerrecht nämlich das Vermögenssubstrat für den deutschen Fiskus auch noch festzuhalten, wenn der potenzielle Erblasser schon lange weggezogen ist. Ergänzt wird dieser Sperrgürtel durch einkommensteuerliche Vorschriften gegen Wegzug durch den vielfältigen Gewinnrealisierungstatbestand „Wegzug“ und nachhängende „erweiterte“ Steuerpflichten.

Erster Anknüpfungspunkt der deutschen Erbschaftsteuerpflicht ist der letzte Wohnsitz oder gewöhnliche Aufenthalt des Erblassers (unbeschränkte Erbschaftsteuerpflicht des Erblassers/Schenkers). Dieser Ausgangspunkt könnte es nahe legen zu glauben, dass die deutsche Erbschaftsteuerpflicht mit dem totalen Wegzug (kein verbleibender zweiter Wohnsitz in Deutschland) die deutsche Erbschaftsteuer abgeschüttelt sei. Doch schon der zweite Anknüpfungspunkt der deutschen Erbschaftsteuer macht diesem Wahn weitgehend ein Ende: Das inländische Vermögen unterliegt nämlich ergänzend der subsidiären beschränkten deutschen Erbschaftsteuerpflicht. Zum Inlandsvermögen, das auch nach Wegzug des Erblassers noch im Inland erbschaftsteuerpflichtig ist, gehören u.a. Grundvermögen, land- und forstwirtschaftlicher Besitz, inländisches Betriebsvermögen (auch Personengesellschaften wie die GmbH & Co KG) und Anteile an einer Kapitalgesellschaft von mindestens 10 Prozent, auch wenn der Anteil in geringere Prozente aufgespalten ist.

Flankiert wird dieser Sperrriegel durch einkommensteuerliche Gewinnrealisierungsvorschriften im Außensteuergesetz und im →Umwandlungssteuergesetz, die bei Wegzug eine Zwangsrealisierung (ohne Liquiditätszufluss) vorsehen. Für den auswanderungswilligen Steuerpflichtigen ergeben sich daraus grundsätzlich zwei Alternativen: entweder die weitere Teilverhaftung des Erbschaftsteuersubstrats hinzunehmen oder sein gesamtes Inlandsvermögen zu verkaufen. Das Letztere ist aus zweierlei Gründen derzeit besonders problematisch: Die Unternehmenspreise sind im Keller und die Wiederanlage ist besonders schwierig.

Hinter dieser zweiten Abwehrlinie, der beschränkten Erbschaftsteuerpflicht des Erblassers, sind aber weitere tief gestaffelte Sperren aufgebaut. Außergewöhnlicherweise kennt das deutsche Erbschaftsteuerrecht nämlich eine zusätzliche unbeschränkte Erbschaftsteuerpflicht des Erben/ Beschenkten mit dem →Weltvermögen. Selbst wenn der Erblasser rechtzeitig ausgewandert ist und sich seines Inlandsvermögens insgesamt entledigt hat, müssen seine im Inland verbliebenen Erben auf das von ihnen ererbte oder ihnen geschenkte Weltvermögen deutsche Erbschaftsteuer zahlen. Eine Generalbereinigung des Problems verlangt also eigentlich, dass die Erben mit dem Erblasser zusammen auswandern, was oft Schwierigkeiten wegen ihrer beruflichen Zukunft – oder der ihres Ehepartners – macht.

Weitere Fallen für den Auswanderungswilligen sind die erweiterte unbeschränkte und die erweiterte beschränkte Erbschaftsteuerpflicht des Erblassers. Danach tritt bei deutschen Staatsangehörigen die unbeschränkte deutsche Erbschaftsteuerpflicht mit dem Weltvermögen fünf Jahre lang nach dem Wegzug noch ein, wenn sie im Inland keinen Wohnsitz oder gewöhnlichen Aufenthalt mehr haben. Will man sich nicht auf die Spekulation einer weiteren Lebensdauer von fünf Jahren verlassen, ist hier zu überlegen, ob man sich auch der deutschen Staatsangehörigkeit entledigen sollte. Aus psychologischen oder praktischen Gründen ist das indes schwierig.

Umweglösungen wie zwischengeschaltete Gesellschaften, →Trusts und →Familienstiftungen zur Vermeidung der deutschen Erbschaftsteuer hat der Gesetzgeber mit komplizierten erbschaft- und einkommensteuerlichen Vorschriften zu verbauen versucht. Gewinnverschiebungen ins Ausland im unternehmerischen Bereich versuchen Gesetzgeber und Finanzverwaltung mit einem umfangreichen Regelwerk zu stoppen.

Gewisse Auswege aus diesem Dilemma des Auswanderungswilligen können →Doppelbesteuerungsabkommen als völkerrechtliche Verträge bieten: Deutsche Erbschaftsteuerabkommen sind jedoch außerordentlich selten, unter anderem gibt es sie mit Österreich und der Schweiz. Oft sind solche

Abkommen aber bewusst für den nachträglichen deutschen Steuerzugriff geöffnet. Die wenigen möglichen Auswege bedürfen einer individuellen Anpassung an die jeweiligen Lebensverhältnisse und einer hohen dauerhaften Disziplin des gesamten Umfelds sowie einer präventiven Kontrolle.

Man könnte nach alledem auf den Gedanken kommen, diese Zwangsjacke widerspräche den Freizügigkeitsgeboten der Europäischen Union; das mag zwar stimmen, bedarf jedoch eines Gangs zum Europäischen Gerichtshof, der langwierig ist. Schließlich sollte man bei allen Überlegungen nicht vergessen, dass ein Wegzug auch menschliche Seiten hat. Erfahrungsgemäß wird mit zunehmendem Alter die Eingewöhnung in der Fremde schwieriger, die Heimatgefühle schwerwiegender. Und oft drängt es auch die Großmutter zurück zu den Enkelkindern.

Moralischen Bedenken gegen eine Flucht in Steueroasen sollte man zwei Argumente entgegenhalten: Otto Schmidt, Wuppertal, der langjährige Vorsitzende des Finanzausschusses im Deutschen Bundestag, hat festgestellt: Oasen entstehen immer dann, wenn das Umland verwüstet ist. Und schon die alten Griechen wussten: „Ein Mann, der flieht, kann nochmals siegen, ein toter Mann bleibt ewig liegen.“

4 Verteilung des Nachlasses zur Streitvermeidung

Hans Flick / Frank Hannes

Viele Erblasser scheuen die Verantwortung, durch eine differenzierte Erbregelung ihr Vermögen unter ihren Erben, meist den Kindern, zu verteilen. Oft steht die Sorge dahinter, eines der Kinder könnte benachteiligt und so Streit unter den Geschwistern provoziert werden. Eine häufige Reaktion ist, den Kopf in den Sand zu stecken und überhaupt nichts zu regeln oder die Kinder testamentarisch zu Erben mit gleichen →Erbquoten einzusetzen. Eine Gleichbehandlung ist damit zwar erreicht, Streit lässt sich so hingegen nicht vermeiden. Im Gegenteil, derartige Regelungen sind höchst streitanfällig. In beiden Fällen geht der Nachlass nämlich als Ganzes, also ungeteilt, auf die Gemeinschaft der Erben über. Die Erben sind in Höhe ihrer Erbquote an jedem einzelnen Nachlassgegenstand – dem Unternehmen, dem Haus, den Wertpapieren – beteiligt, können aber auf Grund ihrer gesamthänderischen Verbundenheit nicht einzeln darüber verfügen. Wesentliche Entscheidungen müssen in einer derartigen →Erbengemeinschaft sogar einstimmig getroffen werden. Angesichts unterschiedlichster Charaktere und Interessen der →Miterben wird so die gemeinsame Verwaltung des →Nachlasses zu einem schwierigen und streitanfälligen Unterfangen. Früher oder später endet es in einer – oftmals ebenfalls streitigen – →Auseinandersetzung der Erbengemeinschaft bis hin zu einer →Teilungsversteigerung.

Selbst wenn es den Erben gelingt, Einvernehmen über die Bewertung der einzelnen Nachlassgegenstände und deren Verteilung zu erzielen, droht weiteres Ungemach in Form von Liquiditätsbelastungen durch Ertragsteuern (V/1). Dies, obwohl die Erben bereits für den Erwerb ihres Erbteils Erbschaftsteuer gezahlt haben. Das gilt selbst dann, wenn der Erblasser durch eine →Teilungsanordnung im →Testament eine bestimmte Verteilung der Nachlassgegenstände vorschreibt. Die Finanzverwaltung betrachtet nämlich im Anschluss an höchstrichterliche Rechtsprechung den Erbfall und die anschließende →Erbauseinandersetzung als getrennte Vorgänge, die jeweils für sich steuerlich zu beurteilen sind.

Der Erbfall ist hiernach ertragsteuerlich ein neutraler Vorgang. Die Erben treten in die Rechtsstellung des Erblassers ein und übernehmen die steuerlichen Werte seines Vermögens. Die zuletzt geäußerten Pläne des Gesetzgebers – keine Vererbung von →Verlustvorträgen – lassen allerdings eine Aufweichung dieses Grundsatzes befürchten.

Die Erbauseinandersetzung wird hingegen schon heute wie ein Veräußerungsgeschäft behandelt. Ertragsteuerbelastungen können – insbesondere wenn steuerliches Betriebsvermögen betroffen ist – immer dann entstehen, wenn ein →Miterbe im Rahmen der Auseinandersetzung wertmäßig mehr Vermögen erhält, als die anderen und deshalb für seinen Mehrerwerb den anderen eine Abfindung zahlen muss. Ein Beispiel: Der Erblasser hat beispielsweise seinen Sohn und seine Tochter zu gleichberechtigten Erben eingesetzt und ihnen ein Unternehmen im Verkehrswert von 1 Mio. Euro (Buchwert 200.000 Euro) und ein Mehrfamilienhaus im Verkehrswert von 500.000 Euro hinterlassen. Beide einigen sich in der Art, dass der Sohn aus dem Nachlass das Unternehmen und seine Schwester das Haus zuzüglich einer Ausgleichszahlung des Bruders in Höhe von 250.000 Euro erhält. Damit entsteht der Schwester ein Veräußerungsgewinn von 200.000 Euro und eine Steuerbelastung in der Größenordnung von 100.000 Euro. Die Erbauseinandersetzung wird hier so betrachtet, als habe der Bruder ein Viertel des Unternehmens gekauft.

Wird Privatvermögen im Rahmen einer Erbauseinandersetzung „erworben“, entstehen Ertragsteuerbelastungen nach derzeitiger Rechtslage nur in besonderen Fällen. Das gilt vor allem, wenn für die Nachlassgegenstände, für die ein Miterbe eine Abfindung zahlt, die →Spekulationsfristen noch nicht abgelaufen sind. Würde der Gesetzgeber, wie ursprünglich geplant, künftig auch die Veräußerung von Privatvermögen generell besteuern, werden sich die Folgen einer Erbauseinandersetzung auch bei Privatnachlässen verschärfen.

Die vorgenannten Grundsätze gelten im Übrigen auch dann, wenn der Erblasser durch eine Teilungsanordnung im Testament eine bestimmte Verteilung der Nachlassgegenstände vorgeschrieben hat. Auch in diesem Fall ist der Miterbe, der auf Grund der Teilungsanordnung mehr erhält als die anderen, ausgleichspflichtig. Die Teilungsanordnung sollte daher jedenfalls so gestaltet werden, dass ein Wertausgleich möglichst gering gehalten wird.

Zur Reduzierung des Wertausgleichs kann es beispielsweise angezeigt sein, noch zu Lebzeiten das Betriebsvermögen durch Einlagen zu erhöhen oder durch →Entnahmen – gegebenenfalls nach Aufnahme entsprechenden Fremdkapitals – zu reduzieren. Hätte etwa der Erblasser im obigen Beispiel noch zu Lebzeiten nach Aufnahme von Fremdkapital 250.000 Euro aus dem Unternehmen entnommen und seiner Tochter diesen Geldbetrag mit der Immobilie zugewiesen, wären steuerpflichtige Ausgleichsleistungen nicht erforderlich gewesen.

Noch besser erscheint es aber, den Mut zu haben, den wesentlichen Teil des Nachlassvermögens vorausvermächtnisweise unter den Erben zu verteilen und geringe Mehrerwerbe einzelner Miterben hinzunehmen. Gehört ein werthaltiges Unternehmen zum Nachlass, kann es sich empfehlen, den Unternehmensnachfolger als Alleinerben einzusetzen und die übrigen Familienangehörigen durch die vermächtnisweise Zuwendung von Privatvermögen gleichzustellen.

VI

Familienstand und Erbfolgeplanung

„Immer dasselbe, wenn die Leute irgendwo Steuervorteile wittern“...

1 Die Reize der Ehe bei der Erbfolge

Hans Flick / Frank Hannes

Heiraten ist mega-out. Man hat Lebensabschnittsgefährten, wartet mit dem Heiraten, bis der Nachwuchs da ist. Geschiedene gehen zwar neue Verbindungen ein, gebrannt durch die Scheidungsmisere verweigern sie jedoch eine neue offizielle Bindung – mit verheerenden Folgen für die erbrechtliche Situation, für die Versorgung der Lebensgefährten (IV/8) und der Kinder aus der zweiten Verbindung. Das Erbrecht und das Erbschaftsteuerrecht sind nämlich der Entwicklung unserer Lebensverhältnisse nicht gefolgt: Sie machen noch immer bestimmte Vorteile an dem formellen Eheschluss fest.

Nach den gesetzlichen Erbregelungen steht dem Ehegatten ein →Erbteil zu, der Pflichtteilsansprüche aller Kinder (eheliche, nichteheliche, adoptierte) reduziert. Bei Geschiedenen ist das von besonderer Bedeutung, weil solche Ansprüche besonders gerne von den Kindern aus der geschiedenen Ehe gegen den „geflüchteten" Elternteil geltend gemacht werden. Aber auch die nichtehelichen Kinder aus der Verbindung mit dem neuen Lebensgefährten haben gegenüber Vater und Mutter höhere Pflichtteilsansprüche, wenn diese nicht verheiratet sind. Und die Differenz ist erheblich.

Hat der Erblasser zwei Kinder, eines aus der geschiedenen Ehe und eines mit der Lebensgefährtin, so sind die beiden Kinder →gesetzliche Erben zu jeweils der Hälfte. Erhalten sie aber auf Grund einer testamentarischen Verfügung ihres Vaters zunächst nichts oder zumindest weniger als ihren gesetzlichen Erbteil, so können sie ihren →Pflichtteil beanspruchen. Der Pflichtteil beträgt die Hälfte des gesetzlichen Erbteils, bei zwei Kindern also je Kind ein Viertel. Der Pflichtteil ist ein Geldanspruch, der mit dem Todestag fällig wird; bei Unternehmen und Immobilien zwingt er oft zur Veräußerung, was die Erben zusätzlich Einkommensteuer kostet.

Wäre der Erblasser jedoch im →gesetzlichen Güterstand der →Zugewinngemeinschaft verheiratet gewesen, hätte sich der Pflichtteilsanspruch der beiden Kinder auf je ein Achtel halbiert. Denn dem (zweiten) Ehegatten steht ein gesetzlicher Erbteil von ein Halb zu, sodass auf die Kinder aus erster und zweiter Ehe die andere Hälfte, im Beispiel also auf jedes Kind ein Viertel entfällt. Sein Pflichtteil beträgt somit ein Achtel.

Bei einem vereinbarten Güterstand der →Gütertrennung, den vor allen Dingen Geschiedene wegen des bereits erfahrenen Scheidungsrisikos bevorzugen, würde sich der Pflichtteilsanspruch der Kinder durch Heirat auch reduzieren, jedoch nur auf je ein Sechstel. In diesem Fall erbt die Ehefrau nach dem Gesetz – bei Vorhandensein von zwei Kindern – nämlich nur ein Drittel, sodass auch auf jedes Kind ein gesetzlicher Erbteil von einem Drittel entfällt. Will man trotzdem den kleineren Quotienten von einem Achtel, kann man dies unter Ausschluss des Scheidungsrisikos durch eine modifizierte →Zugewinngemeinschaft (III/2) erreichen. Der umsichtige Berater wird also aus Gründen der Pflichtteilsreduzierung der Kinder zu einer Heirat mit vereinbarter modifizierter Zugewinngemeinschaft raten.

Infolge der Heirat gibt es bei der Erbschaftsteuer einen weiteren erheblichen Vorteil. Während der →Steuersatz bei Lebensgefährten in der →Erbschaftsteuerklasse III bei 1 Mio. Euro 35 Prozent beträgt, liegt er bei Ehepartnern nur bei 19 Prozent. Auch der persönliche →Freibetrag fällt bei Lebensgefährten deutlich geringer aus. Sie erben gerade einmal 5.200 Euro steuerfrei, während Ehegatten immerhin 307.000 Euro als Freibetrag zustehen. Hinzu kommen weitere Begünstigungen des Ehepartners, zum Beispiel ein →Versorgungsfreibetrag von 256.000 Euro, der allerdings um eine dem überlebenden Ehegatten eventuell zustehende Witwenrente gekürzt wird. Geerbter Hausrat bleibt beim Ehegatten bis zu einem Wert von 41.000 Euro, sonstige beweglichen Gegenstände bis zu einem Wert von 10.300 Euro steuerfrei, dagegen kann ein Lebensgefährte hierfür maximal 10.300 Euro als Freibetrag in Anspruch nehmen. Schließlich gibt es für Ehegatten die erbschaftsteuerfreie Schenkung des Familienwohnheims, die zur steuerlichen Vorbeugung einer umgekehrten Sterbereihenfolge (V/6) allerdings mit Widerrufsrecht bei Vorversterben des beschenkten Ehepartners vereinbart werden sollte. Die Eheschließung allein reduziert also die Erbschaftsteuerbelastung wegen der höheren Freibeträge und des niedrigeren Steuersatzes um mehr als die Hälfte. Zusätzlich ist bei Ehepartnern, die im Güterstand der Zugewinngemeinschaft leben, der gesamte Zugewinn erbschaftsteuerfrei, sodass es praktisch meist nicht zu einer Erbschaftsteuerbelastung kommt. Den „Freibetrag“ gibt es übrigens auch bei der modifizierten Zugewinngemeinschaft, wenn also für den Fall der Scheidung der Zugewinn ausgeschlossen oder eingeschränkt wird.

Die Eheschließung – gut beraten – bietet zumindest erbrechtlich und erbschaftsteuerlich keine Risiken, sie bringt nur Vorteile. Wer trotzdem nicht heiraten will, muss den komplizierteren Weg gehen und sein Vermögen umgestalten. Er muss es – etwa durch →Einbringung in eine GmbH & Co. KG – in betriebliches Vermögen umqualifizieren (III/1). Dann kann er es auch seinem Lebenspartner günstiger, fast wie in Steuerklasse I vererben; zusätzlich kommt der Lebensgefährte in den Genuss des →Betriebsvermögensfreibetrages von 225.000 Euro und des gewerblichen →Bewertungsabschlages von 35 Prozent, der freilich genauso auch einem Ehegatten zusteht. Wie lange diese Ausweichgestaltung für Unverheiratete noch möglich ist, ist allerdings nach der Kritik des Bundesfinanzhofs an dieser gesetzlichen Begünstigung (III/1) fraglich. Dann hilft nur noch heiraten.

„Früher haben sie sich um ihre Lego-Steine gestritten..."

2 Nichteheliche Kinder sind ehelichen gleichgestellt

Ohne Testament drohen Streit und Stillstand

Hans Flick

Die seit längerer Zeit zu beobachtende Lockerung der Familienbande macht besondere Vorkehrungen zur Streitvermeidung (I/8) bei der Erbfolge in der Familie notwendig. Kinder rebellieren gegen ihre Eltern, verlangen Mitbestimmung bei deren lebzeitiger Erbfolgeregelung, bezweifeln nachher die Gerechtigkeit →letztwilliger Verfügungen, manchmal unterstützt von den Schwiegerkindern. Nichteheliche Kinder, die der Gesetzgeber den ehelichen völlig gleichgestellt hat, fühlen sich, bestärkt durch ihre Mütter, trotzdem vom Status her benachteiligt. Scheidungskinder bekämpfen die zweite Ehefrau, nach dem Tode des Vaters sogar noch verstärkt. Die jüngere Ehefrau – oftmals gleichaltrig mit den Kindern aus erster Ehe – kämpft für ihre Kinder und deren zukünftige Chancen. Diese gefühlsbedingten Situationen erschweren zusätzlich – neben der allgemeinen Abneigung gegen →Testamente (IV/3) – eine sachliche Erbfolgeplanung.

Der Berater (I/6) hat in diesen Fällen zunächst einmal alle Hände voll zu tun, um die emotionalen Verzerrungen auf die individuelle Realität zurückzuführen. Er wird zum Beispiel beim Schwiegerkinderkomplex (VII/1) argumentieren, dass Schwiegerkinder auch Menschen sind, man selbst einmal beargwöhnter Schwiegersohn war. Vorsichtig wird er darauf hinweisen, dass allein diese Situationen – abgesehen vom konkreten Fall – schon objektiv schwierig sein können.

Der Berater wird den Erblasser behutsam daran erinnern, dass er selbst als Mitverursacher, wenn auch vielleicht ohne Schuld, sich diesem „Chaos“ stellen muss und dass eine langfristige Erbfolgeplanung in solchen Fällen noch notwendiger ist, wobei zu ihrer Optimierung ein offenes Gespräch mit den Betroffenen nahezu unerläßlich (IV/4) ist. Viele Erblasser weichen – so aufgeklärt – einfach der gesamten Problematik aus und sterben ohne

→Testament oder machen nur ein „einfaches“ Testament – mit verheerenden Folgen für die ganze Familie und das Vermögen.

Eingangspforte für solche Familienerbstreitigkeiten ist – für den Laien schwer erkennbar – eine erbverfahrensrechtliche, nämlich die Verwaltung und Auseinandersetzung des →Nachlasses. Der Gesetzgeber, der alle Kinder gleich behandelt sehen will, lässt sie bei Fehlen eines Testamentes oder bei einer einfachen quotalen Erbeinsetzung durch Testament nämlich automatisch „gleichberechtigt“ in eine →Erbengemeinschaft fallen, bei der wichtige Verwaltungsentscheidungen und auch die →Auseinandersetzung nur einstimmig erfolgen können. Dort treffen dann die zweite Ehefrau mit den Kindern erster Ehe oder die Mutter der nichtehelichen Kinder als verantwortlich für deren Vermögenssorge mit den ehelichen Kindern aufeinander. Falls sich hier also nur einer querstellt, tritt in der Nachlassverwaltung oft völliger Stillstand ein, und die öffentliche →Nachlassversteigerung ist dann die endgültige Folge. Sind Minderjährige →Miterben, muss zusätzlich noch das →Vormundschaftsgericht eingeschaltet werden.

Das Mindeste, was in solchen Fällen geschehen muss, ist die testamentarische Einsetzung eines →Testamentsvollstreckers (IV/5) und selbstverständlich eines Ersatztestamentsvollstreckers zur Verwaltung und Auseinandersetzung des Nachlasses. Besser ist es allerdings, zusätzlich eine saubere Teilung des Nachlasses durch →Teilungsanordnung oder →Vorausvermächtnisse (VIII/5) im Testament anzuordnen; dabei werden die „feindlichen“ Kreise möglichst säuberlich getrennt. Sind dickere Brocken wie Unternehmen und Immobilien im Nachlass, müssen die Regeln für das längerfristige längerfristige Zusammenleben und das Auseinandergehen vorab gesellschaftsrechtlich „korsettartig“ verfasst werden.

Die zweite Einfallpforte für Familienerbstreitigkeiten ist die Geltendmachung von Pflichtteilsansprüchen. Diese sind zwar mit der Hälfte des gesetzlichen Erbteils numerisch wesentlich geringer, haben aber andere Nachteile: Sie sind sofort in bar zu entrichten, das verlangt Liquidität, die in vielen Nachlässen nicht vorhanden und schwer beschaffbar ist. Noch störender kann jedoch die Bemessungsgrundlage solcher Ansprüche sein, der →Verkehrswert im Nachlassverzeichnis. Hier eröffnen sich viele oft erpresserische Streitmöglichkeiten über die Vollständigkeit des Verzeichnisses und die Wertangaben. Bei derartigen Situationen ist es empfehlenswert, zusätzlich testamentarisch Schiedsrichter (Schiedsgutachter) vorzusehen.

Eine gebotene Präventionsmaßnahme ist in diesen Fällen, eventuelle Pflichtteilsansprüche zu reduzieren. Das kann man (fast) autonom erreichen, wenn der Erblasser vom →Güterstand der →Gütertrennung in den der modifizierten →Zugewinngemeinschaft wechselt (III/2). Weitere Einschränkungen fordern die Mitwirkung der Betroffenen in Form eines →Pflichtteilsverzichts (nicht →Erbverzicht). Den wird man selten umsonst erreichen. Notwendig ist ein fairer Pflichtteilsverzicht (I/9). Die frühere gesetzliche Regelung für uneheliche Kinder könnte dafür das Beispiel sein: Sofortausstattung (zwischen 21 und 27 Jahren) statt auf den unbestimmten Tod des Erblassers warten zu müssen, eventuell erbvertraglich abgesichert zusätzlich fest umrissene spätere Ansprüche auf den Todesfall.

Unsere ganze hier dargelegte Überlegung bezweckt nur, in solchen Fällen den verheerenden Streit zu vermeiden. Will man darüber hinaus unterschiedlich quotiert auf die Kinder vererben (IV/2), muss man umfassender planen (Minderung durch pflichtteilsresistente Schenkungen, Einbeziehung der Großeltern, Bestimmungen über die Vermögenssorge), sich dabei aber immer bewusst bleiben, dass dadurch das psychologische Störpotenzial aufgeheizt wird.

„Und hier der Schlafzimmerschrank, in dem Sie immer standen“ …

3 Die Geliebtenversorgung

Ein heikles, aber lösbares Thema

Hans Flick / Christian von Oertzen

Wer als Anwalt kontinuierlich im Bereich der Vermögensnachfolge berät, wird zwangsläufig in seinem Leben mehr als nur einmal vor die Aufgabe gestellt, die Nachfolge mit dem ausdrücklichen Auftrag zu gestalten, die Versorgung des außerehelichen Lebenspartners neben dem angeheirateten Ehepartner streitvermeidend und möglichst diskret zu regeln.

Eine derartige Fragestellung ist nicht neu, insbesondere nicht das Ergebnis der Libertinage der späten sechziger Jahre – derartige Situationen gab es zu allen Zeiten. Sichtet man z.B. rechtshistorische Eheverträge aus der Renaissance, so treibt es einem manchmal die Schamesröte ins Gesicht, mit welcher Detailverliebtheit damalige Juristen sämtliche Fragen für beide Ehepartner für die außerehelichen Beziehungen regelten.

Die wichtigste Aufgabe des heutigen Beraters ist es, dafür zu sorgen, dass die erbrechtliche Zuwendung an die Geliebte nicht auf das Schafott der Sittenwidrigkeit geschickt wird, also das →Testament für nichtig erklärt wird. Die Rechtsprechung hat hierzu die Formel entwickelt, dass eine derartige Zuwendung nichtig ist, wenn die Hergabe nur für die Hingabe erfolgt. Die Rechtsprechung entscheidet jedoch schon seit mehreren Jahrzehnten, dass hierfür keine tatsächliche Vermutung existiert. Darlegungs- und beweispflichtig ist vielmehr derjenige, der sich auf die Unsittlichkeit der Zuwendung beruft. Je länger eine außereheliche Beziehung dauert, desto eher ist die Wahrscheinlichkeit, dass sich das gemeinsame Band nicht nur auf das körperliche bezieht. Der Testamentsgestalter wird hieraus die Konsequenz ziehen, deutlich die vorhandenen achtenswerten Motive ausdrücklich herauszustellen, um die testamentarische Zuwendung unangreifbar zu machen. Neben der Vermeidung des Vorwurfs der Sittenwidrigkeit ist das Pflichtteilsrecht des angeheirateten Ehepartners und/oder der ehelichen Abkömmlinge bei der Bemessung der Zuwendung zu berücksichtigen. Dies sollte nicht verletzt werden.

Auch wenn diese Gesichtspunkte gewahrt werden, kann es dennoch zum Streit im Rahmen der →Erbauseinandersetzung kommen, da eine →Erbengemeinschaft aus Geliebter, angeheirateter Ehefrau und ehelichen Kinder ein besonderes Pulverfass ist. Die Nachfolgegestaltung wird deswegen so strukturiert, dass die Zuwendung der Geliebten außerhalb der Erbengemeinschaft und mit möglichst wenig Publizität erfolgt. Der oder die Geliebte wird zum Beispiel durch →Schenkung auf den Todesfall (VIII/7) oder durch →Verträge zu Gunsten Dritter (z.B. Lebensversicherungen) bei gleichzeitiger Dokumentation der achtenswerten Motive bedacht. Depotverträge zu Gunsten Dritter auf den Todesfall sind ebenfalls ein richtiger Weg. Das Ausweichen auf Rechtsgeschäfte unter Lebenden, die auch zu Lebzeiten vollzogen werden, sollte nur erwogen werden, wenn im gleichen Maße wie bei der Testamentsgestaltung die achtenswerten Motivationen dokumentiert werden. Sofern die Versorgung der Geliebten nicht durch Verträge zu Gunsten Dritter auf den Todesfall außerhalb des Erbganges erfolgt, ist über eine →Testamentsvollstreckung nachzudenken, um eine objektive, streitschlichtende und zügige Nachlassabwicklung zu ermöglichen. Der →Testamentsvollstrecker ist verpflichtet, das Testament zügig zu vollziehen, ohne dass die →Erben durch eine Verzögerungstaktik über Jahre die Auszahlung des Deputats verhindern können. Die Einsetzung eines Abwicklungsvollstreckers unterdrückt den hoch emotionalen Erbenstreit und hält überlebenden Ehepartner und Geliebte auf Distanz. Aus Amerika kommt ein weiterer Vorschlag, bei dem abzuwarten bleibt, ob er Einzug in die deutsche Gestaltungspraxis haben wird: Amerikanische Anwälte haben das Modell entwickelt, einen Unverdächtigen testamentarisch mit der Geliebtenzuwendung zu bedenken. Gleichzeitig wird mit diesem ein Treuhandverhältnis zu Lebzeiten abgeschlossen. Danach ist er verpflichtet, die im Testament für ihn vorgesehene Zuwendung an den außerehelichen Lebensgefährten weiterzuleiten. Dieses Modell funktioniert natürlich nur, wenn nicht gemeinsame Steuererklärungen aller erbrechtlich Begünstigten abgegeben werden, da das Treuhandverhältnis selbstverständlich gegenüber dem Fiskus aufzudecken ist.

Als Fazit bleibt: Nicht alle Lebensverhältnisse, die man als Planer der Vermögensnachfolge antrifft, sind geradlinig. Gelockerte Vorstellungen über die Institution Ehe (VI/1) hinterlassen in den Lebensverhältnissen ihre Spuren. Bei richtiger Gestaltung kann aber der Kampf um das Mätressentestament unterbleiben.

4 Erziehen Sie Ihre Ehefrau zur Witwe

Hans Flick / Frank Hannes

Der Geschäftsführer eines Unternehmens erklärte der Unternehmerwitwe, die das Unternehmen vor drei Jahren von ihrem verstorbenen Mann geerbt hatte, es sei ihm mit großem persönlichem Einsatz gelungen, ihr →Kapitalkonto von der Passivseite der Bilanz auf die Aktivseite zu bringen; sie gewährte dem Geschäftsführer für diese „positive" Nachricht großzügig eine Sondertantieme.

Zur Überraschung der Witwe ging das Unternehmen im folgenden Jahr pleite. Hätte die Witwe über Grundkenntnisse der Buchführung und Bilanzierung verfügt, wäre ihr sofort aufgefallen, dass nur ein Verlust des Unternehmens ihr Kapitalkonto von seinem angestammten Platz auf der Passivseite auf die Aktivseite bewegen kann. Entgegen dem Wortinhalt ist nämlich die Aktivseite für das eigene Kapitalkonto die Schattenseite. Ihr Mann hätte ihr raten müssen, sie als Erbin solle frühzeitig Grundkenntnisse in Buchführung und Bilanzierung erwerben, müsse dem Geschäftsführer misstrauen, Vierteljahres- oder gar Monatsberichte verlangen und sich diese persönlich vom unabhängigen Wirtschaftsprüfer des Unternehmens erläutern lassen.

Vor diesem Hintergrund gilt: Wer ein Unternehmen oder ein größeres Vermögen vererbt, muss nicht nur die Erbfolge so regeln, dass eindeutige Verhältnisse und damit keine Streitigkeiten (I/8) entstehen, sondern die Bedachten auch in die Lage versetzen, ihre ererbte Vermögensposition sachkundig zu vertreten. Dies gilt umso mehr, wenn der Erblasser seine Familie und seine →Erben – zu Recht oder zu Unrecht – für geschäftlich „unbedarft" hält. Kinder, denen im Unternehmen deshalb nur eine passive Kommanditistenrolle zugedacht ist, sollten sich dennoch in dem durch den Gesellschaftsvertrag bei der Erbregelung gezogenen Rahmen selbstsicher bewegen können; sie sollten weder von geschäftsführenden Geschwistern oder einer Fremdgeschäftsführung ausgehungert noch zum lästigen Gesellschafter degradiert werden.

Die Weichen hierzu sind im Gesellschaftsvertrag zu stellen, der langfristige Grundlage für ein friedliches, wenn auch nicht unbedingt interessengleiches Zusammenleben der Erben sein sollte. Hier sind – wie unter Fremden – die Kompetenz der Geschäftsführung, ihre sachgerechte Entlohnung, die ausgeklügelte Entnahmeregelung, die zustimmungspflichtigen Geschäfte, die Fortsetzungs- und Ausscheidensregeln festzusetzen. Dabei sind die Unternehmensinteressen ebenso zu berücksichtigen wie die Interessen der Anteilseigner. Zweckmäßig ist dabei oft ein regelmäßig tagender, informierter Beirat, mit Beteiligung kompetenter, auf Ausgleich bedachter Fremder. Besonders erfolgreich für den langfristigen Zusammenhalt der Familie und damit ihres Vermögens erweisen sich in der Praxis jährliche Familientage, auf denen alle Familienangehörige über den Verlauf des Familiengeschäfts informiert werden. Bei dieser Gelegenheit kann auch eine firmenspezifische Fortbildung erfolgen, etwa das Portrait einer Sparte oder eines Marktes oder ein Bericht über die Forschungsanstrengungen.

Größere Familiengesellschaften haben ein Familienbüro, das den Gesellschaftern Arbeiten im Zusammenhang mit der Beteiligung abnimmt, wozu auch die Erarbeitung von Vorschlägen zur Lösung von Steuer- oder Nachfolgeproblemen gehört. Das kann zum Beispiel die Öffnung des Gesellschaftsvertrages in der Nachfolgeklausel für Nießbrauchkonstruktionen (III/4) oder die Zulassung von →Testamentsvollstreckern bei Gesellschafterversammlungen betreffen.

Am Besten ist es, wenn die verschiedenen Rollen schon zu Lebzeiten des Seniors eingeübt werden (I/4); dann können sich als notwendig erweisende Korrekturen noch zu seinen Lebzeiten vorgenommen werden. Auf lange Sicht kommt es vor allem darauf an, dass die Geschäftsführung des Familienunternehmens ein gutes Verhältnis und einen offenen Umgang zur Familie pflegt, sie bevorzugt informiert und Planungen offenlegt. Die geschäftsführenden Gesellschafter sollten in ihrem allgemeinen äußeren Auftreten Bescheidenheit üben; ein größerer Dienstwagen, ein sich überlegen dünkender Lebenspartner können Störfaktor sein. In der Praxis ist das Zusammengehörigkeitsgefühl wichtiger als der vorübergehende Ausfall einer Dividende.

Für Ehefrau und Kinder ist es vorteilhaft, wenn sie vom Unternehmer selbst durch regelmäßige Gespräche am Mittagstisch oder bei ähnlichen Gelegenheiten über allgemeine wirtschaftliche Fragen oder spezielle Unternehmensprobleme fortlaufend und umfassend informiert werden. Auch das regelmäßige Studium der Wirtschaftspresse schafft eine Allgemeinbildung, die es erlaubt, in Wirtschaftsfragen mitzureden und im eigenen Bereich unternehmerische Entscheidungen zu treffen. Eine Banklehre oder ein Bankpraktikum erfüllen den gleichen Zweck.

Der wirtschaftserfahrene Erblasser sollte den Erben vertrauenswürdige Beratung empfehlen, Anlageempfehlungen aussprechen und auch eigene schlechte Erfahrungen, zum Beispiel mit steuerlichen Sparmodellen (V/2), weitergeben. Er sollte für einzelne Vermögensteile auf bestimmte Berater seines Vertrauens verweisen. Seine unternehmerischen Erfahrungen und Grundsätze sollte er seinen Erben mit einem Begleitbrief zu Bedenken geben. Kurzum: Erziehen Sie Ihre Ehefrau zur Witwe. Oder für die erfolgreiche Unternehmerin: Erziehen Sie Ihren Ehemann zum Witwer.

5 Die Familienstiftung

Eine seltene Nachfolgevariante

Hans Flick / Christian von Oertzen

Manchmal, aber eher ausnahmsweise können privatnützige Stiftungslösungen geeignete Gestaltungen für die familiäre Vermögensnachfolge sein. Das Besondere einer Stiftung ist, dass sie auf ewig angelegt ist und keine Anteilseigner hat. Sie gehört sich selbst. Die Familienstiftung ist eine →Stiftung, die zum Wohle einer Familie im Laufe der Generationenfolge angelegt ist. Ihre Aufgabe ist es, das Vermögen zusammenzuhalten und aus den Erträgen die Familienangehörigen großzügig zu versorgen.

Durch die →Einbringung des Vermögens in die Stiftung wird das Vermögen erbrechtsimmun. Da das Vermögen nach der Einbringung der Stiftung gehört (VII/6), kann es nicht mehr durch Erbstreit, →Erbauseinandersetzung oder Scheidung zerschlagen werden. Auch die Gläubiger der Familienangehörigen können auf das Stiftungsvermögen nicht mehr zugreifen. Errichtet man eine Familienstiftung, so muss man jedoch beachten, dass eine Stiftungserrichtung so ähnlich wirkt wie eine Schenkung. Deswegen kann die Stiftungsgründung, wenn sich der Stifter umfangreiche Nießbrauchsrechte vorbehält oder die Stiftungsgründung weniger als zehn Jahre überlebt, Pflichtteils- oder →Pflichtteilsergänzungsansprüche bei den zu kurz gekommenen Angehörigen auslösen. Dasselbe gilt, wenn die Eheleute im →gesetzlichen Güterstand leben und der Ehepartner der Stiftungsgründung nicht zustimmt.

Steuerlich löst die Errichtung Erbschaftsteuer aus. Dabei gilt ein Steuerklassenprivileg für deutsche Familienstiftungen: Maßgebend für die Errichtungsbesteuerung ist das Verwandtschaftsverhältnis zwischen Stifter und dem entferntesten Verwandten, der nach der Satzung bezugs- oder anfallsberechtigt ist. Ansonsten würde der Vorgang wie zwischen fremden Dritten in der teuersten Steuerklasse besteuert. Inländische Familienstiftungen unterliegen darüber hinaus alle 30 Jahre einer →Erbersatzsteuer. Für steuerliche Zwecke stirbt sie alle 30 Jahre, obwohl sie zivilrechtlich fortexistiert. Es wird ein Erbfall in einer Zwei-Kind-Familie fingiert. Die Auflösung der Stiftung ist ebenfalls eine steuerpflichtige Zuwendung. Auch unterliegt die Familienstiftung ganz normal einer laufenden Ertragsbesteuerung. Die Familienstiftung ist damit kein besonderes Steuergestaltungsmodell. Die Gründe für die Errichtung einer Familienstiftung liegen deswegen regelmäßig außerhalb des Steuerrechts: Typischer Anwendungsfall ist die Existenz von Traditionsvermögen, das als identitätsstiftendes Familienvermögen generationsübergreifend – wie früher im →Fideikommiss – für eine größere Anzahl von Familienangehörigen erhalten bleiben soll.

Ein anderer Anwendungsfall ist die Existenz eines sehr großen Vermögens, sodass man erwägt, einen Teil dieses Vermögens unabhängig von allen steuerlichen Überlegungen in eine Familienstiftung als „Familienspardose" zu überführen, um so Teile dieses Vermögens vom Schicksal des einzelnen Familienmitglieds abzutrennen und als eiserne Reserve generationsübergreifend für die Versorgung von Enkeln und Urenkeln zu erhalten. Gelegentlich wird diese Überlegung auch für unternehmerische Beteiligungen angewandt. Ob aber die Stiftung ein geeignetes Modell für die Führung eines operativen Unternehmens ist, darüber streiten sich die Gelehrten.

Da die Stiftung keine Anteilseigner hat, muss man Kontrollinstanzen in der Stiftungssatzung vorsehen, damit sich der Vorstand nicht selber kontrolliert und die Familie zum Bittsteller degradiert. Dies wird besonders plastisch, wenn die Familienstiftung eine Beteiligung an einem Unternehmen hält. Keinesfalls sollte die Geschäftsführung des Unternehmens und der Vorstand der Stiftung personenidentisch sein. Ansonsten droht die Gefahr, dass die Geschäftsführung des Unternehmens die Kontrollinstanzen des Unternehmens aushebelt und die Familienbelange, zu deren Zwecke die Stiftung geschaffen wurde, ausschaltet.

Möchte man den Familieninteressen auch kein Übergewicht geben, so muss ein System der „Checks and Balances" in der Stiftungssatzung konstruiert werden, bei denen der Einfluss des Managements und der Familie gleichgewichtig austariert sind. Das Zünglein an der Waage sind unabhängige dritte Personen, die keinesfalls wirtschaftliche Interessen gegenüber dem Stiftungsvorstand durch Stiftungsaufträge haben oder die in einem Abhängigkeitsverhältnis zu den begünstigten Familienangehörigen stehen. Fazit ist: Die Familienstiftung ist ein interessanter Exot, der gelegentlich als Nischenmodell einen gewissen Anwendungsbereich in der Nachfolgeplanung hat.

6 Auf gleichgeschlechtliche Paare lauern Fallen im Erbrecht

Eine steuerliche Gleichstellung mit Eheleuten steht noch aus

Hans Flick / Frank Hannes

Seit einiger Zeit haben auch gleichgeschlechtliche Paare die Möglichkeit, den Bund fürs Leben zu schließen. Der Bund heißt nicht Ehe, sondern „eingetragene Lebenspartnerschaft". Seine rechtlichen Wirkungen aber sind denen der Ehe zumindest ähnlich: Die Lebenspartner können einen gemeinsamen Namen führen, sie erhalten ein Sorgerecht betreffend Alltagsangelegenheiten des Kindes des Partners, sie werden, wenn sie kein eigenes Einkommen haben, in der Kranken- und Pflegeversicherung in die beitragsfreie Familienversicherung aufgenommen, sind einander unterhaltspflichtig und erb- und pflichtteilsberechtigt.

Die Absicherung des einen kann freilich – genauso wie unter Eheleuten – zur Belastung des anderen werden. Und auch bei Aufhebung der Lebenspartnerschaft wird – das zeigen erste Erfahrungen – genauso gestritten wie bei Scheidung einer Ehe. Das gesetzliche Erbrecht und damit auch der →Pflichtteil eines Lebenspartners hängt wesentlich von dem Vermögensstand ab, in dem die Lebenspartner leben.

Während das Gesetz für Eheleute mit der →Zugewinngemeinschaft einen Regelgüterstand bestimmt, von dem durch notariellen →Ehevertrag abgewichen werden kann (VI/1), müssen sich die Lebenspartner bei Begründung der Lebenspartnerschaft für einen bestimmten Vermögensstand entscheiden. Haben sie die – der →Gütertrennung entsprechende – Vermögenstrennung gewählt, so beträgt der →gesetzliche Erbteil des überlebenden Lebenspartners, sofern er neben Abkömmlingen des Verstorbenen erbt, ein Viertel. Bei dem Viertel bleibt es – anders als bei Eheleuten – auch, wenn der Verstorbene nur ein oder zwei Kinder hat, was zu einer erhöhten Pflichtteilsgefahr (3/8 statt 1/4 beziehungsweise 1/6) im Falle der

Alleinerbeneinsetzung des längerlebenden Lebenspartners führt. Neben Eltern des Erblassers und deren Abkömmlingen sowie neben seinen Großeltern erbt der längerlebende Lebenspartner zu zur Hälfte. Sind keine der vorgenannten Verwandten vorhanden, erbt er alleine.

Haben sich die Lebenspartner für den Vermögensstand der Ausgleichsgemeinschaft, der mit der →Zugewinngemeinschaft vergleichbar ist, entschieden, so erhöht sich die gesetzliche Erbquote des überlebenden Lebenspartners pauschal um ein weiteres Viertel. Freilich können die Lebenspartner eine von den gesetzlichen Regelungen abweichende letztwillige Verfügung treffen. Dies kann getrennt in Einzeltestamenten (VIII/1), genauso aber auch zusammen in einem notariell zu beurkundenden →Erbvertrag (VIII/4) oder in privatschriftlicher Form in einem →gemeinschaftlichen Testament (II/1) geschehen. Bei der Gestaltung der →letztwilligen Verfügung wird vor allem dem Umstand Rechnung zu tragen sein, dass die Lebenspartner ohne gemeinsame Kinder versterben. Sofern der Längerlebende nicht Alleinerbe werden soll, ist darüber hinaus zu berücksichtigen, dass die als Miterben berufenen Familienangehörigen des Verstorbenen seiner Homosexualität und damit häufig auch seinem Lebenspartner ablehnend gegenüberstehen, was das ohnehin bei →Erbauseinandersetzungen latent vorhandene Streitpotenzial noch einmal deutlich erhöht. Eine strikte Trennung der Bedachten durch jeweils vermächtnisweise Zuwendung einzelner Nachlassgegenstände ist in jedem Falle empfehlenswert. Zum Schutz des Längerlebenden kann hier auch die Anordnung einer →Testamentsvollstreckung hilfreich sein. In noch stärkerem Maße als bei Eheleuten aber sollten Lebenspartner bei der Gestaltung ihrer letztwilligen Verfügung die erbschaftsteuerlichen Auswirkungen berücksichtigen. Im steuerlichen Bereich nämlich steht die Gleichstellung der Lebenspartner mit Eheleuten noch aus. Das hierfür vorgesehene Lebenspartnerschaftsergänzungsgesetz fand in der letzten Legislaturperiode nicht die Zustimmung des Bundesrates und ist deshalb bis heute nicht in Kraft getreten. Für eingetragene Lebenspartner hat dies die missliche Folge, dass sie steuerlich nach wie vor wie „Nichtverheiratete“ behandelt werden. Sie werden in der ungünstigsten →Steuerklasse III besteuert, haben keinen →Versorgungsfreibetrag, lediglich einen persönlichen →Freibetrag von 5.200 Euro (statt 307.000 Euro bei Ehepartnern) und ein dem →Zugewinnausgleich vergleichbarer Überschussausgleich ist für sie auch nicht steuerfrei. Besonders verheerende Folgen kann hier ein Testament haben, in dem der Lebenspartner zum Alleinerben und ein eigenes Kind oder auch ein Geschwisterteil als →Schlusserbe eingesetzt werden. In diesem Fall erbt nicht nur der Lebenspartner in ungünstigster Steuerklasse, sondern später auch das mit dem Lebenspartner nicht verwandte Kind. Eine an sich im Erbschaftsteuergesetz vorgesehene Gleichstellung von Kindern und Stiefkindern wird insoweit für nicht anwendbar gehalten. Bei einem Nachlassvermögen von beispielsweise 2 Mio. Euro kassiert der Fiskus in den beiden Erbfällen 1,15 Mio. Euro, sodass dem Kind als Schlusserben von den ursprünglich 2 Mio. Euro gerade einmal 850.000 Euro verbleiben. Eine steuerliche Diskriminierung, die dringend beseitigt werden muss. Bis dahin sollte in derartigen Fällen auf Ausweichgestaltungen wie eine →Vor- und Nacherbschaft oder ein Nießbrauchvermächtnis zu Gunsten des Lebenspartners bei Erbeinsetzung des Kindes in Betracht gezogen werden. Auch durch Umwandlung von Privat- in Betriebsvermögen (III/1) lässt sich die Diskriminierung – jedenfalls derzeit noch – beseitigen. Das nämlich wird nicht nur durch den →Betriebsvermögensfreibetrag und den 35prozentigen →Bewertungsabschlag begünstigt, sondern auf Grund eines →Steuerklassenprivilegs nahezu wie in günstigster Steuerklasse erworben, also fast so als wären die eingetragenen Lebenspartner auch steuerlich „richtig“ verheiratet.

VII

Zielpersonen in der Erbfolge

„Ich möchte um die Hand deines Vaters anhalten …"

1 Misstrauen gegenüber Schwiegersohn kann im Desaster enden

Drohgebärden mit Kollateralschaden

Hans Flick

Schwiegersöhne sind unbeliebt, insbesondere bei Schwiegervätern, die eifersüchtig sind. Sie stehen unter dem Verdacht, Mitgiftjäger zu sein. Deshalb fordern die Schwiegerväter als potenzielle Erblasser des Familienvermögens besonderen Schutz ihrer Töchter vor diesen Unmenschen. Üblicherweise wird dem in Gesellschafts- und →Eheverträgen sowie in →Testamenten unreflektiert Rechnung getragen, letztlich unwirksam und mit unbeabsichtigtem, unverhältnismäßigem Kollateralschaden. Herkömmlich wird als Schutzklausel das Verlangen gegen den Zugriff von Ehegatten eingefügt, die Töchter (beziehungsweise Söhne) sollten mit ihren Ehegatten auf das Familienvermögen →Gütertrennung vereinbaren oder die →Zugewinngemeinschaft so modifizieren, dass das ererbte Vermögen von einem Anspruch auf →Zugewinnausgleich ausgeschlossen werde.

Das Verlangen auf Gütertrennung ist bedenklich, weil es sittenwidrig sein könnte. Man verlangt nämlich von den Kindern damit mehr, als für den berechtigten Schutz des Erbes notwendig ist. Die Kinder und Schwiegerkinder müssen nämlich dadurch erbschaftsteuerliche Nachteile in Kauf nehmen, die bei gleicher Schutzwirkung der modifizierten Zugewinngemeinschaft (III/2) nicht erforderlich wären. Und beim Zugewinn ist das ererbte Vermögen schon gesetzlich dadurch vom Zugriff des Ehegatten ausgeschlossen, dass sein Wert bei der Zugewinnberechnung dem vom Zugewinnanspruch freibleibenden Anfangsvermögen zugerechnet wird. Wichtiger wäre in diesen Fällen schon, den Wertzuwachs des ererbten Vermögens und dessen Erträge zusätzlich vom Zugewinn auszuschließen, eine rechtlich allerdings schwer zu treffende Abgrenzung, die im Erb- und Schenkungsfall zudem viel Streit auslösen kann.

Eine weitere Schwäche solcher Klauseln ist deren Durchsetzung in der Praxis. Ein Güterstandsvertrag kann nämlich ebenso schnell geändert wie abgeschlossen werden. Das →Güterstandsregister bietet keine Kontrollmöglichkeiten, weil die Eintragung keine konstitutive Wirkung hat und die Parteien regelmäßig auf eine Eintragung verzichten. Also ist eigentlich eine fortlaufende Kontrolle mit Vertragsvorlage und Versicherung der Nicht-Änderung notwendig, die im Allgemeinen weder vorgesehen ist noch tatsächlich erfolgt.

Das liegt daran, dass in derartigen Klauseln die Frage ihrer Durchsetzung meist völlig offen bleibt. Häufig ist sie deshalb nur als unverbindlicher elterlicher Ratschlag anzusehen, dessen Nichtbefolgung ungesühnt bleibt, was jedoch nicht beabsichtigt ist. Fasst man jedoch solche Klauseln als →Auflage auf, sodass sie durch die Erben oder Mitgesellschafter erzwungen werden kann, so stellt sich die Frage: Was soll dann die adäquate Folge sein? →Enterbung oder Ausschluss der Kinder aus der Gesellschaft wäre wohl doch zu grausam. Ist vor solch weitgehenden Folgen die Setzung einer Nachbesserungsfrist erforderlich? Das endet bei Auflagenanordnungen vor Gericht und ist meist nur in langjährigem Streit zu klären. Wenn die Rechtsfolgen im Testament oder Gesellschaftsvertrag als (auflösende) Bedingung formuliert werden, sind die Folgen zu bedenken. Ist eine solche Regelung wirklich ernst gemeint, und das sollte sie wegen des Scheidungsrisikos eigentlich sein, könnte man eine Nachbesserungsfrist vorschreiben und zur Erzwingung „nur“ eine zeitweiige Entnahmesperre oder eine temporäre →Testamentsvollstreckung vorsehen.

Und wer sollte im Falle eines Falles dem betroffenen Kind die Gretchenfrage stellen: die überlebende Mutter oder die Geschwister? Das kann leicht zu einem ewigen Familienstreit führen. Und damit wären wir auch schon bei den Kollateralschäden. Diese Klauseln lassen nämlich die denkbaren Reaktionen der Schwiegerkinder und der eigenen Kinder völlig außer Betracht. Könnte sich der Schwiegersohn nicht ungerecht behandelt fühlen, die Tochter die sonst glückliche Ehe nicht gefährden wollen? Vielleicht ist der Gatte besonders liebevoll zu seiner Frau. Tragen die Enkelkinder nicht auch seine Gene? Eine deshalb zerbrechende Ehe würde für die Tochter und Enkelkinder einen persönlichen Schaden bedeuten, der den drohenden Vermögensschaden weit übertrifft. Im Extremfall könnte sich die Tochter an die Seite ihres Mannes und gegen die Eltern stellen, wobei wiederum die Mutter sich möglicherweise wider ihres Gefühls auf die Seite ihres Mannes schlagen muss.

Deshalb sollte man bei der Regelung dieses Problems von vornherein alle Gesichtspunkte bedenken. Man sollte einerseits dem Wunsch auf Schutz des Familienerbes wirksam Ausdruck verleihen, aber auch dem persönlichen Familienfrieden Rechnung tragen. Psychologisch richtig ist es, das Problem zu entpersonalisieren, es als eine Maßnahme zu Sicherung des Familienerbes und Familienfriedens dazustellen und nicht aus Misstrauen gegen Schwiegerkinder. Sie ganz auf null zu stellen, ist weder im Scheidungsfall noch im Todesfall gerechtfertigt. Ihnen sollte auf jeden Fall der standesgemäße Unterhalt sicher sein. Großzügig sollten sie auch selbst von den Schwiegereltern unmittelbar im Testament bedacht werden, zur Hebung ihres Selbstbewusstseins.

Einer meiner intelligenten Klienten rechtfertigte das großzügige Vermächtnis an seinen geschiedenen Schwiegersohn mit der klugen Bemerkung, es gehe nicht an, dass seine Enkel mit einem Mercedes vor dem Reihenhaus ihres geschiedenen Vaters vorführen.

Im Übrigen verwandeln sich oftmals im Laufe der Zeit, wenn alle Beteiligten Vorurteile beiseite lassen, ungeliebte Schwiegersöhne in Lieblingskinder. Zumindest wunderte sich meine Ehefrau später manchmal, wenn der Schwiegervater anrief und – sie übergehend – sofort fragte: Ist der Hans zu Hause?

„Nur die Ohrringe gefallen mir nicht ..."

2 Die heiratslustige Witwe

Wiederverheiratungsklauseln sind nur scheinbar überholt

Hans Flick / Frank Hannes

In den juristischen Formularbüchern für Testamente von Eheleuten sind schon seit langer Zeit Wiederverheiratungsklauseln vorgesehen. Sie schränken in den meisten Fällen den großzügig versorgten überlebenden Ehegatten erheblich ein. Ob derartige Regelungen noch zeitgemäß sind, wird sehr unterschiedlich beurteilt. Auf jeden Fall bedarf es für den Berater bei der Diskussion der Erbfolgeplanung mit den Eheleuten eines besonderen Fingerspitzengefühls in diesem Punkt.

Sieht man in diesen Klauseln nur einen Ausfluss eines überholten Männlichkeitswahns, sind sie sicher nicht mehr zeitgemäß. Auch ihre indo-germanischen Ursprünge – es wird vermutet, dass sie auf ein hinduistisches Sterberitual zurückgehen, wonach die Witwe zusammen mit dem Leichnam des verstorbenen Ehegatten auf einem Holzstoß verbrannt wurde – lassen sie eher als überholt erscheinen. Möglicherweise ist es für die gemeinsamen minderjährigen oder halbwüchsigen Kinder viel besser, wenn der Mutter wieder ein legitimierter Vater zur Seite steht. Eine Relativierung der Forderung nach einer Wiederverheiratungsstrafklausel tritt häufig dann ein, wenn man fragt, ob sich der Testator selbst ähnlichen Beschränkungen, wie er sie seiner Frau auferlegen will, unterwerfen würde. Trotzdem kann in modifizierter Form die Wiederverheiratungsklausel auch heute noch in Testamenten durchaus angebracht sein. Allerdings nicht als Einschränkung, sondern zur Vermeidung von Interessenkollisionen. Häufig haben nämlich Ehegatten bei der Formulierung gemeinschaftlicher →Ehegattentestamente (II/1) die keineswegs unberechtigte Sorge, dass der Überlebende wieder heiratet und irgendwann die gemeinsamen Kinder zu kurz kommen.

Dieser Sorge liegen im wesentlichen drei rechtliche Gesichtspunkte zu Grunde. Soweit die Einsetzung der Abkömmlinge durch den Überlebenden nicht bindend ist, kann er seine Verfügung auch nach dem Tode des erstversterbenden Ehepartners ändern oder widerrufen. Die meisten gemeinschaftlichen Testamente aber begründen eine derartige Bindung (VIII/3). Denn regelmäßig trifft hier der eine Ehegatte nur deshalb bestimmte Verfügungen, weil auch der andere Ehegatte entsprechend verfügt. Klassischer Fall für derartige →wechselbezüglichen Verfügungen sind die als →Berliner Testament bekannten letztwilligen Anordnungen, durch die sich die Eheleute gegenseitig zum Alleinerben des Erstversterbenden und die Kinder zu Erben des Längerlebenden einsetzen. In diesem Fall kann der Längerlebende seine Verfügungen, insbesondere also die Erbeinsetzung der Kinder im zweiten Erbfall, nach dem Tode des Erstversterbenden nicht mehr wiederrufen; es sei denn, er hat sich solches im Testament vorbehalten oder er schlägt seine eigene Erbschaft aus.

Jedoch bietet ihm die Wiederverheiratung eine weitere Möglichkeit, die Bindung wieder aufzuheben, und zwar durch Anfechtung der eigenen Verfügung. Mit der Wiederverheiratung ist dem längerlebenden Ehegatten nämlich neben den Kindern ein neuer →gesetzlicher Erbe entstanden, der im Falle seiner durch die Erbeinsetzung der Kinder bewirkten Enterbung seinen →Pflichtteil beanspruchen kann. Als weitere neue Pflichtteilsberechtigte kommen häufig noch Kinder aus zweiter Ehe hinzu. In derartigen Fällen aber, in denen der längerlebende Ehegatte mit seiner Verfügung einen ihm im Zeitpunkt ihrer Errichtung noch unbekannten Pflichtteilsberechtigten – insbesondere also den zweiten Ehegatten – übergehen würde, gibt ihm das Gesetz das Recht, seine damalige Verfügung anzufechten. Er hat damit die Möglichkeit, neu und abweichend zu verfügen, also insbesondere auch seinen zweiten Ehepartner zu bedenken, der so auch Vermögen erhält, das der Längerlebende vom Erstverstorbenen geerbt hat.

Dem Anfechtungsrisiko kann in letztwilligen Verfügungen allerdings begegnet werden, indem die Eheleute ausdrücklich das Anfechtungsrecht des Längerlebenden ausschließen. Doch lässt sich auch dadurch nicht verhindern, dass der neue Ehepartner durch Beanspruchung seines Pflichtteils indirekt auch auf das Vermögen des Erstverstorbenen zugreift und die Erbschaft der Kinder schmälert.

Die in der Praxis entwickelten Wiederverheiratungsklauseln verfolgen vor allem das Ziel, für den Fall der Wiederverheiratung des überlebenden Ehegatten den Abkömmlingen eine angemessene Nachlassbeteiligung zu sichern und Pflichtteilsgefahren durch den neuen Ehegatten vorzubeugen. Hierzu bieten sich verschiedene Gestaltungsalternativen.

Bei der Vorerbschaftslösung wird der überlebende Ehegatte für den Fall der Wiederverheiratung zum Vorerben zurückgestuft. Er wird damit gegenüber den als →Nacherben eingesetzten Kindern rechenschaftspflichtig und er ist in der Verfügung über das ererbte Vermögen beschränkt. Das vom Erstversterbenden als Vorerbe geerbte Vermögen fällt nicht in den Nachlass des Längerlebenden, mit der Folge, dass er hierüber nicht wirksam verfügen und sein neuer Ehepartner diesbezüglich auch keine Pflichtteilsansprüche geltend machen kann.

Bei der so genannten Vermächtnislösung, bei der den gemeinsamen Kindern für den Fall der Wiederverheiratung ein bestimmter Teil des Nachlasses zugedacht wird, erfolgt hingegen häufig eine sofortige Korrektur zu Gunsten der Kinder. Sie empfiehlt sich allerdings nur, wenn die Versorgung des Längerlebenden mit eigenem Vermögen hinreichend gesichert ist. Ist dies nicht der Fall, sollte angeordnet werden, dass die →Vermächtnisse mit dem Tode des Längerlebenden fällig werden.

Aus der Historie ist ein Fall bekannt, in dem der Ehemann seiner Ehefrau ein Wiederverheiratungsgebot auferlegt hat. Heinrich Heine, der seiner Frau sein ganzes Vermögen vermachte, begründete dieses Gebot mit der Bemerkung, so sei gesichert, dass wenigstens ein Mann seinen Tod bedauern würde.

3 Mit Enkelfonds wird das Erbe in homöopathischen Dosen verteilt

Hans Flick / Christian von Oertzen

Für Großeltern gehören Enkel zu den wichtigsten Bezugspersonen in der Familie. Besonders enthusiastisch sind Großmütter. Man kümmert sich um die besonderen Interessen der Enkel, hilft ideell und materiell den Benachteiligten. Gerne möchte man sie noch groß werden sehen. Diese Teilnahme und Hilfe möchte man durchhalten, am liebsten noch über den eigenen Tod hinaus. Ein wenig hofft man dabei, dass man bei ihnen noch lange in guter Erinnerung bleibt. Solche Wünsche kann man lebzeitig oder erbrechtlich realisieren. Sie sind sogar erbschaftsteuerlich vorteilhaft, bedürfen jedoch bei großem Vermögen bei lebzeitiger Realisation einer gesellschaftsrechtlichen Verfassung, bei Errichtung von Todes wegen einer etwas komplexeren Testamentsstruktur. Hinzu kommen muss noch eine vorausschauende Umsicht, um in der Familie nicht mehr Schaden anzurichten als Nutzen zu stiften.

Diese Ziele kann man mit erheblichen erbschaftsteuerlichen Vorteilen (III/7) kombinieren. Denn das Vermögen, das unmittelbar auf die Enkelgeneration übertragen wird, wird nur einmal beim Übergang von den Großeltern auf die Enkel bei der Erbschaftsteuer zur Ader gelassen und nicht zweimal, wenn es klassisch zunächst an die Elterngeneration und dann von diesen an die Enkelgeneration weitergegeben wird. Die Weitergabe an die Enkel erfolgt dabei in derselben günstigen →Steuerklasse wie bei der Weitergabe an die Kinder. Steuern sparen ist das eine: Die Zuwendung muss aber auch vernünftig sein. Einem jungen, womöglich noch minderjährigen Menschen einen siebenstelligen Geldbetrag zur Verfügung zu stellen, ist menschlich gefährlich, da es die Leistungswilligkeit beeinträchtigen und falsche Freunde anlocken kann. Deswegen müssen Schutzgitter eingezogen werden.

Bei lebzeitiger Übertragung bietet sich das Enkelfondskonzept an. Die einfachste Form besteht darin, dass Großeltern und Eltern eine vermögensverwaltende Kommanditgesellschaft bilden. Die Eltern sind die so genannten Komplementäre, also die Geschäftsführer, und die Großeltern die Kommanditisten, die das Geld in die Gesellschaft einbringen. Sodann schenken die Großeltern den Enkeln ihre Kommanditbeteiligungen. Folge ist, dass den Enkeln nicht Geld, sondern eine nicht fungible Gesellschaftsbeteiligung gehört. Diese Gesellschaftsbeteiligung wird von geschäftsführenden Gesellschaftern, den Eltern, verwaltet. Das Bankkonto gehört der Gesellschaft, nicht den Enkeln. Früher nutzte man für derartige Gestaltungen Familien-→GbRs. Der Nachteil der Gesellschaften bürgerlichen Rechts ist jedoch, dass bei ihr seit 1998 die volljährig werdenden Enkel ein unentziehbares Kündigungsrecht haben, mit der Folge, dass sie theoretisch mit 19 ihre Beteiligung kündigen und ein Abfindungsguthaben verlangen können. Dies ist in der vermögensverwaltenden Kommanditgesellschaft nicht der Fall, da dieses Sonderkündigungsrecht nicht für den beschränkt haftenden Gesellschafter gilt. Auch die Publizität einer derartigen Struktur hält sich in Grenzen: Die Kinder müssen zwar im Handelsregister als Kommanditisten eingetragen werden. Man ist jedoch frei, wie hoch man die Hafteinlage bemisst. So können durchaus die Kinder mit je 5.000 Euro Hafteinlage im Handelsregister eingetragen werden, obwohl die Beteiligungen das 10- oder 100-fache wert sind. Vorteil der vermögensverwaltenden KG ist auch, dass ein Jahresabschluss nicht beim Handelsregister hinterlegt werden muss, wenn die Eltern persönlich haftende Gesellschafter sind. Dies ist anders, wenn als Enkelfonds zum Beispiel eine GmbH oder GmbH & Co. KG gewählt wird. Bedient man sich derartiger Rechtsträger, was gerade bei größeren Zuwendungen sinnvoll sein kann, weil dann besondere Vergünstigungen in der Erbschaftsteuer (III/1) noch gewährt werden, wird man andere Maßnahmen ergreifen, um die Publizität gegenüber fremden Dritten gering zu halten.

Soll dieser Enkelfonds erst testamentarisch entstehen, kann man sich des so genannten testamentarischen Familiengutes bedienen. Dies ist eine Rechtsfigur, die vor knapp 50 Jahren entwickelt wurde und die Kombination aus einem Erbauseinandersetzungsverbot mit Verwaltungsanordnungen für bestimmte Vermögensteile für die Enkel, gepaart mit einer →Dauertestamentsvollstreckung für die Enkel, flankiert von einem so genannten →Bestimmungsvermächtnis, darstellt. Auch hier wieder unterliegt das von den Großeltern stammende Vermögen nicht dem unmittelbaren Verfügungsrecht der Enkel.

Diese Sicherheitsstrukturen ermöglichen eine homöopathische Dosierung der Wohltaten: Die Substanz liegt zwar bei den Enkeln, doch der Ertrag wird wohl dosiert und altersgerecht sowie leistungsbezogen verteilt: Während bei kleinen Enkeln der gemeinsame Reiterurlaub auf dem Ponyhof oder der Skiurlaub in der Schweiz identitätsstiftend wirkt, kann später die Vetternreise nach Südafrika oder das Auslandsstudium in den Vereinigten Staaten finanziert werden. Unentbehrliche Voraussetzung hierfür ist jedoch, dass die Eltern diese Struktur mittragen, da gerade größere Zuwendungen das Pflichtteilsrecht der übersprungenen Elterngeneration verletzen kann. Wirken die Eltern an der Struktur mit, wobei man auch deren Scheidungsfall abpuffert, so sind Enkelfondstrukturen ein wichtiger Beitrag zur Stärkung des Zusammenhalts der Familienangehörigen bei gleichzeitiger Steueroptimierung.

Später dann, wenn Sie schon alt und einsam sind, kommt der Enkel mit einem sportlichen Auto vorbeigefahren, um Sie zu einem leichten Mittagessen abzuholen und von seinem vorzeitigen Examen zu berichten. Danach, im Lehnstuhl sinnierend, erinnern sich die Großeltern angenehm an das diskrete Schildchen an der hinteren Stoßstange: Sponsered by Oma and Opa.

4 In Dankbarkeit dem Pflegepersonal

Steuerliche und zivilrechtliche Klarheit notwendig

Hans Flick / Christian von Oertzen

Der Zusammenhalt der Großfamilie ist zerbrochen. Die Kinder leben in einer anderen Stadt, die Besuche beschränken sich auf Ostern und Weihnachten. Die Bezugsperson in den letzten Jahren eines Ehepaares sind deswegen oftmals nicht die nächsten Verwandten, sondern die Hausdame oder das Nachbarskind, das dem Witwer regelmäßig einen Ball in den Garten wirft. Man möchte diesen letzten Bezugspersonen eine kleine Zuwendung von Todes wegen zukommen lassen aus Dankbarkeit für die über das Geschäftsmäßige hinausgehende Freundlichkeit, die Ansprache oder die Ausfahrt mit anschließendem Mittagessen in einem schönen Restaurant.

Allen diesen Konstellationen ist gemeinsam, dass Nichtverwandte begünstigt werden sollen. Dies bedeutet, dass nur ein kleiner →Freibetrag in der Erbschaft- und Schenkungsteuer von 5.200 Euro gewährt wird und sehr schnell der →Steuersatz in relevante Zonen hochschnellt. Daneben gibt es in nur sehr engem Umfang Freibeträge bei Zuwendungen an das Pflegepersonal. Der Steuersatz bei einer Geldzuwendung von 25.000 Euro nach Abzug der Freibeträge beträgt 17 Prozent, bei einer steuerpflichtigen Zuwendung von 100.000 Euro bereits 23 Prozent. Dies ist ein Steuersatz, der bei den nächsten Familienangehörigen erst bei einer Zuwendung zwischen knapp 5,2 Mio. Euro bis 12,8 Mio. Euro gezahlt werden muss.

Unter steuerlichen Gesichtspunkten macht es bei diesen Personen deswegen Sinn, testamentarisch anzuordnen, dass die Erbschaftsteuer nicht von diesen Personen selbst, sondern vom →Nachlass zu tragen ist. Bei der Berechnung der dann zu zahlenden Erbschaftsteuer ist zwar die Erbschaftsteuer auf die Zuwendung der Zuwendung hinzuzurechnen und erhöht damit die eigene Bemessungsgrundlage. Vorteil ist jedoch, dass dem Begünstigten der zugewandte Betrag netto zufließt.

Fatal wird es jedoch, wenn man testamentarisch überhaupt nicht mehr diesen Personenkreis bedenken darf, weil man das berühmt-berüchtigte →Berliner Testament abgeschlossen hat. Nach dem klassischen Berliner Testament beruft der Erstversterbende den überlebenden Ehepartner zum Alleinerben. Die gemeinsamen →Schlusserben beim Tode des Letzten sind die gemeinsamen Kinder. Mit dem Tod des Ersten versteinert regelmäßig diese erbrechtliche Anordnung. Folge ist, dass der überlebende verwitwete Ehepartner diese Personen grundsätzlich überhaupt nicht mehr bedenken darf. Das Testament ist unabänderlich (VIII/3). Eine andere Anordnung wäre nichtig.

Sie wird auch oftmals von den Schlusserben als unnötige Schmälerung des Erbes aus Senilität des Verstorbenen bekämpft. In einer derartigen Situation auf lebzeitige Gestaltungen auszuweichen ist aber ebenfalls gefährlich. Die schlichte Schenkung kann den Begünstigten ohne vorhandene Dokumentation des Vermögenstransfers auf Grund einer mündlichen Anordnung des Erblassers und ausgeführt mit einer vom Erblasser erteilten Vollmacht in den Verdacht einer Straftat bringen. Selbst wenn schriftliche Anweisungen vorgelegt werden können, kann eine derartige Zuwendung wegen Umgehung des erbrechtlichen Testierverbotes wiederum kassiert werden.

Hier muss ein lebzeitiges Eigeninteresse für eine derartige Zuwendung dokumentiert werden, zum Beispiel die Sicherstellung der Pflege oder zur Sicherung regelmäßiger Besuche. Bei Angestellten hilft hingegen manchmal in gewissen Grenzen die Einkleidung in eine Gehaltszahlung. Statt Erbschaftsteuer ist dann aber die unter Umständen höhere Lohnsteuer zu beachten.

Die beste Lösung ist jedoch, wenn man frühzeitig, solange beide Ehepartner noch leben, diese Fallgruppe offen miteinander bespricht: Darf der Letzte der Ehepartner das ihn versorgende Hauspersonal und, wenn ja, bis zu welcher Höhe erbrechtlich bedenken? Welche Teile des Familienvermögens sind für die Familie reserviert, welche Teile des Familienvermögens dürfen den letzten Bezugspersonen zugewiesen werden? Beruhend auf diesen Ergebnissen wird man dann eine klare Öffnungsklausel im gemeinschaftlichen →Ehegattentestament (II/1) oder →Erbvertrag (VIII/4) vorsehen, die dem Letzten der Ehepartner Optionen eröffnet. Ob er sie dann nutzt, verbleibt seine Sache.

Was aber tun, wenn diese Öffnungsklauseln nicht vorgesehen worden sind und der Erste der Ehepartner schon lange nicht mehr lebt? Manchmal kann über die Auslegung des Testamentes die Befugnis für eine derartige Zuwendung hergeleitet werden. Sicherer ist jedoch der notarielle Zuwendungsverzichtsvertrag, mit dem die Erben nachträglich diese Testierung zulassen. Aber Zuwendungsverzichtsverträge wirken oft nur eingeschränkt, insbesondere dann, wenn ausdrücklich oder konkludente Ersatzerbenregelungen vorhanden sind und der Ersatzerbfall, also der Tod des Erben vor dem letzten der Ehepartner, eintritt. Fruchten diese Wege nicht oder werden sie gescheut, so dokumentiert man die Schenkungen mit lebzeitigem Eigeninteresse. Sicherheitshalber werden diese Zuwendungen notariell beurkundet, damit manifestiert wird, dass sie im Zustand der Geschäftsfähigkeit unter freier Willensbestimmung erfolgten, um den missliebigen Verwandten die Argumentation abzuschneiden, hier wäre jemand überrumpelt oder über den Tisch gezogen worden.

Besonderheiten sind zu beachten, wenn der Erblasser im Altersheim lebt. Dort ist § 14 Heimgesetz zu beachten. Es handelt sich um ein Testierverbot. Zuwendungen an das Pflegepersonal sind danach unter bestimmten Konstellationen unwirksam.

Als Fazit bleibt: Auch kleine Zuwendungen können komplexe Überlegungen nach sich ziehen, damit die zielführende und wohlmeinende Dankbarkeit nicht zu Streit und Verdruss in der →Erbengemeinschaft führt.

„Hier muß doch irgendwo das Geld sein?!...“

5 Erbenstreit als Fortsetzung des Kriegs im Kinderzimmer

Frühzeitig für Klarheit sorgen

Hans Flick / Christian von Oertzen

Zur Freude der Frankfurter Lokalpresse, zum Leidwesen der Familienangehörigen der Familie Grzimek und sicherlich sämtlicher Prozessbeteiligter stritten sich die Nachfahren des berühmten Tierforschers über mehrere Jahre äußerst erbittert um die Urheberrechte an seinen Büchern und Filmen vor dem Landgericht Frankfurt. Nicht anders ergeht es wohl den Erben des Verlegers Axel Springer, die sich mit einer Schmutzkampagne in aller Öffentlichkeit bekriegen. Und der Nachlass von Marylin Monroe soll bis heute noch nicht abgewickelt sein. Manch deutsches Fürstenhaus hat über mehrere Jahre und Instanzen die Frage intensiv rechtlich ausdiskutiert, ob bestimmte erbvertragliche Klauseln heute noch ihre Gültigkeit haben, so zuletzt geschehen im ehemaligen Kaiserhaus Preußen, begleitet mit Publizität durch die Yellow Press. Doch der Erbenstreit als unausrottbares Übel ist auf keine Bevölkerungsschicht beschränkt.

Wir haben die Erfahrung gemacht: Je größer das Vermögen, desto subtiler und intensiver der Erbenstreit. Während in der Arbeiterfamilie nur um die Bettwäsche der Verstorbenen gestritten wird, wird im Angestelltenhaushalt um das Meißner Porzellan gefeilscht und in den Villenvororten Frankfurts, München oder Hamburgs wird erbittert darüber gestritten, ob der Testamentsverfasser bei der Unterzeichnung des →Testamtes überhaupt noch bei Verstand war.

Kennzeichen des Erbenstreites ist, dass er hoch emotional ist, da er die Fortsetzung der jähzornigen Kriege im Kinderzimmer mit anderen Mitteln ist. Er kann irrational sein, da er oftmals das Aufarbeiten einer unglücklichen Kindheit oder Ausdruck zurückgewiesener Liebe ist. Man muss sich bewusst sein, dass jeder Erbenstreit den Keim des Zerbrechens der Familie in sich trägt (I/8). Er ist vorprogrammiert, wenn Kinder verschiedener

Ehen oder Kinder erster Ehe mit dem Ehepartner aus letzter Ehe zusammenstoßen (II/2, so genannte Schneewittchenfälle), die Erbengemeinschaft darauf angelegt ist, dass Pattsituationen entstehen (IV/5) oder die Erben erheblich unterschiedliche Lebenszuschnitte haben. Es geht dann oft wie in Grimms Märchen zu.

Streitanfällig sind schließlich →Testamente, deren Motivation den →Erben nicht ersichtlich ist. Das hat seine Ursache darin, dass bei allen Beteiligten über den interfamiliären Umgang mit der Erbfolgeregelung Unsicherheit herrscht. Durch die →Testamentseröffnung werden Erben dann überfallartig mit dem letzten Willen konfrontiert. Von vielen Erblassern wird die Testamentserrichtung als geheime Kommandosache (IV/4) behandelt. Besser ist es, den potenziellen Erben mündlich zu erläutern, womit sie rechnen können. Darüber hinaus sollte ihnen durch rechtzeitige Schenkungen die Möglichkeit gegeben werden, sich in der Verwaltung von Vermögen zu üben (VI/4) und bei Beteiligungen ihre Gesellschafterrechte kraftvoll, aber auch umsichtig auszuüben. Und schließlich kann man daran denken, im Testament den späteren Streit zwischen den Erben durch klar und eindeutig formulierte Strafklauseln zu kanalisieren.

Allein zur Verhinderung des latenten Streites empfiehlt sich ein durch klare und eindeutige Regeln und durch ein System der Streitunterdrückung geprägtes Testament. Schon mit wenigen Formulierungen lassen sich dabei viele Streitigkeiten verhindern. Die altgermanische Weisheit, dass das älteste der Kinder den Nachlass in gleiche Teile teilt, das andere Kind jedoch auswählt, wer welche Teile bekommt, hat oft schon eine erhebliche disziplinierende Wirkung entfaltet. Klare →Teilungsanordnungen, wie Nachlassgegenstände zwischen den Erben zu verteilen sind sowie klare Bewertungsmethoden und -verfahren und wenn möglich eine Verteilung des Nachlasses, die wenig gemeinsames Eigentum nach der →Erbauseinderandersetzung bei den Erben belässt, hilft ebenfalls, latente Streitquellen zu vermeiden.

Heilsam ist auch die Anordnung, dass, wenn sich die Erben nicht binnen eines Jahres auf eine Erbauseinandersetzung einigen können, in diesem Falle dann eine →Testamentsvollstreckung angeordnet ist. Der →Testamentsvollstrecker hat dann den Nachlass zu verwalten und zu verteilen. Die Furcht, dass unter Umständen ein Familienfremder honorarpflichtig das erledigt, wozu anscheinend die Erben nicht in der Lage sind, veranlasst diese, ihre Feindschaft zu vergessen und zügig den Nachlass zu verteilen. Sinnvoll ist es auch, ein erbrechtliches Schiedsgericht anzuordnen. Die

Anordnung des Schiedsverfahrens ist geeignet, streitschürende Öffentlichkeit zu reduzieren und das Verfahren zur Streitbeilegung zu beschleunigen, da nur in einer Instanz unter Ausschluss der Öffentlichkeit gestritten werden kann. Ferner besteht das Schiedsgericht aus Personen, die erbrechtliche Erfahrung haben und die nicht wie beim staatlichen Gericht förmlich im Aktenbestand versinken.

Ergreift man keine Maßnahmen zur Vermeidung des Erbenstreits, will der Erblasser seiner Familie vielleicht die Weisheit des zynischen Philosophen Ambrose Bierce als besonderes Familienvermächtnis hinterlassen: Der Tod ist nicht das Ende, es verbleibt immer noch der Erbenstreit.

6 Einrichtung einer Stiftung erfordert viel Sorgfalt

Wohltätigkeit im Erbfall

Hans Flick / Christian von Oertzen

Aus den verschiedensten Gründen verspüren Erblasser zuweilen den Wunsch, einen Teil ihres Vermögens wohltätigen Zwecken zugute kommen zu lassen. Das ist vor allem der Fall, wenn die Familie schon ausreichend versorgt ist oder es keine näheren Verwandten mehr gibt. Wer sich mit derartigen Gedanken trägt, sollte einige Punkte beachten. Je nach Größe der Zuwendung ist eine Spende, eine →Zustiftung an einen gemeinnützigen Rechtsträger oder sogar die Gründung eines eigenen gemeinnützigen Rechtsträgers möglich.

Eine Spende ist die Zuwendung an einen gemeinnützigen Rechtsträger, damit dieser Rechtsträger ein bestimmtes Projekt oder ein bestimmtes Förderungsziel unmittelbar mit diesem Geld unterstützt. Die Zustiftung ist eine Zuwendung in das Grundstockvermögen dieses Rechtsträgers, um sein Kapital zu verstärken. In diesem Fall sollen nur die Erträge unmittelbar der jährlichen wohltätigen Arbeit zur Verfügung stehen. Möchte jemand eine eigene gemeinnützige Organisation schaffen, so kann er an eine unselbstständige oder an eine selbstständige →Stiftung denken. Daneben kommen auch eine gemeinnützige Kapitalgesellschaft oder ein gemeinnütziger Verein in Betracht. Bei diesen gibt es jedoch Anteilseigner bzw. Mitglieder, die unter Umständen die gemeinnützigen Bindungen aufheben oder verändern können. Oftmals wird deswegen an eine unselbstständige oder sogar an eine selbstständige, rechtsfähige Stiftung gedacht (zur Familienstiftung, VII/5).

Die unselbstständige Stiftung ist ein treuhänderisch gebundenes Zweckvermögen, bei dem die Erträge zur gemeinnützigen Zweckerfüllung zur Verfügung stehen. Dieses Zweckvermögen ist selber nicht rechtsfähig, sondern bedarf eines Rechtsträgers. Möchte man zum Beispiel wissenschaftliche Zwecke fördern, so kann man einen derartigen Rechtsträger über den Stifterverband für die deutschen Wissenschaften in Essen erschaffen. Unselbstständige Stiftungen bieten sich insbesondere bei kleineren Zuwendungen an, bei denen man aber schon eine gewisse Verselbstständigung haben möchte, damit das Vermögen nicht anonym in einem großen Stiftungsvermögen untergeht.

Möchte man eine eigene rechtsfähige Stiftung schaffen, so bedarf es regelmäßig eines mindestens sechs-, wenn nicht gar siebenstelligen Betrages. Die selbstständige Stiftung ist ein auf Ewigkeiten angelegter Rechtsträger, der keine Anteilseigner hat und bei dem die Erträge des Vermögens regelmäßig den Stiftungszwecken zur Verfügung gestellt werden müssen. Die Zuwendung an eine gemeinnützige Stiftung ist schenkungs- und erbschaftsteuerfrei.

Möchte man darüber hinaus einkommensteuerliche Vorteile durch Geltendmachung der Zuwendung als abzugsfähige Sonderausgabe nutzen, so sollte man nicht erst von Todes wegen, sondern schon zu Lebzeiten Gutes tun. Denn dann kann der Sonderausgabenabzug in der Einkommensteuer genutzt werden. Diesen gibt es nach der Rechtsprechung des Bundesfinanzhofes nur bei Zuwendungen unter Lebenden und nicht mehr bei einem wohltätigen →Vermächtnis. Die Begründung hierfür ist, dass es ihn nur bei freigebigen Zuwendungen gibt. Das Vermächtnis erfüllen die Erben jedoch nicht freiwillig, sondern weil dies testamentarisch so angeordnet wurde. In der Einkommensteuererklärung des Erblassers kann diese Zuwendung ebenfalls nicht mehr geltend gemacht werden, weil sie zu seinen Lebzeiten bei ihm noch nicht abgeflossen war.

In der Praxis hat sich deshalb das so genannte Zweitaktverfahren eingebürgert: Möchte man eine gemeinnützige Stiftung ins Leben rufen, so sollte man zu Lebzeiten mit einem bestimmten, unter Umständen sonderausgabenmäßig steuerlich optimierten, Betrag anstiften, zu Lebzeiten die Stiftung gründen, das Genehmigungsverfahren durchlaufen und zu Lebzeiten schon anfangen, unter der Oberaufsicht des Stifters zu fördern und gegebenenfalls noch Modifikationen in der Führung ausprobieren. Mit dem Tod ist dann das Restvermögen auf die Stiftung übertragbar.

Bei der Formulierung der Stiftungssatzung sollte man besondere Sorgfalt walten lassen. Denn eine Stiftungssatzung ist grundsätzlich auf Dauer angelegt. Da die Stiftung keine Anteilseigner hat, sind Korrekturen nur schwerfällig und bei der rechtsfähigen Stiftung nur unter Beteiligung der staatlichen Stiftungsaufsicht möglich. Der Stiftungszweck sollte hinreichend klar und auch hinreichend weit gefasst sein, da beispielsweise das Waisenhaus der Stadt, welches gefördert werden soll, mit anderen Institutionen zusammen gelegt werden könnte und sich auch der Förderschwerpunkt verschieben kann.

Für die Gründung zu Lebzeiten spricht neben rechtlichen und steuerlichen Gesichtspunkten auch ein schlicht menschlicher Aspekt: Wer, aus welchen Gründen auch immer, wohltätig tätig sein möchte, verdient den Respekt und die Anerkennung des Gemeinwesens. Diesen Respekt, die Dankbarkeit und Anerkennung sollte der hochherzige Stifter zu Lebzeiten noch erfahren. Wird die Stiftung dagegen erst nach seinem Tod gegründet, erfahren Personen eine Dankbarkeit, die sie allenfalls mittelbar verdienen. Der →Testamentsvollstrecker oder der Stiftungsvorstand heften sich ein Prestige an ihr Revers, obwohl dieses einzig und allein dem Stifter gebührt. Denn der Testamentsvollstrecker und der Stiftungsvorstand erfüllen nur eine Funktion: Sie haben die Pflicht, den letzten Willen und Willen des Stifters zu vollziehen, sind also nur Überbringer der Botschaft des Stifters.

7 Das Schwarze Schaf in der Erbfolge
Enterbung und Pflichtteilsentziehung

Hans Flick / Frank Hannes

Schwarze Schafe kommen in den besten Familien vor – in den unterschiedlichsten Schattierungen. Da gibt es die hellgrauen, die lediglich nicht mit Geld umgehen können und deshalb vor sich selbst geschützt werden müssen. Das Erbrecht stellt mit der →Testamentsvollstreckung, der →Vor- und Nacherbschaft und dem Nießbrauchvermächtnis hierzu einige Sicherungsinstrumente (IV/7) zur Verfügung. Sind die Schafe etwas dunkler gefärbt, besteht bei derartigen Belastungen die Gefahr, dass sie die Erbschaft ausschlagen und stattdessen ihren →Pflichtteil in Geld verlangen. Ist solches zu befürchten, kann es sich empfehlen, unter fachkundiger Beratung das wesentliche Nachlassvermögen in eine Gesellschaft einzubringen, die jeweiligen Abkömmlinge ohne Belastungen und Beschwerungen mindestens in Höhe ihrer Pflichtteilsquote zu Erben einzusetzen und bestimmte Kautelen in den Gesellschaftsvertrag einzubauen.

Sind die Schafe so schwarz, dass sie nach Ansicht des Erblassers verdienen, enterbt zu werden, schafft dies bei der Erbfolgeplanung Probleme. Diese Probleme entstehen vor allem durch das gesetzliche Pflichtteilrecht, durch das jedem Abkömmling eine Teilhabe am →Nachlass des Vaters und der Mutter garantiert wird. Zwar werden die Enterbten nicht unmittelbar am Nachlassvermögen beteiligt, wohl aber können sie einen Ausgleich in Geld verlangen. Die Höhe des Geldbetrages bestimmt sich nach der Hälfte des Wertes Ihres →gesetzlichen Erbteils. Hat beispielsweise der verwitwete Vater seinen Sohn enterbt und sein gesamtes Nachlassvermögen im →Verkehrswert von 4 Mio. Euro seiner Tochter als Alleinerbin zugedacht, so kann der Sohn dennoch von seiner Schwester 1 Mio. Euro in Geld verlangen.

Pflichtteilsberechtigt sind nicht nur die Abkömmlinge. Auch der Ehepartner kann, wenn er enterbt wird, seinen Pflichtteil und je nach →Güterstand auch noch einen →Zugewinnausgleich verlangen. Sind keine Abkömmlinge vorhanden, können auch die Eltern des Erblassers ihren Pflichtteil beanspruchen.

In besonderen Fällen kann der Erblasser jedoch seinen →gesetzlichen Erben den Pflichtteil beschränken oder sogar entziehen. Eine Pflichtteilsbeschränkung kommt insbesondere in Betracht, wenn sich ein Abkömmling der Verschwendung ergeben hat oder derart überschuldet ist, dass sein späterer Erwerb erheblich gefährdet wird. In diesem Fall kann der Erblasser ihn mit einer Nacherbschaft oder einem →Nachvermächtnis und einer Testamentsvollstreckung belasten, ohne befürchten zu müssen, dass der Beschwerte nach →Ausschlagung seinen Pflichtteil geltend macht und auch dieses Geld verschwendet. Eine derartige Pflichtteilsbeschränkung soll nicht Strafe, sondern Fürsorge sein. Sie dient dazu, das Familienvermögen im Interesse des Abkömmlings zu erhalten und damit dessen Versorgung zu sichern.

Die Pflichtteilsentziehung hingegen hat regelmäßig Strafcharakter. Sie kommt etwa in Betracht, wenn der gesetzliche Erbe dem Erblasser, dessen Ehegatten oder einem anderen Abkömmling des Erblassers nach dem Leben trachtet, ihn vorsätzlich körperlich misshandelt, sich eines Verbrechens oder eines schweren vorsätzlichen Vergehens schuldig macht oder seine gesetzlichen Unterhaltspflichten böswillig verletzt. Darüber hinaus kann allerdings auch einem Abkömmling, der wider den Willen des Erblassers einen ehrlosen oder unsittlichen Lebenswandel führt, der Pflichtteil entzogen werden. Dieser Pflichtteilsentziehungsgrund ist rechtspolitisch umstritten und seine konkrete Anwendung ist meist problematisch. Fraglich ist bereits, welche Wertmaßstäbe anzulegen sind – die des Erblassers oder die der Allgemeinheit –, wobei kaum allgemeine Wertmaßstäbe auszumachen sind. Mit dem Begriff des „Lebenswandels“ fordert das Gesetz ein dauerhaftes ehrloses oder unsittliches Verhalten, sodass eine einmalige Verfehlung noch nicht zur Pflichtteilsentziehung ausreicht. Hinzu kommt, dass der Abkömmling für sein Handeln verantwortlich sein muss, weshalb etwa eine ausschließlich auf krankhafter Veranlagung beruhende Trunk- oder Rauschgiftsucht nicht zur Pflichtteilsentziehung berechtigen soll. Die Pflichtteilsentziehung ist genauso wie die Pflichtteilsbeschränkung unter Angabe des Entziehungsgrundes in der letztwilligen Verfügung ausdrücklich zu erklären. Da die späteren Pflichtteilsschuldner, die entziehungserheblichen Tatsachen zu beweisen haben, ist es ratsam, nicht nur die Verfehlungen des Enterbten im Testament genau darzulegen, sondern darüber hinaus die Beweise für diese Verfehlungen zu sammeln.

Das Gesetz gibt dem verlorenen Sohn allerdings die Chance zur Rückkehr: Gelingt es dem Abkömmling, sich bis zum Erbfall dauerhaft von dem ehrlosen oder unsittlichen Lebenswandel abzuwenden, so ist die Pflichtteilsentziehung unwirksam. Gleiches gilt auch hinsichtlich der übrigen Pflichtteilsentziehungsgründe, wenn der Erblasser dem Pflichtteilsberechtigten seine Verfehlungen verzeiht. Die Verzeihung hat allerdings zur Folge, dass mit einer einmal verziehenen Verfehlung auch zukünftig eine Pflichtteilsentziehung nicht mehr begründet werden kann. Das schwarze Schaf ist mit der Verzeihung wieder weißgewaschen.

VIII

Formen letztwilliger Verfügungen

1 Beim handschriftlichen Einzeltestament ist vieles zu bedenken

Hans Flick / Frank Hannes

Wem die gesetzlichen Vorschriften zur Regelung der Erbfolge nicht genügen, wer das Schicksal seines →Nachlasses vielmehr selbst gestalten will, kann die gesetzlichen Erbfolgeregelungen – in gewissen Grenzen – durch seine eigenen Vorstellungen ersetzen und über die Verteilung und Verwaltung seines Vermögens nach seinem Tode eigenverantwortlich durch →Testament entscheiden. Dabei muss er sich allerdings bestimmter äußerer Formen der letztwilligen Verfügung bedienen. Es genügt also nicht, dass der Erblasser seinen letzten Willen entwickelt und artikuliert, er muss, um ihm nach seinem Tode Geltung zu verschaffen, auch in eine der im Bürgerlichen Gesetzbuch (BGB) vorgegebenen Formen niederlegen, da sonst Nichtigkeit eintritt. Im Erbrecht herrscht strenger Formzwang.

Allerdings sind die gesetzlichen Formvorschriften relativ einfach zu erfüllen. Das BGB unterscheidet zwei Gruppen von Testamentsformen, die ordentlichen und die außerordentlichen. Zu den ordentlichen Testamentsformen gehört das eigenhändige und das öffentliche, vor einem Notar zu errichtende Testament (VIII/2), zu den außerordentlichen das →Bürgermeistertestament, das Dreizeugentestament und das Seetestament. Auf die außerordentliche Testamentsform kann man zurückgreifen, wenn sich der Erblasser in Not befindet und deshalb nicht die Möglichkeit hat, sein Testament vor einem Notar zu errichten, oder wenn er sich auf hoher See an Bord eines deutschen Schiffes aufhält. Ist die Not vorbei oder die Schiffsreise beendet, sollte er allerdings schleunigst in ordentlicher Form testieren, da ein Nottestament nur drei Monate gültig bleibt. Statt in einem Testament kann man seine Verfügungen von Todes wegen auch in einem →Erbvertrag (VIII/4) treffen, der anders als das Testament nur in notarieller Form errichtet werden kann.

Voraussetzung der Wirksamkeit jeder letztwilligen Verfügung ist allerdings die →Testierfähigkeit des Erblassers bei Errichtung des Testaments. Unter

Testierfähigkeit ist die Fähigkeit zu verstehen, ein Testament zu errichten, aufzuheben oder zu ändern. Wer wegen krankhafter Störung der Geistestätigkeit, wegen Geistesschwäche oder wegen Bewusstseinsstörungen nicht in der Lage ist, die Bedeutung einer von ihm abgegebenen Willenserklärung zu erkennen und nach dieser Einsicht zu handeln, kann kein Testament errichten. Minderjährige sind zwar vom sechzehnten Lebensjahr an testierfähig, können jedoch kein eigenhändiges, sondern nur ein öffentliches Testament errichten, und selbst dies nur in einer Form, welche eine fachkundige Beratung durch den Notar gewährleistet. Maßgeblicher Zeitpunkt für die Feststellung der Testierfähigkeit ist der Zeitpunkt der Testamentserrichtung. Die übliche „Selbstbestätigung" im eigenhändigen Testament „im vollen Besitz meiner geistigen Kräfte" hilft nicht, wenn später Erben die Gültigkeit des Testaments anfechten; droht diese Gefahr, ist immer ein notarielles Testament angezeigt.

Die unabdingbaren Formerfordernisse für ein eigenhändiges Einzeltestament sind, dass der Erblasser den gesamten Wortlaut eigenhändig schreibt und sodann den Text unterschreibt. Schreibmaschinentexte und Computerausdrucke reichen nicht aus, auch nicht die handschriftliche Verweisung auf solche Texte. Die Angabe von Ort und Zeitpunkt ist zwar nicht zwingend vorgeschrieben, sollte aber dennoch in jedem eigenhändigen Testament erscheinen, weil sie bei der späteren Bestimmung des allein maßgeblichen „letzten" Willens – in Abgrenzung zum „vorletzten" Willen – ausschlaggebend sein können. Zu empfehlen ist ein (wenn auch nur vorsorglicher) Widerruf früherer letztwilliger Verfügungen.

Stets erforderlich ist die eigenhändige Unterschrift des Testators. Wenn nach dem Gesetz auch der Vorname oder die Familienstellung („Euer Onkel") genügen, ist zum späteren einwandfreien Beweis der Urheberschaft doch die volle Unterschrift mit Vor- und Nachnamen zweckmäßig. Die Unterschrift muss am Schluss des Textes stehen, um diesen auch räumlich abzudecken. Mehrseitige Testamente sollten auf jeder Seite paraphiert werden. Nachträge – gleichgültig, wo sie eingefügt werden – sollten immer gesondert unterzeichnet werden. Allgemein üblich und zweckmäßig sind folgende zusätzlichen Angaben: Geburtsdatum des Erblassers, Staatsangehörigkeit und →Güterstand gegebenenfalls mit Verweis auf die notarielle Urkunde. Denn bei einem inhaltlich vollständigen Testament ist die spätere Angriffsfläche am geringsten. Veränderungen wie Durchstreichen oder Radieren sind unzweckmäßig, da sie den Beweiswert der Urkunde beeinträchtigen. Es empfiehlt sich vielmehr, jede Änderung stets in einem neuen formgerechten Testament vorzunehmen; dabei sollte der Umfang der

Änderung vom Grundtestament deutlich und präzise ausgedrückt werden, damit keine Auslegungsschwierigkeiten entstehen.

Wo das eigenhändige Testament verwahrt wird, ist theoretisch gleichgültig; der Testator hat aber die Möglichkeit, es beim Amtsgericht in Verwahrung zu geben. Dies ist immer zu empfehlen, um zu gewährleisten, dass das Testament später nicht verloren geht, verfälscht oder unterdrückt wird, was öfter vorkommt, als vermutet wird. Durch die Verwahrung ist in jedem Fall gewährleistet, dass das Testament nach dem Tode auch eröffnet wird. Überholte Testamente sollten aus Gründen der Testamentshygiene nach Erstellung eines neuen Testamentes vernichtet werden, das vermeidet spätere Spekulationen über das Motiv einer Änderung.

2 Beim öffentlichen Testament ist Beratung garantiert

Hans Flick / Frank Hannes

Dass die „Selbst Gemachten" immer noch am besten sind, mag für Weihnachtsplätzchen oder Marmeladen gelten, für →Testamente gilt dies jedenfalls nicht. Zu zahlreichen Erbstreitigkeiten kommt es nur deshalb, weil der Testator sich unklar ausgedrückt oder wichtige Regelungspunkte schlicht vergessen hat. Da vergisst beispielsweise die Mutter, über die Anordnung zahlreicher →Vermächtnisse zu Gunsten der Kinder den Ehemann zum Erben einzusetzen.

Oft werden auch irgendwo aufgeschnappte juristische Begriffe falsch verwendet. Statt den Enkel lediglich für den Fall des Vorversterbens des Sohnes als →Ersatzerben zu benennen, setzt ihn der Großvater zum →Nacherben ein und nimmt damit dem Sohn die Möglichkeit, insoweit frei zu testieren. Häufig findet sich dadurch in Testamenten sogar genau das Gegenteil von dem, was der Erblasser eigentlich wollte. Der Vater, der sein Nachlassvermögen unter seinen drei Kindern verteilen, einen Ausgleich eventueller Mehrerwerbe aber wegen der Streitanfälligkeit ausschließen will, trifft, statt →Vorausvermächtnisse auszusetzen, eine →Teilungsanordnung, die wegen der notwendigen Feststellung der Werterelationen besonders streitanfällig ist.

Doch selbst, wenn es dem Testator gelingt, seinen tatsächlichen Willen im Testament zum Ausdruck zu bringen, drohen Gefahren. Der in eigener Innenstadt-Immobilie wirtschaftende Einzelhändler setzt seine Tochter als Erbin ein, vermacht aber seiner Ehefrau, zur wohlgemeinten Sicherung deren Altersversorgung, die Geschäftsimmobilie. Dies hat zur Folge, dass die Immobilie mit hohen Einkommensteuerbelastungen aus dem Betriebsvermögen zwangsläufig entnommen wird (V/1).

Derartige im stillen Kämmerlein gefertigte Minen schlummern noch unerkannt in Schubladen zahlreicher Haushalte. Nahezu täglich gehen einige hoch. Eine Entschärfung durch Fachleute ist dringend anzuraten. Auch wer sein Testament noch zu errichten hat, auf die eigenhändige Form aber nicht verzichten möchte, sollte es nicht versäumen, den Inhalt mit fachkundigen Beratern, wie Rechtsanwälten und Notaren, abzustimmen oder sich von diesen einen Testamentsentwurf fertigen zu lassen. Zur steuerlichen Prüfung sollte immer auch der Steuerberater zu Rate gezogen werden.

Im Gegensatz zum eigenhändigen Testament (VIII/1), ist beim öffentlichen Testament fachkundige Kontrolle garantiert. Das öffentliche Testament wird nämlich vor einem Notar errichtet. In der Regel geschieht dies in der Weise, dass der Erblasser dem Notar seinen letzten Willen erklärt und dieser hierüber, ggf. nach eingehender Beratung, in notarieller Urkunde eine Niederschrift fertigt. Sodann liest der Notar die Niederschrift dem Erblasser vor, der sie anschließend genehmigt und unterschreibt.

Neben dieser gängigsten Form der Errichtung eines öffentlichen Testaments, gibt es noch zwei weitere Formen, die Übergabe einer offenen und die Übergabe einer verschlossenen Schrift an den Notar, jeweils mit der Erklärung des Erblassers, dass darin sein letzter Wille niedergelegt ist. Die übergebene Schrift muss nicht etwa eigenhändig geschrieben sein. Sie kann genauso mit der Schreibmaschine oder dem Computer gefertigt sein oder sogar von einem Dritten stammen. So könnte bspw. eine vom Anwalt nach umfänglichen Beratungen oder im Rahmen einer umfassenden Nachfolgeplanung vorbereitete Verfügung von Todes wegen dem Notar als offene oder verschlossene Schrift übergeben werden. Von dem Inhalt einer offenen Schrift hat der Notar Kenntnis zu nehmen, er hat sie zu prüfen und eventuell notwendige Belehrungen zu erteilen. Eine fachmännische Kontrolle ist also auch hier gewährleistet. Anders hingegen bei Übergabe einer verschlossenen Schrift. Hier kann der Notar allenfalls den Erblasser nach dem Inhalt befragen und, je nach dem, was ihm mitgeteilt wird, auf mögliche Fehler hinweisen. Die Übergabe der Schrift sowie die Erklärung des Erblassers, dass die Schrift seinen letzten Willen enthalte, wird vom Notar in einer separaten Niederschrift festgehalten.

Neben der fachmännischen Beratung hat das notarielle Testament aber noch weitere Vorteile. Viele Testamente werden nämlich in hohem Alter oder auch in Krankheitsphasen – etwa vor einer schweren Operation – errichtet. Benachteiligte Erben nehmen dies gerne zum Anlass, das Testament mit der Behauptung anzugreifen, der Erblasser sei, als er das Testament geschrieben habe, nicht mehr testierfähig gewesen. Der Notar aber prüft im Rahmen seiner Möglichkeiten die →Testierfähigkeit des Erblassers und stellt diese, wenn gegeben, in der Urkunde ausdrücklich fest. Zwar ist damit nicht endgültig über die Testierfähigkeit des Erblassers entschieden, der Beweis der behaupteten Testierunfähigkeit aber fast aussichtslos.

Weiterhin sorgt der Notar dafür, dass das Testament unverzüglich in die besondere amtliche Verwahrung beim Amtsgericht kommt, was gewährleistet, dass es später auch gefunden und nicht von einem enterbten oder zu kurz gekommenen Abkömmling vernichtet oder verfälscht wird. Zwar kann auch das eigenhändige Testament beim Amtsgericht hinterlegt werden, doch wird dies häufig trotz guter Vorsätze vergessen oder immer wieder verschoben und der Tod kommt der Hinterlegung zuvor.

Das notarielle Testament kostet den Erblasser zwar Geld, es hilft gleichzeitig aber den Erben, Geld zu sparen. So genügt es in Verbindung mit dem Eröffnungsprotokoll des →Nachlassgerichts dem Grundbuchamt, dem →Registergericht und auch den meisten Banken als Erbnachweis und macht die Beantragung eines gebührenpflichtigen →Erbscheins meist entbehrlich. Abgesehen davon macht sich fachkundige Beratung immer bezahlt (I/6). Zahlreiche Erben, die Opfer selbst gestrickter Testamente waren, werden dies bestätigen können.

3 Strenge Anforderungen bei Änderung des Ehegattentestaments

Hans Flick / Frank Hannes

Im Unterschied zum Abschluss von Verträgen ist das praktische an der Errichtung von →Testamenten, dass man sie jederzeit wieder aufheben oder ändern kann. Zu Lebzeiten entfaltet das Testament für den Testierenden keinerlei Bindung. Allein dieser Umstand macht es unverständlich, dass dennoch so viele Menschen vor der Errichtung eines Testaments zurückschrecken.

Für die in Testamenten Bedachten heißt dies allerdings, dass, solange der Erblasser noch lebt, die Erbeinsetzung oder das →Vermächtnis – jedenfalls nach rein juristischer Beurteilung – kaum das Papier wert sind, auf dem das Testament geschrieben wurde. Die Haushälterin oder der ins väterliche Unternehmen gewechselte Sohn mag also darauf vertrauen, später das ihm Zugesagte zu erhalten; darauf verlassen kann er sich nicht. Bekannt sind die Fälle enttäuschter Erben, die ausführlich und mit zahlreichen Zeugen belegen können, dass der Erblasser immer geäußert hat, sie als Erben einzusetzen, die dann aber dennoch in der Durchsetzung ihrer Ansprüche an der anders lautenden testamentarischen Regelung scheitern. Zuweilen führt die uneingeschränkte →Testierfreiheit auch zu fast krankhaften Auswüchsen. So gibt es durchaus Erblasser, die ihr Testament fast wöchentlich ändern. Dabei kommt es vor, dass sich die Höhe des Vermächtnisses nach der Größe des Blumenstraußes beim Besuch im Altenheim bestimmt oder die Tochter kurzerhand wegen eines letztlich belanglosen Streites oder – meist schlimmer – wegen übler Nachrede so genannter Erbschleicher enterbt wird. Wie so oft, hat also auch die Testierfreiheit ihre Vor- und Nachteile. Der Vorteil ist sicherlich darin zu sehen, dass den Wechselfällen des Lebens durch Testamentsänderungen Rechnung getragen werden kann. Der Nachteil liegt vor allem in der mangelnden Sicherheit für die Nachkommen und der Gefahr schädlicher Beeinflussung, besonders in hohem Alter.

Für den Gesetzgeber aber ist die Testierfreiheit ein hohes Gut. Daher verbietet er ausdrücklich Verträge, durch die sich jemand verpflichtet, in bestimmter Weise zu testieren. Ungeachtet dessen aber kann der Erblasser sich selbst durch bestimmt. Verfügungen von Todes wegen in seiner Testierfreiheit beschränken. Hierzu dienen insbesondere zwei Formen letztwilliger Verfügungen: das gemeinschaftliche →Ehegattentestament (II/1) und der →Erbvertrag (VIII/4).

Das gemeinschaftliche Testament kann nur von Ehegatten und eingetragenen Lebenspartnern errichtet werden. Dies geschieht in der Weise, dass einer der Eheleute oder Lebenspartner den gemeinsamen letzten Willen handschriftlich niederlegt und beide die gemeinschaftliche Erklärung eigenhändig unterschreiben. Auch hier empfiehlt es sich, dass beide den Zeit und den Ort der Errichtung und Unterzeichnung angeben. Das gemeinschaftliche Testament ist für die Eheleute jedoch erst dann bindend, wenn der Erste von Ihnen verstirbt und dies auch nur in begrenztem Rahmen. Nicht das gemeinschaftliche Testament als solches entfaltet nämlich die Bindungswirkung, sondern die darin getroffenen →wechselbezüglichen Verfügungen. Hiermit sind solche Verfügungen gemeint, die der eine Ehegatte nur deshalb getroffen hat, weil auch der andere Ehegatte in bestimmter Weise im gemeinschaftlichen Testament verfügte. Klassischer Fall derartiger letztwilliger Verfügungen ist das so genannter →Berliner Testament, in dem sich die Eltern gegenseitig zu Alleinerben und die gemeinsamen Kinder zu →Schlusserben nach dem Längerlebenden einsetzen. Neben derartigen wechselbezüglichen Verfügungen, kann das gemeinschaftliche Testament durchaus auch sonstige Anordnungen enthalten, die dann für den Längerlebenden nicht bindend sind.

Zu Lebzeiten beider Eheleute entfaltet das gemeinschaftliche Testament zwar auch hinsichtlich der wechselbezüglichen Verfügungen keine Bindungswirkung, wohl aber bestehen hier strengere Anforderungen für einen Widerruf oder eine Änderung. So geht es beispielsweise nicht, dass der eine Ehegatte seine im gemeinschaftlichen Testament getroffene wechselbezügliche Verfügung in der Weise aufhebt, dass er allein ein neues, abweichendes Testament errichtet. Er muss vielmehr seine Verfügungen im gemeinschaftlichen Testament ausdrücklich widerrufen und dies durch notariell beurkundete Erklärung gegenüber dem anderen Ehegatten. Eine gemeinsame und einvernehmliche Änderung ist den Eheleuten freilich jederzeit möglich.

Die mit dem Tod des Erstversterbenden entstehende Bindungswirkung kann freilich durch entsprechende testamentarische Anordnung im Ehegattentestament aufgehoben oder gelockert werden. Im Rahmen von Berliner Testamenten entspricht es häufig dem Willen der Eltern, dem Längerlebenden zwar weitestgehende Testierfreiheit zu lassen, jedoch nur innerhalb der Familie, also etwa in der Verteilung unter den gemeinsamen Kindern.

Der längerlebende Ehegatte kann auch noch nach dem Tode des Erstversterbenden seine Testierfreiheit zurückerlangen. Hierzu muss er allerdings ein Opfer bringen und das ihm vom Erstversterbenden Zugewendete ausschlagen. Eine weitere Möglichkeit, die Bindung aufzuheben, ist die Anfechtung der eigenen im gemeinschaftlichen Testament getroffenen Verfügung, wozu es allerdings eines besonderen Grundes bedarf. Einen solchen Grund kann sich der Längerlebende aber beispielsweise durch Wiederheirat selbst schaffen (VII/2), weshalb das Anfechtungsrecht gerade aus diesem Grunde in vielen Ehegattentestamenten ausgeschlossen wird.

Dem Letztbedachten kann die Bindungswirkung des gemeinschaftlichen Testaments nur begrenzt Sicherheit bieten. So ist der Längerlebende an lebzeitigen Verfügungen nicht gehindert. Er kann also durchaus sein Vermögen verkaufen oder – in beschränktem Rahmen – verschenken oder einfach verjubeln. Die Letztbedachten, meist die Kinder, gehen dann trotz testamentarischer Bindung insoweit leer aus.

4 Bei Erbverträgen ist die Testierfreiheit beschränkt

Hans Flick / Frank Hannes

Zwar werden Verfügungen von Todes wegen regelmäßig in →Testamenten getroffen, genauso aber sind sie auch in einem →Erbvertrag möglich. Die Form des Erbvertrages ist immer dann erforderlich, wenn eine Bindung des Erblassers an seine →letztwillige Verfügung gewünscht ist. Zwar schafft auch das →gemeinschaftliche Testament (II/1) solche Bindungen, jedoch greift hier die Beschränkung der Testierfreiheit erst mit dem Tode (VIII/3) des erstversterbenden Ehegatten oder Lebenspartners. Demgegenüber entfalten erbvertragliche Verfügungen bereits ab dem Zeitpunkt des Vertragsschlusses bindende Wirkung mit der Folge, dass alle späteren letztwilligen Verfügungen, die der vertragsmäßigen Verfügung im Erbvertrag widersprechen oder den vertragsmäßig Bedachten in irgend einer sonstiger Weise beeinträchtigen, insoweit unwirksam sind. Ein weiterer Unterschied zum gemeinschaftlichen Testament besteht darin, dass der Erbvertrag nicht etwa nur von Ehegatten oder eingetragenen Lebenspartnern, sondern auch zwischen allen sonstigen Personen geschlossen werden kann. Damit ist der Erbvertrag bspw. auch für Partner einer nichtehelichen Lebensgemeinschaft geeignet, wenn diese sich ähnlich wie in einem gemeinschaftlichen Testament hinsichtlich ihrer letztwilligen Verfügungen gegenseitig binden möchten.

Gerade aber wegen der erheblichen Beschränkung der →Testierfreiheit, sollte eine erbvertragsmäßige Verfügung nur aus besonderem Grund erfolgen, und zwar insbesondere dann, wenn der durch die letztwillige Verfügung Bedachte ein berechtigtes Sicherungsbedürfnis hat, dem der Erblasser gerne gerecht werden möchte. Schlägt bspw. der hoch qualifizierte Unternehmersohn lukrative Angebote aus der Wirtschaft aus, um das väterliche Unternehmen weiterzuführen, so kann es durchaus angemessen sein, dem Sohn erbvertraglich den Erhalt des Unternehmens oder zumindest bedeutender Unternehmensteile zuzusagen.

Wer sich allerdings vergegenwärtigt, wie schwer in der heutigen Zeit noch mittelständische Unternehmen in der Familie an den Mann zu bringen sind, wird es meist nicht bei einer solchen erbvertraglichen Zusage belassen können, sondern diese auch noch mit bereits lebzeitigen Übertragungen im Rahmen →vorweggenommener Erbfolge kombinieren müssen. Denn wie der gut beratene Sohn sicherlich wissen wird, bindet die erbvertragsmäßige Verfügung seinen Vater nur erbrechtlich und schützt somit nicht vor lebzeitigen Verfügungen. Der Vater ist durch den Erbvertrag also keineswegs daran gehindert, das Unternehmen zu verkaufen oder zu verschenken. Das Gesetz bietet dem Sohn in diesen Fällen nur dann Schutz, wenn der Vater mißbräuchlich handelt, also etwa das Unternehmen ohne nachvollziehbaren Grund verschenkt, um den Sohn als Vertragserben zu beeinträchtigen. In diesem Fall kann der Sohn – von allen Schwierigkeiten der praktischen Umsetzung einmal abgesehen – wenigstens von dem Beschenkten die Herausgabe des Unternehmens verlangen. Verkauft der Vater das Unternehmen, obwohl er es dem Sohn durch vertragsmäßiges Vermächtnis zugesagt hat, so kann der Sohn vom Erben, der regelmäßig auch den erhaltenen Kaufpreis erbt, verlangen, dass dieser ihm das Unternehmen wieder verschafft oder, wenn das nicht möglich ist, Wertersatz leistet. Es bedarf keiner großen Phantasie, sich auszumalen, wie verbissen in solchen Fällen gestritten wird, beginnend mit der Frage, ob die Schenkung oder Veräußerung in „Beeinträchtigungsabsicht" erfolgte bis zur Ermittlung des Unternehmenswertes bei Verpflichtung zum Wertersatz.

Wie beim gemeinschaftlichen Testament, kann auch beim Erbvertrag der Erblasser seine Testierfreiheit im Wege der Anfechtung zurück erlangen. Eine solche Anfechtung ist bspw. möglich, wenn er bei der Verfügung einen ihm damals noch nicht bekannten oder sogar noch nicht vorhandenen Pflichtteilsberechtigten übergangen hat. Einen solchen neuen Pflichtteilsberechtigten aber kann sich der Erblasser relativ einfach durch Neuheirat selbst schaffen (VII/2). Die erbvertragliche Zusage zu Gunsten des Sohnes kann also hinfällig werden, wenn der Vater noch in hohem Alter seine Haushälterin heiratet und seine erbvertragliche Zusage, dem Sohn das Unternehmen zu vermachen, anficht. Um dieser Gefahr vorzubeugen, sollte daher der Junior bei Abschluss des Erbvertrages darauf drängen, dass zumindest ein derartiges Anfechtungsrecht ausgeschlossen wird.

Wer seine letztwilligen Verfügungen in einem Erbvertrag trifft, muss nicht notwendigerweise sämtliche Verfügungen vertragsmäßig anordnen. Er kann die Bindungswirkung genauso auch auf einzelne Verfügungen beschränken oder sich hinsichtlich bestimmter Verfügungen ein Rücktritts- oder Widerrufsrecht vorbehalten. Insoweit sind vielfältige Gestaltungen möglich.

Im Unterschied zu Testamenten, die auch eigenhändig errichtet werden können, ist für den Abschluss eines Erbvertrages die notarielle Form zwingend vorgeschrieben. Der Erbvertrag kann nur bei gleichzeitiger Anwesenheit beider Vertragsteile geschlossen werden. Lediglich wenn ein Vertragspartner selbst keine vertragsmäßigen Verfügungen trifft, sondern nur Verfügungen des anderen annimmt, kann er sich bei der Beurkundung vertreten lassen. Den beurkundeten Erbvertrag gibt der Notar sodann in amtliche Verwahrung. Anders als beim →öffentlichen Testament (VIII/2), können die Vertragsparteien aber die amtliche Verwahrung auch ausschließen, dann bleibt der Erbvertrag beim Notar und dieser gibt ihn erst nach Eintritt des Erbfalls beim →Nachlassgericht ab. Doch ähnlich wie beim öffentlichen Testament, muss man sich auch beim Erbvertrag nicht allzu große Gedanken über die Einhaltung der Formvorschriften machen, da hierfür bereits der Notar als fachkundiger Berater sorgt.

5 Das erbrechtliche Instrumentarium zur Gestaltung letztwilliger Verfügungen

Hans Flick / Frank Hannes

Das Erbrecht bietet eine Reihe von Rechtsinstituten für die Gestaltung von →letztwilligen Verfügungen an. Mit ihrem Gebrauch kann der Erblasser seine →Erben und die Quote ihrer Beteiligung am →Nachlass bestimmen, ihnen bestimmte Vermögensgegenstände zuweisen, Beschränkungen auferlegen oder volle Freizügigkeit gewähren, die Verwaltung seines Nachlasses regeln und vieles andere mehr. Die vielfältigen Gestaltungsmöglichkeiten sollte jeder Erblasser nutzen, um seinen Nachlass gerecht zu verteilen, Streit zu vermeiden, das Familienvermögen in der Substanz zu erhalten und schließlich auch die Steuerlast des Erbganges zu mindern.

Jedes umfassende Testament sollte eine Erbeinsetzung enthalten; sie bedeutet die Gesamtzuwendung des Nachlasses im Gegensatz zur Zuwendung eines einzelnen Gegenstandes durch →Vermächtnis an eine oder mehrere Personen. Der Erbe wird im Erbfall durch die testamentarische Erbeinsetzung unmittelbar Eigentümer des Nachlasses. Dagegen hat der Vermächtnisnehmer nur einen Anspruch darauf, dass ihm der Erbe das Eigentum an dem vermachten Gegenstand überträgt. Zwar sind auch Testamente ohne Erbeinsetzung denkbar. Diese enthalten dann nur eine Teilregelung, wie etwa die Zuteilung eines bestimmten Wirtschaftsguts an eine einzelne Person (Vermächtnis) oder die Anordnung einer →Testamentsvollstreckung. Bei diesen Teilverfügungen tritt dann aber immer im Übrigen die →gesetzliche Erbfolge mit allen Konsequenzen ein.

Obwohl der Gesetzgeber dem Umstand Rechnung zu tragen sucht, dass der Laie die Worte „vererben“ und „vermachen“ ohne Kenntnis der rechtlichen Unterschiede verwendet, ist es ratsam, diesen Unterschieden bei der Formulierung der letzten Verfügung Rechnung zu tragen. Der eigentliche Testamentsteil beginnt nach der Präambel regelmäßig mit der Erbeinsetzung: „Ich setze zu meinen Erben ein ...“. Die Vermächtnisanordnungen erfolgen meist erst an späterer Stelle im Testament, da sie den Erben belasten, der das Vermächtnis zu erfüllen hat.

Weil öfter als gedacht in der „falschen" Reihenfolge gestorben wird (III/6), sollte nicht vergessen werden, für jeden eingesetzten Erben auch einen →Ersatzerben zu benennen. Zwar kann der Erblasser bei Vorversterben eines von ihm eingesetzten Erben grundsätzlich sein Testament wieder ändern, doch kann er heute nicht wissen, ob er dann noch gesundheitlich dazu in der Lage ist, auch wird solches häufig vergessen.

Der Erblasser hat es auch in der Hand, seinen Erben vorzuschreiben, wer nach ihnen Erbe des geerbten Nachlasses werden soll; diese weit ausgreifende Festlegung der Erbenfolge durch den Erblasser nennt man →Vor- und Nacherbschaft. Der Vorerbe hat dem →Nacherben gegenüber gewisse, unangenehme Rechenschaftspflichten und unterliegt bestimmten Verfügungsbeschränkungen. Zwar kann man diese Beschränkungen lockern (so genannte →befreite Vorerbenschaft), dennoch ist vor dem unbedachten Einsatz dieses langen Arms des Erblassers (IV/7) nachdrücklich zu warnen, dies nicht nur aus steuerlichen, sondern auch aus psychologischen Gründen.

Auch eine testamentarische Enterbung eines Kindes will gut überlegt sein. Sie erfolgt oft aus berechtigtem Ärger, stößt aber an die Grenzen des Pflichtteilsrechts, das der Erblasser schlecht aushebeln kann. Eine testamentarische Enterbung schädigt die übrigen Erben meist mehr als es nützt. Dieses Problem verlangt eine sachkundige Beratung, seine Lösung meist langfristige lebzeitige Maßnahmen und damit einen langen Atem des Erblassers.

Der Erblasser kann auch seinen Erben einzelne Gegenstände aus seinem Nachlass zuweisen. Dies ist zum einen durch →Teilungsanordnung möglich. Erhält der einzelne Erbe danach werthaltigeres Vermögen als es seiner →Erbquote entspricht, ist er dem anderen Miterben zum Ausgleich verpflichtet. Dies kann zu einer – oft unerkannten – einkommensteuerlichen Belastung (Veräußerungsgewinn) führen (V/1) und darüber hinaus zu Streit über den Wert des Nachlasses und der einzelnen Nachlassgegenstände. Alternativ können die Nachlassgegenstände aber auch einem der Erben als →Vorausvermächtnis zugewandt werden, eine Ausgleichung findet dann nicht statt.

Deshalb ist ein Vorausvermächtnis fast immer ratsam. Soweit eine Teilungsanordnung und damit ein Wertausgleich für unvermeidbar gehalten wird, sollte man zumindest den Wertermittlungsmodus bestimmen oder einem Dritten, etwa dem →Testamentsvollstrecker die verbindliche Festlegung an die Hand geben. Zweckmäßig erscheint aus den gleichen Gründen, grundsätzlich die Ausgleichung früherer Schenkungen testamentarisch auszuschließen, selbst wenn man sie sich vorsorglich im Schenkungsvertrag vorbehalten hat.

Streitvermeidend kann die Anordnung einer Testamentsvollstreckung sein; sie sollte jedoch von Ausnahmen abgesehen bei erwachsenen Erben nicht auf Dauer angelegt sein, weil sie häufig als entmündigend empfunden wird. Eine testamentarische Schiedsrichterbestellung vermeidet öffentliche Erbstreitigkeiten. Für minderjährige Erben kann sich die Benennung eines Vormunds empfehlen. Bei der Anordnung von Vermächtnissen und der Benennung eines Testamentsvollstreckers, Schiedsrichters und Vormunds sollte immer auch eine Ersatzperson im Testament benannt werden.

Schließlich empfiehlt sich, eine Steuerklausel in das Testament aufzunehmen. Darin kann bspw. vorgeschrieben werden, dass die durch den Erbgang anfallenden Steuern von allen gleichmäßig zu tragen sind; was zur Solidarisierung beiträgt. Auch kann der Erblasser darauf hinweisen, dass er es nicht als pietätlos empfinden würde, wenn die Erben zur Vermeidung von katastrophalen Steuerfolgen einvernehmlich von seinen Anordnungen abweichen oder sogar ihr Erbe ausschlagen (I/7).

6 Schenkungsverträge sind Eckpfeiler der Erbfolgeplanung

Hans Flick / Christian von Oertzen

Vermögensübergänge auf die nächste Generation finden nicht nur auf Grund eines Erbfalls beim Tode des Erblassers statt, sondern auch durch Schenkung in →vorweggenommener Erbfolge unter Lebenden. Anlass für ein derartiges Vorziehen kann die fürsorgliche Unterstützung für die jüngere Generation z.B. beim Erwerb eines Eigenheims oder bei Existenzgründung sein. Bei geplanter Erbfolge kann es um die Ausnutzung der Zehnjahresfrist bei der Erbschaftsteuer oder die Vermeidung von Pflichtteilsansprüchen gehen. Eltern verweigern sich oft solch langfristigen Planungen, „weil sie sich nicht ausziehen wollen, bevor man zu Bett geht." Deshalb kommen eigentlich Schenkungen nur bei größeren Vermögen in Frage, bei denen mit dem Restvermögen der Unterhalt einschließlich Risikozuschlag der älteren Generation bis zu deren Lebensende gesichert ist. Besonders häufig werden in der Praxis Anteile an Familienunternehmen in Tranchen übertragen. Bei sorgfältiger Planung hat die Schenkung gegenüber dem Erbfall erbschaftsteuerlich den Vorteil, dass man den Fälligkeitsbetrag der Steuer und den Bewertungsstichtag selbst auswählen (III/5) kann.

Wenn es sich nicht um Gelegenheitsgeschenke handelt, ist es zur Absicherung des Schenkers notwendig, immer einen förmlichen Schenkungsvertrag aufzusetzen, der auch atypische Geschehensabläufe regelt (III/6). Bei bestimmten Gegenständen wie Grundstücke oder GmbH-Anteile ist die notarielle Form zwingend vorgesehen. Bei beweglichen Gegenständen wird die fehlende notarielle Beurkundung durch Vollzug der Schenkung durch Übertragung des Eigentums geheilt. Bei Geldschenkungen wird der Betrag bar übergeben oder auf ein Bankkonto überwiesen. Ein Wertpapierdepot wird bei der Bank auf den Namen des Beschenkten übertragen. Obwohl in den letzteren Fällen notarielle Form nicht erforderlich ist, ist diese aus praktischer Erfahrung immer anzuraten.

Bei der vorzeitigen Vermögensübertragung auf die jüngere Generation haben die Eltern meist bestimmte Vorstellungen, wie der Beschenkte mit dem geschenkten Gut umgehen sollte. Auch gilt sich vorher bewusst zu machen, was bei atypischen Geschehensabläufen schief gehen könnte. Die Grundmotivation sollte in der Präambel des Vertrages stehen. Für die Abweichung vom gedachten Ablauf sollten Rückfallklauseln vorgesehen werden. Für den Fall, dass der Schenker oder sein Ehegatte pflegebedürftig wird, sollte man sich auf alle Fälle ein Widerrufsrecht vorbehalten. Handelt es sich bei dem geschenkten Gegentand um ein Familienerbstück, etwa das Elternhaus, dann besteht meistens beim Schenker die Vorstellung, dass es in der Familie verbleiben sollte. Deshalb ist es in derartigen Fällen ratsam, dass das Geschenk an den Schenker bzw. den Ehegatten zurückfällt, wenn der Beschenkte ohne Hinterlassung von Abkömmlingen verstirbt oder das Geschenk nicht an einen Abkömmling vererbt wird. Eine entsprechende Regelung kann auch für den Fall vorgesehen werden, wenn der Ehegatte des Beschenkten das Geschenk für die Berechnung eigener güterrechtlicher Ansprüche oder von Pflichtteilsansprüchen beim Beschenkten berücksichtigt haben will. Grundsätzlich kann der Beschenkte über den geschenkten Gegenstand frei verfügen. Will der Schenker dies verhindern, kann er für diesen Fall einen Rückfall im Schenkungsvertrag vorsehen und diesen Rückfall auch dinglich absichern. Auch für den Insolvenzfall des Beschenkten sollte ein Rückfall des Schenkgutes vorgesehen werden.

Ist der Schenkgegenstand ein Unternehmensanteil, der im Hinblick auf die zukünftige Unternehmensführung des Beschenkten gemacht wird, sollte sein Ausscheiden aus dem Unternehmen ein Grund für den Widerruf dieser Schenkung sein. Auch sollte vor der Schenkung der Gesellschaftsvertrag wegen den zustimmungspflichtigen Geschäften und den erforderlichen Quoren an die zukünftige Stimmenverteilung angepasst werden. Bei den Korrekturmöglichkeiten sind zwei Arten zu entscheiden: Der Widerruf, der eine Möglichkeit eröffnet, und die auflösende Bedingung, die automatisch eintritt. Letztere kann kombiniert werden mit einer aufschiebenden Bedingung, die einen Ersatz-Beschenkten benennt. Die Bedingungsvariante ist zu empfehlen für den Insolvenzfall. Ansonsten ist die Rückkaufoption zu überlegen, da sie nicht automatisch wirkt, sondern nur Handlungsalternativen eröffnet.

Ist der Beschenkte gegenüber dem Schenker pflichtteilsberechtigt, so sollte auf jeden Fall vereinbart werden, dass der Beschenkte sich das Geschenk später auf seine Pflichtteilsansprüche anrechnen lassen muss. Ist diese Vorschrift vergessen worden, können die Eltern dies später nicht mehr einseitig (auch nicht durch Testament) korrigieren. Im Übrigen empfiehlt es sich, solche Schenkungsverträge zum Anlass zu nehmen, das Pflichtteilsproblem insgesamt einverständlich (notariell) zu regeln. Bei Schenkungen zwischen Ehegatten ist eine Regelung für den Eventualfall der Scheidung zu treffen. Bei Nießbrauchschenkungen und Schenkungen mit Widerrufsvorbehalt sind die möglichen negativen Folgen für Pflichtteilsansprüche zu beachten. Um Streitigkeiten zu vermeiden, ob und mit welchem Wert später hinsichtlich des Schenkgutes Ausgleichspflichten gegenüber anderen Erben bestehen, sollte im Schenkungsvertrag diese Frage geregelt werden. Obwohl es dem Schenker zunächst widerstrebt, sollte er zusätzlich die Zahlung der Schenkungsteuer übernehmen (III/2); dabei kann man nämlich dem Fiskus ein Schnippchen schlagen.

Ein Beispiel: Die Mutter will ihrer Tochter ein Wertpapierdepot von 507.714 Euro schenken. Das kostet die Tochter 45.407 Euro an Erbschaftsteuer. Die Rechnung stellt sich so dar: 507.714 Euro minus Kinderfreibetrag in Höhe von 205.000 Euro, das macht 302.714 Euro, die in →Steuerklasse I mit 15 Prozent zu versteuern sind. Es verbleiben der Tochter also netto 462.307 Euro. Hätte die Mutter vor der Schenkung den Steuerbetrag vom Depot entnommen und die Zahlung der Erbschaftsteuer für die Schenkung nach § 10 Abs. 2 des Erbschaftsteuergesetzes übernommen, hätte sie folgende Bemessungsgrundlage gehabt: 462.307 Euro minus 205.000 Euro ergibt 257.307 Euro, plus Steuern in Steuerklasse I zu 15 Prozent (und unter Berücksichtigung des Entlastungsbetrages nach § 19 Abs. 3 ErbStG) von 28.958 Euro, insgesamt 286.265 Euro mit einer zu zahlenden Erbschaftsteuer von 42.940 Euro. Dies bringt dem Fiskus ein Minus von 2.467 Euro und der Mutter ein Plus in gleicher Höhe.

7 Schenkungen auf den Todesfall und Verträge zu Gunsten Dritter – diskret an der Erbengemeinschaft vorbei

Hans Flick / Christian von Oertzen

Wenn die testamentarische Regelung das Satteldach ist, das auf dem Haus der Vermögensnachfolgeplanung ruht, so ist die Schenkung einer der Pfeiler (VIII/6). Hierzu gehört auch die besondere Form der Schenkung auf den Todesfall. Diese meint die lebzeitige Zuwendung von Vermögensgegenständen unter der Bedingung des Überlebens des Beschenkten. Sie kann ein interessanter Baustein sein, um Vermögensgegenstände in die nächste Generation zu transportieren, ohne sich dabei des erbrechtlichen Instrumentariums zu bedienen.

Außerhalb des Erbganges mit der Bildung einer nur schwerfällig handlungsfähigen →Erbengemeinschaft können mit ihr Vermögensgegenstände auf den überlebenden Ehepartner oder die nächste Generation übertragen werden, ohne dass sie von einer →Testamentsvollstreckung erfasst werden und ohne das Erfordernis der Vorlage eines →Erbscheines. Sie ist das Mittel für diskrete Zuwendungen an bestimmte Personen am allgemeinen Verfahren der →Erbauseinandersetzung vorbei. Sinn machen derartige Konstruktionen, wenn der Ehegatte etwa in den Genuss einer schnell verfügbaren Liquidität kommen soll. Auch in persönlichen Sondersituationen – wenn man beispielsweise Kinder aus erster Ehe von den Kindern aus zweiter Ehe fernhalten (II/2) möchte oder eine dritte Person, die nicht zum klassischen Familienverband gehört, wie zum Beispiel die Geliebte versorgt werden soll (VI/3) – ist eine solche Vorgehensweise sinnvoll.

Die Schenkung auf den Todesfall muss, wenn sie zu Lebzeiten noch nicht in Gang gesetzt worden ist, formal die Anforderungen eines Erbvertrages (VIII/4) erfüllen, also notariell beurkundet werden. Nur wenn die Schenkung auf den Todesfall erfolgt, aber schon lebzeitig durch die aufschiebend bedingte Abtretung von Rechten in Gang gesetzt wird, ist sie formfrei möglich. Der Vorteil der schenkweisen Zuwendung auf den Tod ist, dass der Dritte erst im Zeitpunkt des Todes des Versprechensempfängers das ihm Zugewendete erwirbt. Die Forderung selbst fällt nicht in den Nachlass.

Besondere Bedeutung kommt in diesem Zusammenhang Verträgen zu Gunsten Dritter zu, die ebenfalls auf den Todesfall abgeschlossen werden können. Ein klassischer Fall eines solchen Vertrages ist die Lebensversicherung. Der Erblasser schließt mit einer Bank oder einer Versicherung die Vereinbarung ab, dass der bezugsberechtigte Dritte mit seinem Tod bestimmte Geldbeträge erhält. Eine derartige Vereinbarung unterliegt nach herrschender Ansicht nicht den strengen erbrechtlichen Formvorschriften. Sie ist formfrei möglich. Mit Tod erhält der Bezugsberechtigte unmittelbar von der Bank oder der Versicherung die Gelder. Bei richtiger Gestaltung können dabei nicht nur Forderungsrechte gegenüber Versicherungen oder Banken eingeräumt werden, sondern auch Wertpapierdepots automatisch mit dem Tod übertragen werden – ohne Erbschein, ohne Erbengemeinschaft und ohne dass ein eventueller →Testamentsvollstrecker seine Hand auf dieses Vermögen legen kann.

Eine Finesse gilt es jedoch bei dieser Konstruktion zu beachten – bei ihr kann es zum „Wettlauf" zwischen Erben und Drittbegünstigten kommen. Denn einerseits stellt der Vertrag zu Gunsten Dritter ein Geschäftsbesorgungsvertrag zwischen dem Erblasser und der Bank oder der Lebensversicherung dar. Andererseits stellt diese Zuwendung zwischen Erblasser und Begünstigtem eine Schenkung dar. Weiß der Begünstigte nicht, dass zu seinen Gunsten ein derartiger Vertrag mit einer Bezugsberechtigung existiert, so können die Erben, wenn sie rechtzeitig reagieren, durch Widerruf der Bezugsberechtigung verhindern, dass die Gelder ausgezahlt werden. In diesem Fall wird das Schenkungsangebot des Erblassers vor Annahme durch den Dritten beseitigt, und dieser geht leer aus.

Zu Lebzeiten formwirksame Schenkungsabsprachen mit dem Begünstigten sind daher wichtig und sollten dokumentiert werden. Ist dies nicht gewünscht, so kann der Erblasser das automatisch gegenüber der Lebensversicherung oder Bank konkludent abgegebene Schenkungsangebot an den Dritten, welches diese durch Vollzug der Vereinbarung übermitteln, gegenüber den Erben unangreifbar machen, indem man den Widerruf in dem Vertrag zu Gunsten Dritter auf den Todesfall völlig ausschließt – falls gewünscht, auch erst mit dem Zeitpunkt des Todes des Erblassers. Erben, die derartige Zuwendungen an Dritte verhindern wollen, müssen den Nachlass rechtzeitig nach dem Tod des Erblassers auf mögliche Verträge zu

Gunsten Dritter überprüfen, bevor das Schenkungsangebot durch den Dritten angenommen wird. Manchmal ist der pauschale Widerruf ins Blaue gegenüber verschiedenen Banken oder Versicherungen für die Erben hilfreich. Der gut beratene Erblasser wird diese Gegenmaßnahmen der Erben seinerseits aber durch rechtzeitige lebzeitige Vereinbarungen mit dem Drittbegünstigten oder in den Vereinbarungen mit den Banken und Versicherungen zu verhindern wissen.

Bei einer Planung von Schenkungen von Todes wegen und von Verträgen zu Gunsten Dritter auf den Todesfall ist aber auch das Pflichtteilsrecht der Erben sowie etwaige →Testamente mit Bindungswirkung zu beachten, um Zuwendungen endgültig unangreifbar vor den Erben zu machen. Denn wird zuviel Liquidität außerhalb des Nachlasses an den Erben vorbeigesteuert, können erbrechtliche Korrekturvorschriften greifen.

Glossar

Wolfgang Onderka

A

Abschreibung
Betriebswirtschaftliches und steuerrechtliches Verfahren zur Erfassung der Wertminderungen von Vermögensgegenständen.

Abschreibungsgesellschaft
Personengesellschaft, die mit dem Ziel gegründet wird, durch die Ausnutzung von →Abschreibungen und ähnlichen Steuervergünstigungen für eine gewisse Zeitdauer Verluste zu erzielen. Die Verluste werden dann auf die an der Gesellschaft beteiligten Personen verteilt und von diesen mit ihren positiven Einkünften aus anderen Einkunftsarten verrechnet; das zu versteuernde Einkommen wird so vermindert.

Abwicklungsvollstreckung
→Testamentsvollstreckung

AfA
Absetzung für Abnutzung, steuerrechtlicher Begriff für →Abschreibung.

Altenteil
Gesamtheit der Rechte eines abtretenden Landwirts, der seinen Betrieb einem Nachfolger übergibt, sich aber durch Übergabevertrag auf Lebenszeit ein Wohnrecht, Naturalleistungen, Nutzungsrechte, Geldrenten usw. vorbehält, auch Leibgeding genannt.

Auflage
Die testamentarische Verpflichtung des Erben oder Vermächtnisnehmers zu einer Leistung, ohne einem anderen ein Recht auf diese Leistung zuzuwenden (§ 1940 BGB).

Auseinandersetzung
→Erbauseinandersetzung

Ausschlagung
Die gegenüber dem →Nachlassgericht abgegebene Erklärung des vorläufigen Erben, die Erbschaft nicht anzunehmen. Die Ausschlagung der Erbschaft muss innerhalb einer sechswöchigen Ausschlagungsfrist erklärt werden. Die Frist beginnt, wenn der potentielle Erbe vom Erbfall und dem Grund seiner Berufung Kenntnis erlangt. Wird die Erbschaft ausgeschlagen, so gilt der Anfall der Erbschaft an den Ausschlagenden als nicht erfolgt, §§ 1942 ff. BGB.

Außensteuerrecht
Teil des internationalen Steuerrechts, Summe der Rechtsnormen nationalen Ursprungs, die die Besteuerung von grenzüberschreitenden Sachverhalten zum Gegenstand haben, geregelt im Außensteuergesetz (AStG).

B

Baisse
Rückgang der Börsenkurse auf breiter Front, meist längere Zeit anhaltend. Gegensatz dazu ist die Hausse.

Bedarfswert
Nach speziellen Vorschriften des Bewertungsgesetzes sich ergebender Wert einer Immobilie, soweit dieser für die Erhebung von Erbschaft-, Schenkung- oder Grunderwerbsteuer von Bedeutung ist.

befreite Vorerbschaft
→Vorerbschaft, bei der dem Vorerben die Verfügungsbefugnis über die Gegenstände des →Nachlasses in größerem Maße zusteht, als dies nach den gesetzlichen Grundregeln (§§ 2112 ff. BGB) der Fall wäre. Der Erblasser kann insoweit bestimmen, dass der Vorerbe in bestimmtem Umfang von gesetzlichen Beschränkungen befreit ist.

Berliner Testament
Sonderform des →gemeinschaftlichen Testaments, durch das sich die Ehegatten gegenseitig als Erben einsetzen. Es wird bestimmt, dass nach dem Tod des Überlebenden der beiderseitige Nachlass an einen oder mehrere Dritte, meistens die Kinder, fallen soll. Im Zweifel ist dieser Dritte so genannter Schlusserbe (§ 2269 Abs. 1 BGB). Im Gegensatz zum →Nacherben ist der Schlusserbe nur Erbe des längerlebenden Ehegatten; im Verhältnis zum erstversterbenden Ehegatten ist er enterbt und kann insoweit allenfalls seinen →Pflichtteil verlangen.

Bestimmungsvermächtnis
Der Erblasser kann mehrere Personen mit einem →Vermächtnis in der Weise bedenken, dass ein Dritter bestimmt, wer von diesen das Vermächtnis erhalten soll, § 2151 Abs. 1 BGB.

Betreuer
→Betreuung

Betreuung
Kann ein Volljähriger auf Grund einer psychischen Krankheit oder einer körperlichen, geistigen oder seelischen Behinderung seine Angelegenheiten ganz oder teilweise nicht besorgen, so bestellt das →Vormundschaftsgericht auf seinen Antrag oder auch von Amts wegen für die betroffenen Bereiche einen Betreuer, der dann den Betreuten gerichtlich und außergerichtlich vertritt, §§ 1896 ff. BGB.

Betriebsaufspaltung
Eine ursprünglich steuerlich motivierte Form der Unternehmensführung, bei der das operative Geschäft von einer so genannten Betriebsgesellschaft, meist in der Form einer Kapitalgesellschaft, betrieben wird. Die hierzu benötigten Betriebsmittel, insbesondere Betriebsgrundstücke, werden von einem rechtlich getrennten, so genannten Besitzunternehmen, meist in der Rechtsform einer Personengesellschaft, zur Verfügung gestellt. Die hinter beiden Gesellschaften stehenden Personen oder Personengruppen sind dabei – zumindest teilweise – identisch.

Betriebsvermögensfreibetrag
Besonderer Freibetrag in Höhe von 225.000 Euro bei der Übertragung von Betriebsvermögen zur Senkung der durch Erbschaft- oder Schenkungsteuer entstehenden Belastung (§ 13 a Abs. 1 ErbStG). Kann vom Übertragenden nur einmal innerhalb von zehn Jahren in Anspruch genommen werden.

Betriebsvermögensprivilegien
Besondere erbschaft- und schenkungsteuerliche Vergünstigungen für die Übertragung von Betriebsvermögen. Hierunter fallen insbesondere →Betriebsvermögensfreibetrag, →Bewertungsabschlag und →Steuerklassenprivileg.

Bewertungsabschlag
Steuerliche Vergünstigung für die Übertragung von Betriebsvermögen. Der nach Anwendung eines gesonderten →Betriebsvermögensfreibetrags verbleibende Wert des begünstigten Vermögens ist zur Berechnung der Erbschaft- oder Schenkungsteuer nur mit 65 Prozent anzusetzen (§ 13 a Abs. 2 ErbStG).

Buchgewinn
Der noch nicht realisierte Gewinn, der dadurch entsteht, dass der →Verkehrswert eines Wirtschaftsgutes, der bei seiner Veräußerung erzielt werden könnte, höher ist als sein →Buchwert.

Buchwert
Der Wert, mit dem ein Wirtschaftsgut in der Bilanz angesetzt wird („zu Buche steht“). Er wird auch Bilanzwert genannt und kann – etwa durch →Abschreibungen – erheblich von dem →Verkehrswert des Wirtschaftsguts abweichen.

C

Capital Gains-Steuer
Besteuerung von Veräußerungsgewinnen in einigen ausländischen, insbesondere angloamerikanischen Rechtsordnungen. Teilweise wird im Erbfall eine Veräußerung sämtlicher Vermögenswerte fingiert, deren Besteuerung dann eine nicht vorhandene Erbschaftsteuer ersetzt (z.B. in Kanada).

D

dauernde Last
Wiederkehrende Leistungen, oft vereinbart anläßlich einer Vermögensübertragung im Rahmen →vorweggenommener Erbfolge zur Altersversorgung des Schenkers. Die dauernde Last kann in Geld- oder – in der Praxis eher ausnahmsweise – in Sachleistungen bestehen. Im Gegensatz zur →Leibrente ist die dauernde Last in ihrer Höhe veränderlich. Sie kann insoweit beispielsweise gewinn-, umsatz- oder einkommensabhängig sein. Die dauernde Last ist beim Empfänger in vollem Umfang als wiederkehrende Bezüge nach § 22 Nr. 1 Satz 1 EStG der Einkommensteuer unterworfen. Der Verpflichtete kann sie demgegenüber in voller Höhe als Sonderausgaben nach § 10 Abs. 1 Nr. 1 a EStG abziehen.

Dauertestamentsvollstreckung
→Testamentsvollstreckung

Dauervollstreckung
→Testamentsvollstreckung

Doppelbesteuerungsabkommen
Zwischenstaatliche Vereinbarung zur Vermeidung der internationalen Doppelbesteuerung.

E

Ehegattentestament
Vereinfachte Form zur gemeinsamen Errichtung eines handschriftlichen →Testaments durch Eheleute, auch „gemeinschaftliches Testament“, §§ 2265 ff. BGB. Danach genügt es, wenn ein Ehegatte das Testament in der vorgeschriebenen Form errichtet und der andere Ehegatte die gemeinschaftliche Erklärung eigenhändig mitunterzeichnet.

Ehevertrag
Durch einen Ehevertrag können Ehegatten insbesondere ihre güterrechtlichen

Verhältnisse regeln, also vor allem den für sie geltenden →Güterstand vereinbaren oder modifizieren, § 1408 BGB. Ein Ehevertrag kann daneben auch Regelungen für den Fall der Scheidung, so etwa die Vereinbarung von Unterhaltsleistungen, Ausschluß des Versorgungsausgleichs etc. enthalten. Der Ehevertrag bedarf zu seiner Wirksamkeit der notariellen Beurkundung.

Einbringung
Die Überführung eines Wirtschaftsguts in das Betriebsvermögen.

Einheitswert
→Steuerwert einer wirtschaftlichen Einheit, der für mehrere Steuerarten als einheitliche Besteuerungsgrundlage ermittelt und festgesetzt wird. Früher vor allem bedeutsam für Grundstücke, heute insoweit abgelöst durch den →Bedarfswert.

Enterbung
Der Ausschluss eines Verwandten oder Ehegatten von der gesetzlichen →Erbfolge durch Testament. Dem Enterbten kann aber in der Regel der →Pflichtteil nach § 2303 BGB nicht entzogen werden.

Entnahmen
Überführung von Wirtschaftsgütern aus dem Betriebsvermögen in das Privatvermögen. Gegenteil von →Einbringung.

Erbanfall
Übergang sämtlicher Rechte und Pflichten des Erblassers auf den oder die Erben, auch als Erbgang bezeichnet. Der Erbanfall tritt unmittelbar ein, es bedarf keiner Annahmeerklärung, aber es besteht die Möglichkeit der →Ausschlagung.

Erbanfallsteuer
Eine Erbschaftsteuer kann in Form einer Erbanfall- oder einer Nachlasssteuer erhoben werden. Das deutsche Erbschaftsteuerrecht folgt dem System einer Erbanfallsteuer. Es ist dadurch gekennzeichnet, dass die Steuer an die Bereicherung beim Erben (den →Erbanfall) anknüpft. Dadurch können persönliche Beziehungen zwischen Erblasser und Erben bei der Festlegung der →Freibeträge und →Steuersätze berücksichtigt werden. Das System einer Nachlasssteuer berücksichtigt demgegenüber in erster Linie das vom Erblasser hinterlassene Vermögen.

Erbauseinandersetzung
Der →Nachlass steht zunächst allen Erben im Ganzen zu. Diese bilden eine →Erbengemeinschaft. Im Rahmen der Erbauseinandersetzung wird die Erbengemeinschaft aufgelöst und der Nachlass zwischen den Erben entsprechend ihrer →Erbquoten aufgeteilt. Die Auseinandersetzung der Erbschaft kann grundsätzlich jeder →Miterbe jederzeit verlangen, § 2042 Abs. 1 BGB.

Erbausschlagung
→Ausschlagung

Erbengemeinschaft
Hat der Erblasser mehrere Erben, so wird der →Nachlass bis zur →Erbauseinandersetzung gemeinschaftliches Vermögen der Erben . Die Erbengemeinschaft ist eine →Gesamthandsgemeinschaft. Die Verwaltung des Nachlasses steht den →Miterben gemeinschaftlich zu. Über einzelne Nachlassgegenstände können die Miterben nur gemeinsam verfügen.

Erbersatzsteuer
Die Heranziehung von →Familienstiftungen oder Familienvereinen in Zeitabständen von 30 Jahren zur Erbschaftsteuer. Es wird ein Erbfall simuliert, auch wenn tatsächlich die →Stiftung als →juristische Person zeitlich unbegrenzt existieren kann.

Erbfolge
→Gesamtrechtsnachfolge des Erben in das Vermögen und die Verbindlichkeiten des Erblassers. Der Erblasser kann zu seinen Lebzeiten durch →letztwillige Verfügung festlegen, wer sein Rechtsnachfolger werden soll (gewillkürte Erbfolge). Hat er eine solche Regelung nicht getroffen oder ist diese aus irgend einem Grund unwirksam oder erklärt der vom Erblasser als Erbe Berufene die →Ausschlagung, so werden Verwandte und der Ehegatte des Erblassers in einer gesetzlich näher geregelten Rangfolge Erben (gesetzliche Erbfolge). Grundsätzlich erbt dann – neben dem Ehegatten – derjenige, der mit dem Erblasser am nächsten verwandt ist (§§ 1924 ff. BGB).

Erbgang
→Erbanfall

Erbquote
Prozentualer Anteil eines →Miterben am Nachlass.

Erbschaftsteuerrichtlinien
Verwaltungsvorschrift zur Anwendung des Erbschaftssteuergesetzes durch die Verwaltung. Die Richtlinien haben zwar keine Gesetzeskraft, führen aber zu einer Selbstbindung der Verwaltung.

Erbschaftsteuerwert
Wert eines Vermögensgegenstandes nach erbschaftsteuerlichen Bewertungsmaßstäben, oftmals niedriger als der →Verkehrswert.

Erbschein
Der Erbschein ist ein auf Antrag des Erben erteiltes Zeugnis des →Nachlassgerichts über das Erbrecht des Erben. Ein mit dem Erbschein bestätigtes Erbrecht wird im Rechtsverkehr als richtig vermutet, auch wenn es tatsächlich gar nicht besteht, §§ 2353 ff. BGB (öffentlicher Glaube des Erbscheins).

Erbteil
Der Erbteil ist der Anteil eines →Miterben am Nachlass. Er drückt sich in einer bestimmten →Erbquote aus.

Erbvertrag
Form einer →letztwilligen Verfügung, die eine hohe Bindungswirkung entfaltet. Alle späteren letztwilligen Verfügungen, die der vertragsmäßigen Verfügung im Erbvertrag widersprechen oder den vertragsmäßig Bedachten in irgendeiner sonstigen Weise beeinträchtigen, sind insoweit unwirksam. Der Erbvertrag kann im Unterschied zum →gemeinschaftlichen Testament nicht nur von Ehegatten, sondern auch zwischen allen sonstigen Personen geschlossen werden. Er muss notariell beurkundet werden (§§ 2274ff. BGB).

Erbverzicht
Verwandte sowie der Ehegatte des Erblassers können durch Vertrag mit dem Erblasser auf ihr gesetzliches Erbrecht verzichten. Der Erbverzichtsvertrag bedarf der notariellen Beurkundung. Die Folge des Erbverzichts ist der Ausschluss von der →Erbfolge und zugleich auch der Verlust des →Pflichtteils (§§ 2346 ff. BGB). Dadurch erhöhen sich die →Erbteile anderer gesetzlicher Erben und damit auch deren potentielle Pflichtteilsansprüche.

Ersatzerbe
Der Erblasser kann für den Fall, dass der eigentlich zum Erbe Berufene wegfällt, etwa weil er bereits vor dem Erblasser verstorben ist, eine Ersatzperson benennen, die dann an Stelle des Weggefallenen Erbe wird, § 2096 BGB. Der Ersatzerbe ist insoweit zu unterscheiden vom →Nacherben. Im Zweifelsfall ist durch Auslegung zu bestimmen, was der Erblasser anordnen wollte.

Ertragswert
Wert eines Wirtschaftsguts, insbesondere eines Unternehmens oder Grundstücks, der sich aus dessen zukünftigen Ertragsaussichten ableitet und daher regelmäßig für einen potenziellen Käufer wesentlicher Maßstab für die Kaufentscheidung ist.

Ertragswertverfahren
Verfahren zur Bestimmung des →Ertragswerts eines Wirtschaftsgutes. Das Bewertungsgesetz sieht ein spezielles Ertragswertverfahren zur Bestimmung der →Steuerwerte von Grundstücken vor.

F

Familienstiftung
→Stiftung

Fideikommiss
(lat. fidei commissum = der Treue anvertraut) bezeichnete im früheren deutschen

Recht eine Vermögensmasse, die nach dem erklärten Willen des Berechtigten unveräußerlich bleiben und sich nach bestimmten Regeln – meist innerhalb der Familie – vererben sollte. Die Fideikommisse mussten nach der Weimarer Verfassung von 1919 und Reichsgesetzen aus den Jahren 1935 und 1938 aufgelöst werden; sie wurden dabei häufig in →Stiftungen überführt.

Freibetrag
Steuerbefreiung in bestimmter Höhe. Bei der Erbschaftsteuer richten sich die persönlichen Freibeträge nach Verwandschaftsgrad und →Steuerklasse des Erwerbers (§ 16 ErbStG):

Erwerber	**Freibetrag** [in Euro]
Ehegatte	307.000
Kinder, Enkel wenn deren Eltern nicht mehr leben	205.000
übrige Personen der Steuerklasse I	51.200
Personen der Steuerklasse II	10.300
Personen der Steuerklasse III	5.200

G

GbR
Abkürzung für Gesellschaft bürgerlichen Rechts.

gemeinschaftliches Testament
→Ehegattentestamen

Gesamthandsgemeinschaft
Eine Vermögensgemeinschaft, bei der Rechte und Verbindlichkeiten den Mitgliedern jeweils in vollem Umfang – und nicht nur nach Bruchteilen – zustehen. Der einzelne Gesamthänder kann nicht über seinen „Anteil“ an einem einzelnen zum Gesamthandsvermögen gehörenden Vermögensgegenstand verfügen. Beispiele für Gesamthandsgemeinschaften sind insbesondere die →Erbengemeinschaft und die Gesellschaft bürgerlichen Rechts.

Gesamtrechtsnachfolge
Der unmittelbare Übergang des gesamten Vermögens einer Person mit allen Rechten und Pflichten auf eine andere Person. Diese tritt dann an die Stelle der Person, deren Vermögen auf sie übergegangen ist. Gesamtrechtsnachfolger einer Person ist beispielsweise dessen Erbe.

gesetzliche Erbfolge
→Erbfolge

gesetzlicher Erbteil
Der sich nach →gesetzlicher Erbfolge ergebende →Erbteil.

gesetzlicher Güterstand
Der →Güterstand der →Zugewinngemeinschaft. Er gilt immer dann, wenn die Ehegatten nicht durch →Ehevertrag etwas anderes vereinbaren.

gewerblicher Grundstückshandel
Der Veräußerungsgewinn aus dem Verkauf von Grundstücken des Privatvermögens ist außerhalb der zehnjährigen Spekulationsfrist (§ 23 EStG) weder einkommen- noch gewerbesteuerpflichtig. Wenn die Verkaufstätigkeit aber einen Umfang und eine Intensität annimmt, dass in ihr der Betrieb eines Gewerbes gesehen werden kann, werden die Grenzen der privaten Vermögensverwaltung überschritten. Dies hat zur Folge, dass die insoweit erzielten Veräußerungsgewinne der Einkommensteuer und der Gewerbesteuer unterliegen. Finanzverwaltung und Rechtsprechung gehen von einem gewerblichen Grundstückshandel grundsätzlich dann aus, wenn innerhalb eines Zeitraumes von fünf Jahren mehr als drei Immobilien veräußert werden (so genannte Drei-Objekt-Grenze).

gewerblich geprägte Personengesellschaft
Personengesellschaft in Rechtsform einer GmbH & Co. KG. Sie hält – wie eine Kapitalgesellschaft – immer Betriebsvermögen, auch wenn sie kein eigentliches Handelsgewerbe, sondern bloße Vermögensverwaltung betreibt (§ 15 Abs. 3 Nr. 2 EStG). Sie wird daher oft als →Objektgesellschaft gegründet mit dem Ziel, für die Übertragung der Gesellschaftsanteile im Todesfall oder zu Lebzeiten durch Maßnahmen →vorweggenommener Erbfolge die erbschaft- und schenkungsteuerminimierenden →Betriebsvermögensprivilegien in Anspruch nehmen zu können.

gewillkürte Erbfolge
→Erbfolge

Gewinnrealisierung
Im Unterschied zu einem bloßen →Buchgewinn ein tatsächlich erzielter Gewinn, der gegebenenfalls der Einkommensteuer unterliegen kann.

Grundbuch
Bei den Amtsgerichten geführtes öffentliches Register, in dem die einzelnen Grundstücke und alle sie betreffenden Rechtsverhältnisse verzeichnet sind. Die Einrichtung und Führung des Grundbuchs sowie das formelle Eintragungsverfahren sind in der Grundbuchordnung geregelt.

Gütergemeinschaft
Ein durch →Ehevertrag vereinbarter, heute unüblicher →Güterstand, bei dem grundsätzlich das gesamte bisherige sowie das während der Ehe hinzuerworbene Vermögen des Ehemannes und der Ehefrau gemeinschaftliches Vermögen beider Ehegatten wird (Gesamtgut). Insoweit besteht zwischen den Ehegatten eine →Gesamthandsgemeinschaft. Daneben gibt es aber auch Vermögensgegenstände, die den Ehegatten jeweils alleine zustehen (Vorbehaltsgut, Sondergut).

Güterstand
Regelt die vermögensrechtlichen Beziehungen der Ehegatten. Vereinbaren die Ehegatten nicht durch →Ehevertrag etwas anderes, gilt für sie der gesetzliche Güterstand der →Zugewinngemeinschaft. Die Ehegatten können statt dessen auch den Güterstand der →Gütertrennung und der →Gütergemeinschaft vereinbaren oder die gesetzlichen Regelungen der einzelnen Güterstände modifizieren.

Güterstandsregister
Bei den Amtsgerichten geführtes öffentliches Register, in dem die vom gesetzlichen Güterstand (→Zugewinngemeinschaft) abweichenden vermögensrechtlichen Verhältnisse der Ehegatten eingetragen und offenbart werden.

Gütertrennung
→Güterstand zwischen Ehegatten, der durch notariellen →Ehevertrag abweichend vom gesetzlichen Güterstand der →Zugewinngemeinschaft vereinbart werden kann. Durch die Gütertrennung sind die beiden Vermögen der Ehegatten sowohl eigentumsrechtlich als auch haftungsrechtlich völlig voneinander getrennt. Bei Beendigung der Ehe findet auch kein →Zugewinnausgleich statt. Gegenüber Dritten wirkt die Gütertrennung nur, wenn sie ins →Güterstandsregister eingetragen oder dem Dritten bekannt ist, § 1414 BGB.

J

juristische Person
Personenvereinigung oder Zweckvermögen mit vom Gesetz anerkannter rechtlicher Selbstständigkeit. Die juristische Person besitzt eine eigene Rechtsfähigkeit, kann daher Träger von Rechten und Pflichten sein und im Rechtsleben wie jeder Mensch auftreten, außer bei Rechtsgeschäften, die nur eine natürliche Person vornehmen kann (zum Beispiel Eheschließung). Sie ist von ihren Mitgliedern und deren Bestand oder Wechsel unabhängig. Die Mitglieder sind jedoch an ihrem Vermögen beteiligt und können einen gewissen Einfluss auf die Geschäftsführung haben. Beispiele für juristische Personen sind der Verein, die Aktiengesellschaft oder die Gesellschaft mit beschränkter Haftung (Juristische Personen des Privatrechts) aber auch die Kirchen und Gemeinden (Juristische Personen des öffentlichen Rechts).

K

Kapitalkonto
Bei Personengesellschaften wird der jeweilige Kapitalanteil der Gesellschafter in getrennten Kapitalkonten ausgewiesen. Das Kapitalkonto eines Gesellschafters wird zunächst durch seine Einlage gebildet, dann aber durch die ihm zugewiesenen

Gewinne und Verluste ständig verändert. Das Kapitalkonto kann durch Verluste der Gesellschaft auch negativ werden (negatives Kapitalkonto). Grundsätzlich sind die einem Gesellschafter über sein Kapitalkonto zuzurechnenden Verluste mit den übrigen positiven Einkünften des jeweiligen Gesellschafters verrechenbar, was zu einer entsprechenden Verringerung der Steuerlast führt. Dieses Prinzip machen sich die →Abschreibungsgesellschaften zu Nutze.

Kommanditgesellschaft auf Aktien
KGaA, besondere Art der Aktiengesellschaft, bei der mindestens ein Gesellschafter – hierbei kann es sich aber auch um eine GmbH handeln – den Gesellschaftsgläubigern unbeschränkt haftet. Daher finden die Vorschriften über die Kommanditgesellschaft Anwendung, soweit es um die Stellung der Vollhafter geht, § 278 AktG. Ansonsten gelten im wesentlichen die Vorschriften für die Aktiengesellschaft.

Körperschaftsteuer
Die Körperschaftssteuer ist die Einkommensteuer der →juristischen Personen.

L

Leibgeding
Anderer Begriff für →Altenteil.

Leibrente
Wiederkehrende Leistungen insbesondere von Geld oder – ausnahmsweise – anderen vertretbaren Sachen, die auf der Grundlage eines Vertrags zumeist auf Lebenszeit an den Berechtigten zu leisten sind, oft im Zusammenhang mit Maßnahmen →vorweggenommener Erbfolge zur Altersversorgung des Schenkers vereinbart. Im Gegensatz zur →dauernden Last ist die Höhe der Leibrente fest vereinbart und insoweit grundsätzlich unabänderbar. Beim Empfänger wird nur der Ertragsanteil der Rente einkommensteuerlich erfasst (§ 22 Nr. 1 Satz 3 Buchstabe a EStG); der Verpflichtete kann dementsprechend auch nur den Ertragsanteil als Sonderausgabe abziehen (§ 10 Abs. 1 Nr. 1 a EStG).

letztwillige Verfügung
Jede Anordnung des Erblassers, die erst mit seinem Tode wirksam werden soll (auch Verfügung von Todes wegen genannt), z.B. die Bestimmung des oder der Erben, die Anordnung eines →Vermächtnisses oder einer →Auflage, aber auch die Regelung der →Erbauseinandersetzung, die Bestimmung eines →Testamentsvollstreckers, der Ausschluss eines gesetzlichen Erben von der Erbfolge (→Enterbung). Die Verfügung kann in der Form des →Testaments oder des →Erbvertrags erfolgen. Für Ehegatten besteht die Möglichkeit, ein gemeinschaftliches Testament (→Ehegattentestament) zu errichten.

M

Miterbe
Einer von mehreren Erben, Mitglied der insoweit bestehenden →Erbengemeinschaft.

mittelbare Grundstücksschenkung
Schenkung eines Geldbetrages mit der Maßgabe an den Beschenkten, davon ein konkret bezeichnetes Grundstück zu erwerben. Die Bemessungsgrundlage für die Schenkungsteuer bestimmt sich dann nicht nach dem Nominalbetrag des zugewandten Geldbetrages, sondern nach dem – in aller Regel wesentlich günstigeren – →Steuerwert des betroffenen Grundstücks.

N

Nacherbe
Im Gegensatz zum →Ersatzerben wird der Nacherbe erst dann Erbe, nachdem zunächst ein anderer (→Vorerbe) Erbe geworden ist. Der Nacherbe ist wie der Vorerbe bei Eintritt des →Nacherbfalls Gesamtrechtsnachfolger des Erblassers, nicht des Vorerben. Der Vorerbe ist in der Verfügung über die Nachlassgegenstände beschränkt.

Nacherbfall
Nicht der Tod des Erblassers, sondern der von diesem bestimmte Zeitpunkt des Übergangs der Erbschaft vom →Vorerben auf den →Nacherben. Zumeist ist dieser Zeitpunkt der Tod des Vorerben.

Nacherbschaft
Die beim →Nacherben anfallende Erbschaft.

Nachfolgeklausel
Gesellschaftsvertragliche Regelung zur Nachfolgeberechtigung der Erben eines Gesellschafters. Bei der so genannten einfachen Nachfolgeklausel sieht der Gesellschaftsvertrag vor, dass die Gesellschaft mit allen Erben des verstorbenen Gesellschafters fortgesetzt wird. Jeder Erbe wird Gesellschafter in Höhe seiner Erbquote. Bei der so genannten qualifizierten Nachfolgeklausel wird festgelegt, dass die Gesellschaft nur mit einem oder mehreren bestimmten Erben fortgeführt wird. Der Erbe erwirbt den Gesellschaftsanteil in voller Höhe.

Nachlass
Ist das Vermögen eines Verstorbenen. Er betrifft die Gesamtheit der Rechtsverhältnisse des Erblassers, die beim Erbfall als Ganzes auf den Erben übergeht. Den Nachlass bezeichnet man auch als Erbschaft.

Nachlassgericht
Abteilung des Amtsgerichts, das in allen mit dem Erbrecht zusammenhängenden Verfahren tätig wird.

Nachlasssteuer
→Erbanfallsteuer

Nachlassverbindlichkeit
Die bereits vom Erblasser begründeten Schulden (Erblasserschulden), ferner die den Erben als solchen treffenden Verbindlichkeiten aus der Erfüllung von →Pflichtteilen, →Vermächtnissen und →Auflagen (Erbfallschulden).

Nachvermächtnis
Ähnlich der Regelung zur →Nacherbschaft kann der Erblassers bestimmen, dass ein mittels →Vermächtnis zugewendeter Gegenstand ab einem bestimmten Zeitpunkt – meistens der Tod des zunächst Begünstigten – einem Dritten, dem Nachvermächtnisnehmer, zustehen soll.

Nachlassversteigerung
Versteigerung des →Nachlasses im Ganzen oder einzelner Nachlassgegenstände zur Ermöglichung der →Erbauseinandersetzung durch Verteilung des Versteigerungserlöses entsprechend der →Erbquoten (auch: Teilungsversteigerung).

Nachlassverzeichnis
Verzeichnis der Gegenstände, die Teil des →Nachlasses sind.

Nießbrauch
Bezeichnet das Recht, die Nutzungen einer Sache oder eines Rechts zu ziehen. Die berechtigte Person (Nießbrauchsberechtigter) kann die Sache umfassend nutzen, also beispielsweise ein Grundstück vermieten oder selbst bewohnen. Der Nießbrauch kann weder übertragen noch vererbt werden. In der Praxis kommt die Einräumung eines Nießbrauchsrechtes häufig im Rahmen lebzeitiger Maßnahmen zur →vorweggenommenen Erbfolge in der Form vor, dass sich der Schenker etwa einer Immobilie aber auch eines Gesellschaftsanteils bei der Übertragung der Immobilie oder des Gesellschaftsanteils auf die Kinder den lebzeitigen Nießbrauch hieran vorbehält (Vorbehaltsnießbrauch). Eine andere Variante besteht darin, mit →letztwilliger Verfügung den Kindern werthaltige Gegenstände zuzuweisen, dem längerlebenden Ehegatten hieran aber den lebzeitigen unentgeltlichen Nießbrauch mittels Vermächtnis zuzuwenden (Zuwendungsnießbrauch, Vermächtnisnießbrauch) und so dessen Altersversorgung sicherzustellen.

O

Objektgesellschaft
Eine Gesellschaft, zumeist in der Rechtsform einer GmbH & Co. KG, in die eine

oder mehrere Immobilien eingebracht werden. Statt Miteigentumsanteile an der betreffenden Immobilie halten die Betroffenen dann Gesellschaftsanteile. Auf diese Weise können bisher im steuerlichen Privatvermögen gehaltene Immobilien zu Betriebsvermögen werden. Bei der Berechnung von Erbschaft- oder Schenkungsteuer kann sich dies durch die Gewährung von → Betriebsvermögensprivilegien steuermindernd auswirken. Zukünftige Veräußerungsgewinne unterliegen dann aber der Einkommensteuer.

öffentliches Testament
Form der Errichtung eines →Testaments, bei der der Erblasser entweder einen Notar beauftragt, seinen mündlich erklärten letzten Willen niederzuschreiben oder einem Notar eine offene oder verschlossene Schrift mit der Erklärung überreicht, dass diese Schrift seinen letzten Willen enthalte. Der Notar überprüft im Rahmen seiner Möglichkeiten die →Testierfähigkeit des Erblassers und bescheinigt diese in der über die Errichtung des Testaments anzufertigenden Niederschrift. Außerdem veranlasst er, dass das Testament in amtliche Verwahrung gebracht wird.

P

Pflichtteil
Pflichtteil bezeichnet den gesetzlichen Mindestanteil einer Person am →Nachlass eines verstorbenen nahen Angehörigen. Der Pflichtteilsanspruch ist ein sofort fälliger Geldanspruch und beträgt die Hälfte des Werts des →gesetzlichen Erbteils. Durch das Pflichtteilsrecht naher Angehöriger wird die →Testierfreiheit des Erblassers eingeschränkt. Sind Abkömmlinge, Eltern oder der Ehegatte (Pflichtteilsberechtigte) des Erblassers durch →letztwillige Verfügung von der →gesetzlichen Erbfolge ausgeschlossen (enterbt), so können sie von dem Erben ihren Pflichtteil verlangen, was eine hohe Liquiditätsbelastung für den Erben bedeuten und oftmals alle Erbfolgeplanungen zunichte machen kann.

Pflichtteilsergänzungsanspruch
Hat der Erblasser einem Dritten innerhalb der letzten zehn Jahre vor dem Erbfall eine Schenkung gemacht, so kann der Pflichtteilsberechtigte als Ergänzung seines insoweit geschmälerten →Pflichtteils den Betrag vom Erben verlangen, um den sich der Pflichtteil erhöht, wenn der verschenkte Gegenstand dem →Nachlass hinzugerechnet wird. Erfolgte die Schenkung gegenüber dem Ehegatten, beginnt die Zehn-Jahres-Frist erst mit Beendigung der Ehe.

Pflichtteilsverzicht
Vertraglicher Verzicht auf den →Pflichtteil. Im Gegensatz zum →Erbverzicht bleibt das gesetzliche Erbrecht bestehen, so dass sich die Pflichtteilsansprüche anderer Pflichtteilsberechtigter durch den Abschluss des →Pflichttelsverzichtsvertrages nicht erhöhen.

Pflichtteilsverzichtsvertrag
Vertrag zur Vereinbarung eines →Pflichtteilsverzichtes. Der Vertrag muss zu seiner Wirksamkeit notariell beurkundet werden.

Publikumsgesellschaft
Kommanditgesellschaft, die – entgegen der gesetzlichen Ausrichtung – auf die Mitgliedschaft vieler rein kapitalmäßig beteiligter Kommanditisten angelegt ist.

R

Registergericht
Gericht, das ein öffentliches Verzeichnis über bestimmte Tatsachen führt, die der Öffentlichkeit zugänglich sein sollen. Regelmäßig ist das Amtsgericht Registergericht. Registergerichte bestehen in Handels-, Genossenschafts-, Vereins- und Güterrechtssachen.

Rente
→Leibrente

S

Schenkung auf den Todesfall
Lebzeitiger Schenkungsvertrag, dessen Erfüllung aber bis zum Tod des Schenkers aufgeschoben ist. Die Vorschriften für Schenkungen unter Lebenden finden Anwendung.

Schenkung von Todes wegen
Schenkungsversprechen, das unter der Bedingung abgegeben wird, dass der Beschenkte den Schenker überlebt. Diese Schenkung unterliegt den Bestimmungen über →letztwillige Verfügungen, um die Umgehung erbrechtlicher Formvorschriften auszuschließen.

Schlusserbe
→Berliner Testament

Schlusserbschaft
→Berliner Testament

Sonderbetriebsvermögen
Wirtschaftsgüter, die unmittelbar betrieblichen Zwecken einer Personengesellschaft dienen, aber im Eigentum eines deren Gesellschafter stehen, bilden dessen Sonderbetriebsvermögen.

Spekulationsgeschäft
Veräußerungsgeschäft über Wirtschaftsgüter des steuerlichen Privatvermögens, soweit zwischen Anschaffung und Veräußerung ein bestimmter Zeitraum (Spekulationsfrist) unterschritten wird (§ 23 EStG). Die Spekulationsfrist beträgt für Grundstücke zehn Jahre, für Wertpapiere und andere Wirtschaftsgüter ein Jahr. Entsprechende Veräußerungsgewinne aus diesen Geschäften werden als sonstige Einkünfte (§ 22 Nr. 2 EStG) besteuert (Spekulationssteuer). Gewinne aus Veräußerungen außerhalb der Spekulationsfrist bleiben steuerfrei.

Spekulationsfrist
→Spekulationsgeschäft

Spekulationssteuer
→Spekulationsgeschäft

Steuerklassen
Einteilung der Steuerpflichtigen in Gruppen. Bei der Erbschaft- und Schenkungsteuer gibt es eine Einteilung in drei Klassen, je nach dem persönlichen Verhältnis des Erben/Beschenkten zum Erblasser/Schenker (§ 15 ErbStG). Die Steuerklassen wirken sich bei den anzuwendenden →Steuersätzen und →Freibeträgen aus.

Steuerklasse	**zugehörige Person**
I	1. Ehegatte 2. Kinder und Stiefkinder 3. Abkömmlinge der Kinder und Stiefkinder 4. Eltern und Großeltern (nicht bei Schenkungen)
II	1. Eltern und Großeltern (bei Schenkungen) 2. Geschwister 3. Kinder von Geschwistern 4. Stiefeltern 5. Schwiegerkinder 6. Schwiegereltern 7. geschiedener Ehegatte
III	alle übrigen Personen

Steuerklassenprivileg
Teil der →Betriebsvermögensprivilegien, der sich bei Personen auswirkt, die nicht zur →Steuerklasse I gehören. Bei der Besteuerung von verschenktem oder vererbtem Betriebsvermögen wird die Steuer zunächst auf Grundlage der günstigsten Steuerklasse I berechnet. Dieser Steuerbetrag wird nur um 12 % des Mehrbetrages erhöht, der sich unter Berücksichtigung des tatsächlichen Verwandschaftsverhältnisses und des daraus resultierenden höheren →Steuersatzes ergäbe (§ 19 a ErbStG).

Steuerprogression
Der anzuwendende →Steuersatz erhöht sich mit zunehmender Bemessungsgrundlage. Bei der Erbschaft- und Schenkungsteuer vollzieht sich die Erhöhung insoweit in sieben Schritten (Progressionsstufen). Innerhalb der einzelnen Progressionsstufen gelten für höhere →Steuerklassen auch höhere Steuersätze.

Steuersatz
Der Prozentsatz, der zusammen mit der steuerlichen Bemessungsgrundlage die Höhe der Steuerbelastung bestimmt. Er unterliegt gegebenenfalls einer →Steuerprogression. Bei der Erbschaft- und Schenkungsteuer gelten folgende Steuersätze (§ 19 Abs. 1 ErbStG):

Wert des steuerpflichtigen Erwerbs bis einschließlich ... Euro	**Steuersatz nach Steuerklasse I**	**II**	**III**
52.000	7 %	12 %	17 %
256.000	11 %	17 %	23 %
512.000	15 %	22 %	29 %
5.113.000	19 %	27 %	35 %
12.783.000	23 %	32 %	41 %
25.565.000	27 %	37 %	47 %
> 25.565.000	30 %	40 %	50 %

Steuerwert
Wert eines Wirtschaftsguts nach steuerrechtlichen Bewertungsmaßstäben. Die Steuerwerte werden auf Grundlage des Bewertungsgesetzes ermittelt und sind oft niedriger als die →Verkehrswerte.

Stichtagsprinzip
Mit dem Stichtagsprinzip wird der allgemeine Grundsatz bezeichnet, nach dem für bestimmte steuerliche Folgen ausschließlich die Verhältnisse an einem bestimmten Tag (Stichtag) maßgebend sind. Abweichungen in der Zeit vor oder nach dem Stichtag bleiben grundsätzlich unberücksichtigt. Stichtag für die Wertermittlung für erbschaftsteuerliche Zwecke ist der Tod des Erblassers.

Stiftung
→Juristische Person, in der ein bestimmtes Vermögen rechtlich verselbständigt wird, um für eine gewisse Dauer einen bestimmten Zweck nach dem Willen des Stifters zu erfüllen. Dies können insbesondere steuerbegünstigte, also gemeinnützige, mildtätige oder kirchliche Zwecke (§ 51 ff. Abgabenordnung) aber auch die Unterstützung einer Familie, etwa derjenigen des Stifters sein (Familienstiftung). Der Förderung des Stiftungszweckes dienen grundsätzlich nur die Erträge des vom Stifter oder anderen Personen (Zustifter) zur Verfügung gestellten Kapitalstocks.

stille Beteiligung
Beteiligung einer natürlichen oder →juristischen Person am Handelsgewerbe eines anderen mit einer Vermögenseinlage. Nach außen tritt die stille Gesellschaft nicht in Erscheinung.

stille Reserve
Der Unterschiedsbetrag zwischen →Buchwert und →Verkehrswert eines Wirtschaftsgutes, entspricht dem →Buchgewinn. Bei einer Veräußerung des Wirtschaftsgutes oder seiner →Entnahme aus dem Betriebsvermögen unterliegen die entsprechenden stillen Reserven als Gewinn der Ertragsbesteuerung.

Stuttgarter Verfahren
Spezielles in den →Erbschaftsteuerrichtlinien geregeltes Verfahren zur Ermittlung des →Steuerwerts nicht börsennotierter Kapitalgesellschaften.

T

Teilungsanordnung
Anordnung des Erblassers durch →letztwillige Verfügung für die →Erbauseinandersetzung, § 2048 BGB. Im Gegensatz zum →Vorausvermächtnis müssen die Erben die über ihre →Erbquote hinausgehenden Mehrempfänge, die sie auf Grund einer Teilungsanordnung erhalten haben, untereinander ausgleichen.

Teilungsversteigerung
→Nachlassversteigerung

Testament
Vom Erblasser einseitig getroffene →letztwillige Verfügung, in der dieser in der Regel den Erben bestimmt und damit die gesetzliche durch die gewillkürte →Erbfolge ersetzt. Daneben können auch →Vermächtnisse oder →Auflagen angeordnet oder sonstige Regelungen für den Todesfall getroffen werden. Der Erblasser kann das Testament entweder durch eine eigenhändig geschriebene und unterschriebene Erklärung errichten, wobei Zeit und Ort der Erklärung angegeben werden sollten. Das Testament kann daneben auch zur Niederschrift eines Notars (→öffentliches Testament) errichtet werden.

Testamentseröffnung
Das →Nachlassgericht bestimmt, sobald es von dem Tod des Erblassers Kenntnis erlangt, zur Eröffnung eines in seiner Verwahrung befindlichen oder bei ihm abgelieferten →Testaments einen Termin. Regelmäßig werden die voraussichtlichen Erben dazu geladen. In dem Termin wird das Testament geöffnet, den Beteiligten verkündet und ihnen auf Verlangen vorgelegt, § 2260 BGB.

Testamentsvollstreckung
Der Erblasser kann zur Ausführung seines letzten Willens, auch gegenüber den Erben, durch →letztwillige Verfügung einen oder mehrere Testamentsvollstrecker bestimmen. Der Testamentsvollstrecker hat die letztwillige Verfügung des Erblassers zur Ausführung zu bringen. Er hat nach den Vorgaben des Erblassers die →Auseinandersetzung des von ihm in Besitz genommenen →Nachlasses zu betrei-

ben (Abwicklungsvollstreckung) oder den Nachlass für bestimmte Zeit oder auf Dauer zu verwalten (Verwaltungsvollstreckung, Dauertestamentsvollstreckung, Dauervollstreckung), §§ 2197 ff. BGB.

Testamentsvollstrecker
→Testamentsvollstreckung

Testierfähigkeit
Die Testierfähigkeit bezeichnet die Fähigkeit einer Person, selbständig ein →Testament zu errichten. Ein Minderjähriger muss dazu das 16. Lebensjahr vollendet haben; er bedarf nicht der Zustimmung seines gesetzlichen Vertreters. Wer wegen krankhafter Störung der Geistestätigkeit, wegen Geistesschwäche oder wegen Bewußtseinsstörung nicht in der Lage ist, die Bedeutung einer von ihm abgegebenen Willenserklärung einzusehen und nach dieser Einsicht zu handeln, kann ein Testament nicht errichten, § 2229 BGB.

Testierfreiheit
Testierfreiheit bezeichnet die Freiheit einer Person, nach Belieben →letztwillige Verfügungen zu errichten. Beschränkt wird die Testierfreiheit insbesondere durch den →Pflichtteil, der bestimmten nahen Verwandten oder dem Ehegatten des Verstorbenen einen Mindestanteil am Nachlass gewährleistet. Weitere Beschränkungen können sich durch die Bindungswirkung bereits errichteter letztwilliger Verfügungen ergeben, insbesondere bei →Ehegattentestamenten und →Erbverträgen.

Trust
Ein in einigen ausländischen Rechtsordnungen vorgesehenes Rechtsgebilde, welches insbesondere im angloamerikanischen Rechtskreis auch bei der Nachfolgeplanung eingesetzt wird. Der Trust hat keine eigene Rechtspersönlichkeit. Er beinhaltet nach deutschem Rechtsverständnis Elemente eines Treuhandverhältnisses und einer →Stiftung.

U

Umwandlungssteuergesetz
Das Umwandlungssteuergesetz regelt die steuerrechtlichen Folgen einer Unternehmensumwandlung (zum Beispiel Fusion, Spaltung, Rechtsformänderung) nach dem Umwandlungsgesetz.

V

Verkehrswert
Der tatsächliche Wert eines Wirtschaftsguts; er entspricht dem am Markt erzielbaren Kaufpreis.

Verlustvortrag
Steuerrechtliche Möglichkeit Verluste aus einem Veranlagungszeitraum in kommenden Veranlagungszeiträumen zu berücksichtigen und damit das zu versteuernde Einkommen zu senken.

Vermächtnis
Mit einem Vermächtnis wendet der Erblasser einem anderen einen Vermögensvorteil zu, ohne ihn als Erben einzusetzen, § 1939 BGB. Auf diese Weise können den Begünstigten konkrete Gegenstände oder auch Geldbeträge zugewandt werden. Es kommt nicht zur →Gesamtrechtsnachfolge.

Versorgungsfreibetrag
Besonderer →Freibetrag zur Entlastung des überlebenden Ehegatten bei der Erbschaftsteuer in Höhe von 256.000 Euro (§ 17 ErbStG). Stehen dem Ehegatten aus Anlass des Todes des Erblassers nicht der Erbschaftsteuer unterliegende Versorgungsbezüge zu, ist der Freibetrag entsprechend zu kürzen.

Vertrag zu Gunsten Dritter
Vertrag, in dem vereinbart wurde, dass der Schuldner die Leistung nicht an den Gläubiger, sondern an einen Dritten erbringen soll, §§ 328 ff. BGB. Ob nur der Gläubiger die Leistung an den Dritten verlangen kann (unechter Vertrag zu Gunsten Dritter), oder dem Dritten daneben ein eigenständiger Anspruch zusteht (echter Vertrag zu Gunsten Dritter) ist Vereinbarungssache.

Verwaltungsvollstreckung
→Testamentsvollstreckung.

Vorausvermächtnis
Das einem Erben zugewandte →Vermächtnis, § 2150 BGB. Im Gegensatz zur →Teilungsanordnung hat der Vorausvermächtnisnehmer einen Anspruch auf Übereignung des vermachten Gegenstandes, ohne dass dessen Wert auf seinen →Erbteil angerechnet wird. Die Anordnung von Vorausvermächtnissen zu Gunsten verschiedener Erben kann daher ein erfolgversprechendes Mittel zur weitgehenden Vermeidung einer →Erbauseinandersetzung sein.

Vorerbschaft
Vorerbe ist der durch →Testament eingesetzte oder →gesetzliche Erbe, der in seiner Verfügungsfreiheit über den →Nachlass durch die gleichzeitige Einsetzung eines →Nacherben beschränkt ist. Der Vorerbe darf dann beispielsweise nicht über die im →Nachlass befindlichen Grundstücke verfügen oder Nachlassgegen-

stände verschenken; außerdem hat er bestimmte Rechenschaftspflichten. Der Erblasser kann den Vorerben allerdings in der letztwilligen Verfügung von den meisten im Gesetz vorgesehenen Beschränkungen befreien (→befreite Vorerbschaft). Mit dem →Nacherbfall, zumeist der Tod des Vorerben, fällt die Erbschaft dem Nacherben an.

Vormundschaftsgericht
Das Vormundschaftsgericht ist eine besondere Abteilung beim Amtsgericht. Es entscheidet insbesondere in Vormundschaftssachen, Betreuungssachen und bei Adoptionen.

Vorvermächtnis
Ähnlich wie bei der →Vorerbschaft ist auch beim Vorvermächtnis der Begünstigte durch die Anordnung eines →Nachvermächtnisses in seiner Verfügungsfreiheit über den zugewiesenen Gegenstand beschränkt.

vorweggenommene Erbfolge
Vermögensübertragung bereits zu Lebzeiten im Wege einer Schenkung mit Blick auf die spätere Erbfolge, zumeist auch mit dem Ziel, durch zeitliche Streckung der Übertragungen eine mehrfache Ausnutzung von →Freibeträgen sowie Senkung der →Steuerprogression und damit im Ergebnis eine Verringerung der Steuerlast zu erreichen.

W

wechselbezügliche Verfügungen
→Letztwillige Verfügungen von Ehegatten, die diese in einem gemeinschaftlichen Testament (→Ehegattentestament) oder in einem →Erbvertrag treffen und deren Wirksamkeit von dem Fortbestand der Verfügungen des anderen Ehegatten untrennbar abhängig sein soll. Bei wechselbezüglich abgegebenen letztwilligen Verfügungen ist die Widerrufsmöglichkeit stark eingeschränkt.

Wiederverheiratungsklausel
→Letztwillige Verfügung wonach an die Wiederverheiratung des überlebenden Ehegatten negative Folgen geknüpft werden. So kann etwa bestimmt werden, dass der zunächst auf den Ehegatten übergegangene →Nachlass den Kindern zufallen soll, wenn der Ehegatte nochmals heiratet. Die Kinder werden insoweit als bedingte →Nacherben eingesetzt. Der überlebende Ehegatte ist dann bis zu seinem Tode oder bis zu seiner Wiederverheiratung →befreiter Vorerbe.

Wiesbadener Modell
Struktur einer Unternehmung ähnlich einer →Betriebsaufspaltung mit Betriebs- und Besitzgesellschaft. Allerdings wird die persönliche Verflechtung etwa dadurch vermieden, dass eine Gesellschaft vom Ehemann, die andere Gesellschaft von der

Ehefrau bestimmt wird. Solange dies gewährleistet ist, treten die steuerlichen Wirkungen der Betriebsaufspaltung nicht ein, beispielsweise bleibt das an die Betriebsgesellschaft verpachtete Betriebsgrundstück steuerliches Privatvermögen. Oft kommt es dann zu ungewollten steuerlichen Folgen, wenn im Erbfall die personelle Trennung der Gesellschaften durchbrochen wird.

Wohnrecht
Das Wohnrecht beinhaltet das Recht, ein Gebäude oder einen Teil eines Gebäudes unter Ausschluss des Eigentümers als Wohnung zu benutzen. Das Wohnrecht ist eine beschränkte persönliche Dienstbarkeit, § 1093 BGB. Es ist weniger weit reichend als ein →Nießbrauch, im Gegensatz hierzu aber in der Zwangsvollstreckung unpfändbar.

Z

Zugewinnausgleich
Bei Beendigung des →gesetzlichen Güterstandes der →Zugewinngemeinschaft wird der in der Ehe von den Ehegatten erzielte Zugewinn ausgeglichen. Das Endvermögen eines jeden Ehegatten wird dabei mit dessen Anfangsvermögen verglichen; der Ehegatte mit dem geringeren Zugewinn hat einen Anspruch in Höhe der Hälfte des vom Ehepartner mehr erzielten Zugewinns. Endet die Ehe durch Tod eines Ehegatten, erfolgt der Zugewinnausgleich durch eine pauschale Erhöhung des gesetzlichen Erbteils des längerlebenden Ehegatten um ein Viertel ohne Rücksicht auf einen tatsächlichen Zugewinn, § 1371 Abs. 1 BGB. Der Erwerb ist in Höhe des tatsächlich berechneten Zugewinnausgleichs steuerfrei (§ 5 ErbStG).

Zugewinngemeinschaft
→Güterstand der Ehegatten, wenn sie nicht durch →Ehevertrag etwas anderes vereinbaren. Das Vermögen des Mannes und das Vermögen der Frau werden nicht gemeinschaftliches Vermögen; beide Vermögensmassen bleiben – wie bei der →Gütertrennung – unabhängig voneinander. Das gilt auch für Vermögen, das ein Ehegatte nach der Eheschließung erwirbt. Erst bei Beendigung des Güterstandes etwa durch Tod, Scheidung oder ehevertragliche Vereinbarung wird ein →Zugewinnausgleich durchgeführt. Die Ehegatten können den Güterstand der Zugewinngemeinschaft nach ihren Bedürfnissen modifizieren (so genannte modifizierte Zugewinngemeinschaft). So können sie etwa vereinbaren, dass ein Ausgleich des Zugewinns im Falle der Ehescheidung vollständig ausgeschlossen oder mehr oder weniger weitgehend beschränkt wird. Dann bleibt bei Beendigung der Ehe durch Tod der Erwerb durch den Ehegatten in Höhe des hypothetischen Zugewinnausgleichs steuerfrei.

Zustiftung
Zuwendung in den Kapitalstock einer bereits bestehenden →Stiftung entweder durch den ursprünglichen Stifter oder einen Dritten.

Zuwendungsnießbrauch
→Nießbrauch

Die Herausgeber

Dr. Hans Flick ist Gründungspartner der Kanzlei FLICK GOCKE SCHAUMBURG. Seit über 40 Jahren berät er Familienunternehmen und Privatpersonen bei der Gestaltung der gesamtheitlichen Erb- und Unternehmensnachfolge. Schwerpunkt seiner Tätigkeit sind daneben grenzüberschreitende Sachverhalte aller Art.

Dr. Frank Hannes ist Partner bei FLICK GOCKE SCHAUMBURG am Standort Bonn und seit vielen Jahren auf dem Gebiet des Wirtschafts- und Steuerrechts beratend und gestaltend tätig. Als Rechtsanwalt, Fachanwalt für Steuerrecht und Steuerberater ist er spezialisiert auf die steueroptimale Gestaltung der Vermögens- und Unternehmensnachfolge einschließlich des Unternehmensverkaufs.

Dr. Christian von Oertzen ist als Rechtsanwalt und Fachanwalt für Steuerrecht Partner bei FLICK GOCKE SCHAUMBURG am Standort Frankfurt am Main. Auch er ist vorwiegend im Bereich der Vermögens- und Unternehmensnachfolgeplanung tätig und berät seit vielen Jahren Privatpersonen und Unternehmerfamilien im Zusammenhang mit der unternehmerischen und privaten Nachfolgeplanung. Daneben berät er Familiengesellschaften in gesellschafts- und steuerrechtlicher Hinsicht.

PR-Know-how für Profis

Manfred Piwinger/Monika Prött Hg.

Ausgezeichnete PR

Von Profis lernen: Fallbeispiele exzellenter Kommunikation.

2002. 232 Seiten. Paperback. 25,90 €
ISBN 3-934191-60-6

Manfred Piwinger Hg.

Ausgezeichnete Geschäftsberichte

Von Profis lernen: Fallbeispiele außergewöhnlicher Präsentationen.

2003. 264 Seiten. Mit vierfarbigen Abbildungen. Paperback. 35,00 €
ISBN 3-934191-80-0

Viola Falkenberg

Interviews meistern

Ein Ratgeber für Führungskräfte, Öffentlichkeitsarbeiter und Medien-Laien.

1999. 260 Seiten. Paperback. 20,90 €
ISBN 3-927282-80-4

Viola Falkenberg

Pressemitteilungen schreiben

Zielführend mit der Presse kommunizieren. Zu Form und Inhalt von Pressetexten. Mit Checklisten und Übungen zur Kontrolle.

2000. 232 Seiten. Paperback. 20,90 €
ISBN 3-927282-98-7

Frankfurter Allgemeine Buch
IM F.A.Z.-INSTITUT